教科書ガイド

第一学習社 版

高等学校 古典探究
古文編 第I部
高等学校 精選古典探究
古文編 第I部

TEXT BOOK GUIDE

文研出版

はしがき

本書は、第一学習社発行の教科書「古典探究　古文編（717）」及び「精選古典探究（719）」に準拠した教科書解説書として編集されたものです。
教科書内容がスムーズに理解できるよう工夫されています。
予習や復習、試験前の学習にお役立てください。

本書の特色

●教科書参照ページ

本書は、お使いの教科書によって「教科書参照ページ」が異なります。

教717…**高等学校　古典探究　古文編**(717)

教719…**高等学校　精選古典探究**(719)

本書は、教717の教科書の流れにしたがって、構成されています。教719をお使いの方は、「目次」で教材の収録箇所をご確認ください。

●冒頭解説

それぞれ、各単元の冒頭の〔○○とは〕で、学習にあたっての予備知識となるような事柄（作品と作者など）を解説しています。

品詞分解の略符号

1 品詞名
（名詞は品詞名省略）

ク・シク＝形容詞
ナリ・タリ＝形容動詞
連＝連体詞　副＝副詞
接＝接続詞　感＝感動詞
助動＝助動詞　補＝補助動詞

2 動詞の活用の種類

四＝四段　上一＝上一段
上二＝上二段　下一＝下一段
下二＝下二段
カ変・サ変・ナ変・ラ変＝変格活用

3 活用形

未＝未然形　用＝連用形
終＝終止形　体＝連体形
已＝已然形　命＝命令形

4 助動詞の意味

使＝使役　尊＝尊敬　受＝受身

●教材解説

まず教材のまとまりごとの〔大意〕を簡潔にまとめています。

〔品詞分解／現代語訳〕では、教科書の原文を単語単位に分け、品詞名・種類・活用形を下記の略符号で原文右に示し、原文左には、適宜必要な言葉を補って現代語訳を示しています。また、〔語句の解説〕として、重要語句や文法上特におさえておきたい箇所について解説しています。

●学習の手引き・言葉の手引き

教科書教材末に出ている問題に対応する解答例や考え方などを示しています。

なお、前記以外に、「言語活動」の項目にも解説を設けています。

可＝可能　**自**＝自発　**打**＝打消
過＝過去　**詠**＝詠嘆　**完**＝完了
強＝強意（確述）　**存**＝存続
存在＝存在　**推**＝推量　**定**＝推定
意＝意志　**勧**＝勧誘　**命**＝命令
仮＝仮定　**婉**＝婉曲　**当**＝当然
適＝適当　**伝**＝伝聞　**義**＝義務
不推＝不可能推量　**比**＝比況
断＝断定　**様**＝様子　**状**＝状態
現推＝現在推量　**過推**＝過去推量
反仮＝反実仮想　**願**＝願望
打推＝打消推量　**打意**＝打消意志
現原＝現在の原因推量　**禁**＝禁止
過原＝過去の原因推量
過婉＝過去の婉曲
過伝＝過去の伝聞

5 助詞の分類
格助＝格助詞　**副助**＝副助詞
係助＝係助詞　**終助**＝終助詞
接助＝接続助詞　**間助**＝間投助詞

6 その他
尊＝尊敬　**謙**＝謙譲　**丁**＝丁寧
（代）＝代名詞　**（枕）**＝枕詞
（音）＝音便　**（連語）**　**（語幹）**
（係）……**（結）**＝係り結び
（ク語法）　など

目次

教科書によって「教科書参照ページ」が異なりますので、ご注意ください。

教717…高等学校　古典探究　古文編(717)

教719…高等学校　精選古典探究(719)

説話㈠

●説話とは

もともと人の口から口へと語り継がれてきた話（口承文芸）を、文字により記録し、編集したものが説話文学である。作者が創作する「作り物語」とは区別される。伝説、昔話、世間話などさまざまな内容の短い話を収めた説話集が、平安時代から鎌倉時代にかけて盛んにつくられた。説話は、宮廷での物語文学に影響を与える一方、庶民の間に広く語り継がれて教養や教訓を与えた。内容上、世俗説話と仏教説話に大別されることがあり、世俗説話には『古今著聞集《ここんちょもんじゅう》』、『十訓抄《じっきんしょう》』などが、仏教説話には『発心集《ほっしんしゅう》』、『沙石集《しゃせきしゅう》』、『宝物集《ほうぶつしゅう》』などが、両方を含むものに『今昔物語集《こんじゃくものがたりしゅう》』などがある。

『古今著聞集』は、一二五四年に成立した。編者は、橘成季《たちばなのなりすえ》。二十巻、七百余りの説話が収められている。詩歌管弦の道を説いた話などには、王朝文化への憧れも見える。

『沙石集』は、一二八三年の成立。編者は無住道暁《むじゅうどうぎょう》。庶民の教化・啓蒙のため、平易な文体で仏法の教義を説く。滑稽な話が多く収められているのも特徴。

『今物語《いまものがたり》』は、鎌倉時代中期の成立。編者は、藤原信実《ふじわらののぶざね》といわれる。平安後期からの説話五十三編が収められている。

『発心集』は、十三世紀初めごろの成立。鴨長明《かものちょうめい》編著。さまざまな発心・遁世《とんせい》・往生の逸話を百余話集めたもので、人間の内面に対する深い洞察を示す書。

『十訓抄』は、一二五二年の成立。編者は未詳。『日本書紀《にほんしょき》』をはじめとした史書、物語などから二百八十話余りの説話を集めて、教訓としたもの。十の徳目を挙げて、それに合う説話を収めていることが書名の由来になっている。

『宇治拾遺物語《うじしゅういものがたり》』は、鎌倉時代の初期に成立したとされ、編者は未詳。十五巻、百九十七話から成る。民間説話から直接採ったと思われる話も多く、当時の人々の興味や関心、人間性などが生き生きと描かれている。

小《こ》式《しき》部《ぶの》内《ない》侍《し》が大江山の歌の事〔古《こ》今《こん》著《ちょ》聞《もん》集《じふ》〕

教717 P.10〜P.11　教719 P.14〜P.15

【大意】 教717 10ページ1〜11行　教719 14ページ1〜11行

和泉式部《いずみしきぶ》が丹後に下ったとき、その娘である小式部内侍が、歌合《うたあわせ》のよみ手に選ばれて歌をよむことになった。定頼《さだより》の中納言が、小式部内侍をからかおうとして、「丹後へやった使いの者はもどりましたか。」と冗談を言った。すると、小式部内侍は見事な歌をよんで定頼を驚かし、定頼は返歌さえできず、逃げてしまった。これ以後、小式部内侍の歌人としての評判は高まったのだった。

【品詞分解／現代語訳】

格助　格助　格助　四・用　助動・過・体　格助　格助　ラ変・用　助動・過・体　接助
和泉式部、保昌 が 妻 にて 丹後 に 下り ける ほど に、京 に 歌合 あり ける に、
和泉式部が、（藤原）保昌の妻として丹後に下ったころに、京で歌合があったが、

格助　四・未　助動・受・用　接助　四・用　助動・過・体　接助　格助　格助
小式部内侍、歌よみ に とら れ て よみ ける を、定頼の中納言、たはぶれ に 小式部内侍 に、
（娘の）小式部内侍が、歌合のよみ手として選ばれて歌をよむことになったが、（藤原）定頼の中納言が、ふざけて小式部内侍に、

格助　四・用　助動・過・体　係助　四・用　助動・完・用　助動・完・終　係助　格助　下二・用　接助　格助　格助　上二・未
1 「丹後 へ つかはし ける 人 は 参り に たり や。」と 言ひ入れ て、局 の 前 を 過ぎ
「丹後へおやりになった人は戻って参りましたか。」と（局の中に）声をかけて、局の前を通り過ぎなさったと

助動・尊・用　助動・過・体　接助　格助　下二・用　接助　格助　格助　下二・用　接助
られ ける を、小式部内侍、御簾 より なかば 出で て、直衣 の 袖 を ひかへ て、
ころ、小式部内侍は、御簾から半分身をのり出して、（定頼の中納言の）直衣の袖を引き止めて、

格助　格助　ク・已　接助　副　四・用　係助　上一・未　助動・打・終
大江山 いくの の 道 の 遠けれ ば まだ ふみ も み ず 天橋立
大江山から生野を通って行く道は（都からは）遠いので、（丹後の）天橋立はまだ踏んでみたこともなく、（母からの）手紙も見ていません。

格助　下二・用　助動・過・終　ナリ・用　シク・用　接助　（代）　係助　副　格助　副助　四・用　接助　格助　係助　四・未
と よみかけ けり。思はずに あさましく て、「こ は いかに。」と ばかり 言ひ て、返し に も 及ば
とよみかけた。（定頼は）思いがけずに驚いて、「これはどうしたことか。」とだけ言って、返歌をよむこともできず、

助動・打・用　格助　四・用　接助　下二・未　助動・尊・用　助動・完・用　助動・過・終　（代）　格助　格助
ず、袖 を ひきはなち て 逃げ られ に けり。小式部、これ より 歌よみ の 世おぼえ
袖を引き離してお逃げになった。小式部は、このときから歌人としての世の評判が

カ変・用　助動・完・用　助動・過・終
出で来 に けり。
立つようになったのだった。

語句の解説

教717 10ページ　教719 14ページ

1 **歌合《うたあわせ》**　文学的な遊戯の一つ。歌人が二手に分かれ、決められた題に合わせてよんだ歌を一首ずつ出して、優劣を競う。判者が判定を下す。平安時代から鎌倉時代に特にさかんに行われた。

2 **たは《ワ》ぶれ**　下二段動詞「たはぶる」から変化してできた名詞。

3 **丹後《たんご》へつかは《ワ》しける人《ひと》**　「つかはす」は、人を使いに出す意の尊敬語。丹後は小式部内侍の母である和泉式部がいる所なので、定頼の言葉は、母親に歌を作ってもらったのではないのか、という意味を含んでいる。

1　「丹後へつかはしける人」とは、どういう人のことをさしているか。

答　小式部内侍の母、和泉式部に歌の代作を依頼するために丹後へ送った使い。

3 **参《まい》りにたりや**　もどって参ったのか。「参る」は、「参上する」などの意味の謙譲語。「や」は、疑問の意味を表す係助詞。

3 **局《つぼね》**　女官や女房にあてられた部屋。

4 **ひかへ《エ》て**　引き止めて。行こうとする定頼の袖をつかんで引き止めたのである。

6 **あさましくて**　驚いて。びっくりして。「あさまし」は、予期しないことに出くわしたときに驚く気持ちを表す。

9 **逃《に》げられにけり**　「られ」は、尊敬の助動詞「らる」の連用形。定頼に対する敬意を表している。

学習の手引き

一　本文の展開を、五つの内容に分けて整理しよう。

解答例　①　母の和泉式部が、夫とともに丹後の国に下っていたころのこと、都で歌合があり小式部内侍がよみ手に選ばれた。

②　定頼中納言が小式部内侍に、母親に代作を頼みましたかとからかった。

③　小式部内侍は即座に、それに応じる見事な歌をよんだ。

④　定頼中納言は驚いて、返歌をすることもできずに逃げ去った。

⑤　これ以後、小式部内侍は、歌人としての名声を得た。

二　「大江山」の歌は、定頼からの問いかけにどのように答えたことになるのか、説明してみよう。

考え方　定頼が小式部内侍をからかったのは、彼女の母親が名高い歌人の和泉式部だからである。「丹後へつかはしける人は参りにたりや。」とは、母親に歌を代作してもらうための使いの者は、もう帰ってきたのか、と言っているのである。しかし、小式部内侍は、すぐさま歌をよむことで、定頼に対して返答するだけでなく、歌人としての見事な実力も示したのである。

解答例　丹後へ使いをやったとおっしゃるが、母からの手紙は見ていないし、そもそも、今回の歌合に出す歌について、母に助けを求める手紙など出していない、と答えた。

三 **歌をよみかけられた後の定頼の言動からどのようなことが読み取れるか、説明してみよう。**

考え方 歌を聞いた定頼は、「こはいかに。」と言っただけで、その歌に対して何も言うことができず、返歌もできず、その場を逃げ出すしかなかった。それほどに彼女の歌が見事だったのである。

解答例 定頼が、からかったことを恥ずかしく思い、袖を振り切って逃げてしまったことから、小式部内侍がよんだ歌が、いかに見事な歌だったか、ということが読み取れる。

言葉の手引き

一 次の古語の意味を調べよう。

1 下る 717 一〇・1 719 一四・1　2 歌合 717 一〇・1 719 一四・1
3 局 717 一〇・3 719 一四・3　4 あさまし 717 一〇・6 719 一四・6
5 返し 717 一〇・8 719 一四・8　6 世おぼえ 717 一〇・10 719 一四・10

解答例 1 都から地方へ行く。
2 歌人が左右二組に分かれて和歌を出し合い、その優劣を競う遊び。（語句の解説参照）
3 女房や女官にあてられた部屋。　4 驚きあきれる。
5 返歌のこと。「返し歌」の略。　6 世の中の評判。

二 **「大江山」の歌に使われている修辞技法を調べて発表しよう。**

・「いくの」が、動詞の「行く」と地名の「生野」の掛詞《かけことば》。
・「ふみ」が、動詞の「踏み」と手紙の「文（ふみ）」の掛詞。
・体言止め

歌ゆゑに命を失ふ事 〔沙石集《しやせきしふ》〕

教717 P.12～P.13　教719 P.16～P.17

【大　意】 1 教717 12ページ1～9行　教719 16ページ1～9行

天徳の歌合のときに、「初恋《はじめのこい》」の題で、忠見《ただみ》は「恋すてふ」の歌をよみ、名歌を作ったと自負したが、兼盛《かねもり》の「つつめども」の歌も名歌だった。判者たちは勝敗を決めることができず、天皇の意向をさぐって、兼盛の歌を勝ちにした。

【品詞分解／現代語訳】

天徳の御歌合 の（格助） **とき、兼盛、忠見、ともに**（副） **御随身 にて**（格助）**、左右 に**（格助） **つい**（四・用（音）） **て**（助動・完・用） **けり**（助動・過・終）**。初恋 と**（格助）

天徳の御歌合のとき、兼盛と忠見が、ともに御随身として、（歌合の）左方と右方にそれぞれ加わっていた。「初恋」と

四・体　格助　四・用　接助　四・用　助動・完・終　格助　四・用　接助　係助　副　(代)　格助
いふ 題 を 給はり て、忠見、名歌 よみ出だし たり と 思ひ て、兼盛 も いかで これ ほど の 歌
いう題をいただいて、忠見は、名歌をよむことができたと思って、兼盛もどうしてこれほどの歌を

四・終　助動・可・体　格助　係助(係)　四・用　助動・過・体(結)
よむ べき と ぞ 思ひ ける。
よむことができようか(いや、よめはしない)と思ったのだった。

サ変・終　(連語)　(代)　格助　係助　副　四・用　助動・完・用　助動・詠・終　下二・未　助動・打・用　係助(係)　下二・用　助動・過・已(結)
恋す てふ わ が 名 は まだき 立ち に けり 人 知れ ず こそ 思ひそめ しか
恋をしているという私の評判が、早くも立ってしまったことだ。人に知られないようにと、恋し始めていたのに。

接　副　格助　サ変・用　接助　サ変・未　助動・尊・用　助動・過・体　格助　格助　格助
さて、すでに 御前 にて 講じ て、判ぜ られ ける に、兼盛 が 歌 に、
そして、すでに帝の御前で歌をよみ上げて、判定なさっていたときに、兼盛の歌として、

四・已　接助　格助　下二・用　助動・完・用　助動・詠・終　(代)　格助　係助　係助(係)　四・体(結)　格助　格助　四・体　副助
つつめ ども 色 に 出で に けり わ が 恋 は もの や 思ふ と 人 の 問ふ まで
つつみ隠していたけれども、顔色に現れてしまったことだ、私の恋心は。もの思いをしているのかと、人が尋ねるほどまで。

助動・断・用　助動・過・已　接助　四・用　接助　格助　四・用　助動・過・体　接助　格助
判者ども、名歌 なり けれ ば、判じわづらひ て、天気 を うかがひ ける に、帝、忠見 が 歌
判者の人たちは、(どちらも)名歌だったので、判定を下しかねて、帝のご意向をさぐったが、帝は、忠見の歌

格助　係助　ラ変・用　助動・過・終　格助　格助　係助　ラ変・用　助動・過・体　格助
を ば、両三度 御詠 あり けり。兼盛 が 歌 を ば、多反 御詠 あり ける とき、天気 左 に
を、二度三度朗詠なさった。兼盛の歌を、何度も繰り返し朗詠なさった(ので、その)とき、帝のご意向は左方に

ラ変・終　格助　四・用　助動・完・用　助動・過・終
あり とて、兼盛 勝ち に けり。
あるとして、兼盛が勝ったのだった。

語句の解説 1

教717 12ページ　教719 16ページ

2 **初恋**《はじめのこい》　「恋の初期」ということ。

2 **いかでこれほどの歌《うた》よむべき**　どうしてこれほどの歌をよむことができようか（いや、よめはしない）。
「いかで…べき」は反語表現。「べき」は、可能の助動詞「べし」の連体形。

4 **恋《こい》すてふ《チョウ》**　恋をしているという。
「てふ」は、「といふ」（格助詞「と」＋四段活用動詞「いふ」）が詰まった連語。

5 **講《こう》じて**　歌をよみ上げて。
「講じ」はサ変動詞「講ず」の連用形。歌合では歌をよみ上げる役を講師《こうじ》といい、その講師が歌をよみ上げること。

7 **判《はん》じわづ《ズ》らひ《イ》て**　判定を下しかねて。
「わづらふ」は、「…しかねる」という意味。「判定しにくくて」ということ。

8 **御詠《ぎょえい》ありけり**　朗詠なさった。歌を口ずさまれた。
「御＋名詞＋あり（候ふ・侍り）」で、「…なさる」という尊敬や丁寧の表現。

9 **天気左《てんきひだり》にありとて**　帝《みかど》のご意向は左方にあるとして。
帝が忠見の歌は二、三度口ずさみ、兼盛の歌は何度も口ずさんだのを根拠に、兼盛の歌が勝ちと判定された。

【大　意】 2　教717 12ページ10行〜13ページ7行　教719 16ページ10行〜17ページ7行

忠見は気がふさぎ、重い病となって、亡くなった。執着心はよいことではないが、歌道に執着する姿勢は心を動かされるものである。二人の歌はともに名歌として『拾遺集《しゅういしゅう》』に収められた。

【品詞分解／現代語訳】

忠見、心憂く（ク・用）**おぼえ**（下二・用）**て**（接助）**、心 ふさがり**（四・用）**て**（接助）**、不食 の**（格助）**病 つき**（四・用）**て**（助動・完・用）**けり**（助動・過・終）**。頼み なき**（ク・体）**よし 聞き**（四・用）**て**（接助）**、**

忠見は、つらく思われて、気持ちがふさがって、食欲がなくなる病気にかかってしまった。回復する見込みがなさそうだという話を聞いて、

兼盛 とぶらひ（四・用）**けれ**（助動・過・已）**ば**（接助）**、「別 の**（格助）**病 に**（助動・断・用）**あら**（ラ変・未）**ず**（助動・打・終）**。御歌合 の**（格助）**とき、名歌 よみ出だし**（四・用）**て**（接助）

兼盛が見舞いに行ったところ、（忠見は）「特別な病気ではありません。御歌合のとき、名歌をよむことができたと

おぼえ（下二・用）**侍り**（補丁・ラ変・用）**し**（助動・過・体）**に**（接助）**、殿 の**（格助）**『もの や**（係助（係））**思ふ**（四・体（結））**と**（格助）**人 の**（格助）**問ふ**（四・体）**まで**（副助）**』に**（格助）**、あは**（感）**と**（格助）**思ひ**（四・用）**て**（接助）**、**

思われましたのに、あなたの『ものや思ふと人の問ふまで』（の歌）に、あれまあと思って、

あさましく（シク・用） おぼえ（下二・用） し（助動・過・体） より（格助）、胸 ふさがり（四・用） て（接助）、かく（副） 重り（四・用） 侍り（補丁・ラ変・用） ぬ（助動・完・終）。」と（格助）、つひに（副） みまかり（四・用） に（助動・完・用） けり（助動・過・終）。

驚きあきれたと思われたときから、気分がふさいで、このように(病気が)重くなったのです。」と(言って)、ついに亡くなってしまったのであった。

執心 こそ（係助） よしなけれ（ク・已） ども（接助）、道 を（格助） 執する（サ変・体） ならひ、あはれに（ナリ・用） こそ（係助）。ともに（副） 名歌 に（助動・断・用） て（接助）、拾遺 に（格助） 入り（四・用） て（接助） 侍る（補丁・ラ変・体） に（助動・断・用） や（係助）。

執着心はよいものではないけれども、(歌の)道に熱心に打ち込む姿は、心が動かされるものである。ともに名歌であるので、『拾遺集』に収められているのでしょうか。

語句の解説 2

教717 12ページ　教719 16ページ

1 「頼みなきよし」の意味は何か。

答 病気が重く、回復が期待できないこと。

教717 13ページ　教719 17ページ

2 **あさましくおぼえしより** 驚きあきれたと思われたときから。「あさまし」は「驚きあきれる」の意。感嘆・好感をもって使われる場合もある。

4 **つひ《イ》にみまかりにけり** ついに亡くなってしまったのであった。「みまかる」は「死ぬ」。死を意味する表現は、間接的・比喩的な表現になることが多い。「失す」「隠る」「果つ」「絶ゆ」「消ゆ」「先立つ」など身分に応じて多くの表現がある。

5 **執心《しゅうしん》こそよしなけれども** 執着心はよいものではないが。仏教では、執着心は往生の妨げになるとされる。「こそ」の結びは「よしなけれ」(形容詞の已然形)のはずだが、あとに「ども」が付いて結びが流れている。

6 **あは《ワ》れにこそ** 心が動かされるものである。係助詞「こそ」に対応する結びの語が省略されている。

6 **拾遺《しゅうい》に入《い》りて侍《はべ》るにや** 『拾遺集』に収められているのでしょうか。係助詞「や」に対応する結びの語が省略されている。

学習の手引き

一　第一段落から、「つつめども」の歌が勝ちとなった経緯をまとめよう。

解答例　①兼盛と忠見の歌はどちらも名歌で判者は勝敗を決めることができなかった。②帝のご意向をうかがうと、帝は忠見の歌は二、三回、兼盛の歌は何回も繰り返し口ずさまれた。③判者は、②を根拠とし、兼盛の歌を勝ちとした。

二　第二段落の忠見の言葉から、自身はこの勝負の判定をどのように受け止めていると思われるか、説明してみよう。

考え方　忠見の言葉とは、「別《べち》の病……かく重り侍《はべ》りぬ。」717三・11 719六・11をさす。兼盛の歌をどう思ったのかを考えてみよう。

解答例　自分の歌を名歌だと思っていたが、兼盛の歌がそれ以上にすばらしいので驚き、負けたのは仕方がないと思いながらも、残念でならない気持ちから立ち直れないでいる。

三　第三段落で述べられている「執心」(717三・5 719七・5)について、編者はどのように捉えているかを整理し、それに対する各自の考えを述べ合おう。

解答例　何かにこだわる執着心は無益で往生の妨げとなるものだが、歌道に執着するという歌人の姿勢は、心を動かされるものだ、と捉えている。

言葉の手引き

一　次の古語の意味を調べよう。

1いかで 717三・2 719六・2　2まだき 717三・4 719六・4
3天気 717三・7 719六・7　4とぶらふ 717三・11 719六・11
5別 717三・11 719六・11　6あは 717三・2 719七・2
7あさまし 717三・2 719七・2　8みまかる 717三・4 719七・4
9よしなし 717三・5 719七・5　10道 717三・5 719七・5

解答例　1　どうして…か(いや、〜ない)。(反語表現)
2　早くも。もう。　3　帝のご意向。天皇のご様子。
4　見舞う　5　特別なこと。
6　「ああ」と同じ。(感動や驚きを表す。)　7　驚きあきれる
8　死ぬ。亡くなる。　9　つまらない　10　歌の道。

二　本文中の、助動詞「き」「けり」の使われ方を調べ、わかったことを報告しよう。

解答例　「き」は、過去に直接体験したことを表現する場合に使われるのに対して、「けり」は、過去の事柄を伝え聞いた場合に使われることが多い。説話の性質上、編者が誰かから伝え聞いたという形を取ることが多いため、本文中にも「けり」が多用されている。

しかし、「思ひそめしか」717三・4 719六・4、「おぼえ侍りしに」717三・1 719七・1、「あさましくおぼえしより」717三・2 719七・2の三箇所には「き」の已然形「しか」、連体形「し」が見られる。これらは忠見自身が自らの心情を述べた部分であるため、「き」が使われているのである。

やさし蔵人《くらうど》

〔今《いま》物語〕

教717 P.14〜P.15　教719 P.18〜P.19

【大　意】　1　教717 14ページ1行〜15ページ1行　教719 18ページ1行〜19ページ1行

大納言であった人(藤原実定《ふじわらのさねさだ》)が小侍従《こじじゅう》という歌よみの家に通っていた。夜明け前に帰ろうとして女の家の門から牛車《ぎっしゃ》を出すときに、車寄せのところに女が一人取り残されている姿を見た。気になって、供の蔵人に「(私の代わりに)何でもいいから、言ってきなさい。」とおっしゃるので、蔵人はたいへんなお役目だとは思ったが、すぐに女の元に行った。何と言っていいかわからなかったが、鶏が鳴き出したので、かつて小侍従がよんだ歌をふまえた歌をよみ贈って戻ってきた。

【品詞分解／現代語訳】

助動・断・用　助動・過・体　格助　下二・用　助動・過・体　格助　四・未　助動・尊・用　助動・過・終
大納言　なり　ける　人、小侍従　と　聞こえ　し　歌よみ　に　通は　れ　けり。
大納言であった人が、小侍従と申し上げた歌人(のところ)に通っていらっしゃった。

連　四・用　接助　四・未　助動・尊・用　助動・過・体　格助　格助　格助　格助　格助　四・未　助動・尊・用　助動・過・体
ある　夜、もの言ひ　て、暁　帰ら　れ　ける　に、女　の　家　の　門　を　やり出ださ　れ　ける
ある夜、情を通わせて、夜明け前にお帰りになったときに、女(小侍従)の家の門から(牛車を)出しなさったが、

接助　副　四・用　助動・完・用　助動・過・已　接助　(代)　格助　格助　四・体　係助　格助　シク・用　接助　格助　格助
が、きと　見返り　たり　けれ　ば、この　女、名残　を　思ふ　か　と　おぼしく　て、車寄せ　の　簾　に
ちょっと振り返って見たところ、この女は、名残を惜しむのかと思われる様子で、車寄せの簾に(姿が)

四・用　接助　四・用　助動・存・用　助動・過・体　格助　格助　四・用　下二・用　助動・完・用　助動・過・已　接助　助動・断・用　助動・過・体
透き　て、一人　残り　たり　ける　が、心　に　かかり　おぼえ　て　けれ　ば、供　なり　ける
透けて見えて、一人残っていた様子が、(大納言は)気にかかって思われたので、お供であった

格助　副　四・未　接助　四・用　助動・存・体　格助　ク・体　接助　(連語)　四・用　接助　カ変・命　格助
蔵人　に、「いまだ　入りやら　で　見送り　たる　が、振り捨てがたき　に、何　とまれ、言ひ　て　来。」と
蔵人に、「(小侍従が)まだ(家に)入らずに見送っているのが、見捨てて行きにくいので、何でもいいから、(私の代わりに一言)言って

四・用　助動・過・已　接助　シク・体　終助　格助　四・已　接助　下二・終　助動・適・体　助動・断・未　助動・打・已
のたまひ けれ ば、「ゆゆしき 大事 かな。」と 思へ ども、ほど 経 べき こと なら ね
来い。」とおっしゃったので、(蔵人は)「並大抵ではない一大事だなあ。」と思うけれども、時間がたってよいことではないので、

接助　副　四・用　助動・完・終　格助　格助　格助　四・用　接助　四・命　格助　四・終　格助　係助
ば、やがて 走り入り ぬ。車寄せ の 縁 の きは に かしこまり て、「申せ と 候ふ。」と は、
すぐに走って(門の中に)入った。車寄せの縁の端に謹んで座って、「(大納言に代わって一言)申し上げよとのことでございます。」とは、

ク・用　下二・用　助動・完・已　接助　格助　四・終　助動・適・体　係助　下二・未　助動・打・体　接助　副
さうなく 言ひ出で たれ ど、何 と 言ふ べき 言の葉 も おぼえ ぬ に、折しも、
ためらわずに言い出したけれど、何と言ったらよいか言葉が思い浮かばないが、ちょうどそのときに、

副　下二・用　助動・完・用　助動・過・体　接助　四・未　助動・打・体　格助　格助　四・用　助動・過・体　格助
ゆふつけ鳥、声々に 鳴き出で たり ける に、「飽か ぬ 別れ の」と 言ひ ける こと の、
鶏が、いっせいに鳴き出したので、(小侍従がかつて)「飽かぬ別れの」とよんだことが、

副　下二・未　助動・自・用　助動・過・已　接助
きと 思ひ出で られ けれ ば、
急に思い出されたので、

係助　格助　格助　四・用　助動・過伝・体　格助　格助　副助　副　係助(係)　シク・体　助動・現原・体(結)
もの かは と 君 が 言ひ けん 鳥 の 音 の 今朝 しも など か かなしかる らん
ものの数ではないとあなたが歌ったという鶏の鳴き声が、今朝はどうしてこれほど悲しいのでしょうか。

格助　副助　下二・用　接助　副　四・用　接助　格助　格助　四・用　助動・完・終
と ばかり 言ひかけ て、やがて 走りつき て、車 の しり に 乗り ぬ。
とだけよみかけて、すぐに(大納言の牛車に)走って追いついて、牛車の後ろに(蔵人は)乗った。

語句の解説 1

教717 14ページ　教719 18ページ

1 **小侍従《こじじゅう》と聞《き》こえし歌《うた》よみ**　小侍従と申し上げた歌人。
「聞こゆ」は、ヤ行下二段活用の動詞。ここでは、「(人が…と)申し上げる」の意。

1 **通《かよ》は《ワ》れけり**　通っていらっしゃった。
「れ」は尊敬の助動詞「る」の連用形。

2 **もの言《い》ひ《イ》て**　情を通わせて。
動詞「もの言ふ」には、①「言葉を話す」、②「気の利いたことを言う」、③「男女が情を通わせる」などの意味がある。ここで

は③。

2 **やり出《い》だされけるが**　（牛車を）出しなさったが。

「れ」は尊敬の助動詞「る」の連用形。

3 **きと**　ちょっと。ちらっと。

「きと」は、副詞で、①「急に、さっと」、②「ちょっと」、③「たしかに」の意味がある。ここでは②。

3 **おぼしくて**　…と思われて。…と見受けられて。

「おぼしく」は、形容詞「おぼし」の連用形。

4 **心《こころ》にかかりおぼえてければ**　気にかかって思われたので。

「おぼえ」は、ヤ行下二段活用動詞の連用形。「て」は完了の助動詞「つ」の連用形。「けれ」は過去の助動詞「けり」の已然形。「ば」は接続助詞（確定条件）。

5 **何《なに》とまれ**　「何ともあれ」の詰まった形。「あれ」はラ変動詞の命令形。「ラ変動詞の命令形」は、「放任」の意味を含む。

1　「ゆゆしき大事かな」と思ったのはなぜか。

答　身分の高い大納言の代わりに、大納言が愛する歌人の女性に対して、言葉をかけなくてはならなくなり、不都合なことは言えないから。

6 **ほど経《ふ》べきことならねば**　時間がたってよいことではないので。

「ほど」は、①「時間」、②「空間」の意味がある。ここでは①。「べき」は適当の助動詞「べし」の連体形。

7 **申《もう》せと候《そうろう》ふ**　（大納言に代わって一言）申し上げよとのことでございます。

「候ふ」は本動詞で、ここでは「あり」の丁寧語。「ございます」の意。

8 **さう《ソウ》なく**　ためらわず。

ク活用形容詞の連用形。「左右《そう》無し」は、①「あれかこれかが定まらない」、②「ためらわない」の意で、ここは②。

11 **今朝《けさ》しもなどかかなしかるらん**　今朝はどうしてこれほど悲しいのでしょうか。

「しも」は強意の副助詞で「…に限って」の意。「らん」は現在の原因推量の助動詞。係助詞「か」の結びの語なので連体形。

【大　意】　2　教717 15ページ2〜6行　教719 19ページ2〜6行

家に帰ると「（お前は小侍従に）何と言ったのか。」とお尋ねになるので、ありのままを申し上げると、大納言はたいそうお喜びになり、所領などを蔵人にお与えになったという。この蔵人は「やさし蔵人」と人々から言われた。

【品詞分解／現代語訳】

家 に（格助） **帰り**（四・用） **て**（接助）、**中門 に**（格助） **降り**（上二・用） **て**（接助） **のち、「さても**（接）、**何 と**（格助） **か**（係助(係)） **言ひ**（四・用） **たり**（助動・完・用） **つる**（助動・完・体(結)）。**」 と**（格助） **問ひ**（四・用）

家に帰って、中門で（牛車から）降りた後、「それにしても、何と言ったのか。」と（大納言が）お聞き

補尊・四・用　助動・過・已　接助　副　係助　格助　四・用　助動・過・已　接助　シク・用　四・未　助動・尊・用　助動・過・終　接
給ひ　けれ　ば、「かく　こそ。」と　申し　けれ　ば、いみじく　めでたがら　れ　けり。「されば
になったので、(蔵人が)「このように(およみしました)。」と申し上げたところ、たいそう感心なさった。「だから

係助(係)　格助　係助　四・用　助動・完・已(結)　格助　格助　格助　四・体　副助　四・用　助動・完・用　助動・過・体
こそ、使《つか》ひ《イ》　に　は　はからひ　つれ。」とて、感　の　あまり　に、領《し》る　所　など　給《た》び　たり　ける
こそ、使者には(お前をと)決めたのだ。」とおっしゃって、感動のあまりに、所領などを(大納言は蔵人に分けて)お与えになった

格助　係助
と　なん。
ということである。

(代)　格助　係助　格助　副助　下二・用　接助　格助　四・未　助動・受・用　助動・過・体　助動・断・用
この　蔵人　は　内裏　の　六位　など　経　て、やさし蔵人　と　言は　れ　ける　者　なり
この蔵人は内裏の六位などを経て、「やさし蔵人(優美な蔵人)」と言われた者であった。

助動・過・終
けり。

語句の解説　2

教717 15ページ　教719 19ページ

3**かくこそ**　このように(およみしました)。
「かくこそ」の下に「よめ」「言へ」「申せ」などの語が省略されている(「こそ」の結びで已然形になる)。

3**さればこそ**　期待どおりの見事な歌をよんだ蔵人への賞賛の気持ちが表れた言葉。

4**使《つか》ひ《イ》にははからひ《イ》つれ**　使者には(お前をと)決めたのだ。
「はからひ」は、「計らひ」。ここでは、「適宜に処置する」の意。
「つれ」は完了の助動詞「つ」の已然形で、「こそ」の結び。

4**領《し》る所《ところ》**　所領。
「領《し》る」はラ行四段活用の動詞。①「統治する、治める」、②「領地として所有する、領有する」などの意味がある。ここでは②。

4**給《た》びたりけるとなん**　お与えになったということである。
「給《た》び」はバ行四段活用の動詞「給ぶ」の連用形。「給ぶ」「賜ぶ」の漢字を当てる。「与ふ」の尊敬語。「お与えになる、くださる」の意。「たまふ」よりもややくだけた言い方。「…となん」の下に「言ふ」、「語り伝へたる」などの語が省略されている。その場合、「言ふ」「たる」は連体形で、「なん」の結び。

6**やさし蔵人《くろうど》**　優美な蔵人。
「やさし」は、本来形容詞で、①「つらい」、②「恥ずかしい」、③「優美である」、④「感心だ」などの意味がある。ここでは③。

学習の手引き

一 小侍従の歌（脚注7）が「ものかは」という言葉で対比している内容を読み取ったうえで、その言葉を引用した「ものかはと」の歌が伝えようとしたことを説明してみよう。

解答例　小侍従は、「恋人と過ごした翌朝の別れを告げる鶏の声は、恋人を待つ宵のつらさに比べればたいしたことはない」とよんだが、蔵人はこの歌をふまえ、「私（実定）は、今朝のあなたとの別れのときに聞いた鶏の声がとても悲しかった」とよむことで、実定の名残を惜しむ気持ちを伝えようとした。

二 「さればこそ」（717 五・3 719 九・3）という言葉から、「大納言なりける人」は「蔵人」をどのように評価していたことがうかがわれるか。「やさし蔵人」という呼称とも関連づけて説明してみよう。

解答例　その場の状況に応じ、また、人の気持ちをくみ取って相手の心に訴えるような優美な歌をよむことのできる人物。

三 和歌にまつわる説話によって何を語り伝えようとしたのか。前掲の二つの説話とも比べ合わせて、考えたことを発表し合おう。

解答例　・小式部内侍《こしきぶのないし》が大江山の歌の事…小式部内侍がすぐれた歌をよみ歌人としての名声を得た。　・歌ゆゑに命を失ふ事…歌道への執心を優美なものとして称《たた》えた。　・やさし蔵人…蔵人が当意即妙の歌をよみ、主人を喜ばせた。どれも和歌をよむことのすばらしさを伝えている説話である。歌の才が社会的評価にも大きく影響するものであったこと、当意即妙な歌をよむような人物こそが優美であるとする価値観を伝えている。

言葉の手引き

一 次の古語の意味を調べよう。

1もの言ふ 717 四・2 719 八・2　2暁 717 四・2 719 八・2
3きと 717 四・3 719 八・3　4ゆゆし 717 四・6 719 八・6
5やがて 717 四・7 719 八・7　6さうなし 717 四・8 719 八・8
7めでたがる 717 五・3 719 九・3　8領る 717 五・4 719 九・4
9給ぶ 717 五・4 719 九・4　10やさし 717 五・6 719 九・6

解答例　1 情を通わせる。　2 夜明け前。　3 ちらっと
4 すごい。並大抵でない。　5 すぐに
6 ためらわない。　7 感心する　8 領有する
9 お与えになる。　10 優美だ。風流である。

二 次の傍線部の助動詞の意味を答えよう。

1 歌よみに通はれけり。（717 四・1 719 八・1）
2 きと思ひ出でられければ、（717 四・10 719 八・10）
3 やさし蔵人と言はれける者（717 五・6 719 九・6）

解答例　1 尊敬　2 自発　3 受身

言語活動　小式部内侍と和泉式部

教717 P.16　教719 P.20

活動の手引き

一　『古今著聞集《ここんちょもんじゅう》』にもう一編収録されている、小式部内侍《こしきぶのないし》と和泉式部《いずみしきぶ》が登場する記事を読んで内容を整理し、その話からどのようなことが読み取れるか、話し合ってみよう。

解答例　〔内容〕

・和泉式部の娘の小式部内侍が重い病気になった。
・危篤状態になって横たわっている娘のそばで、和泉式部が泣いていると、娘が目を開き、母の顔を見上げて歌をよんだ。
・「(私はもう)どうするすべもなく、どこへ行こうとしているのかもわかりません。親より先に死ぬ、親不孝の道を知らないので。」
・すると、天井の上から声がして、あくびをかみころしたような声で、「あら、あはれ(＝ああ、すばらしい)」と言った。
・すると、小式部内侍の熱が下がって、病気が治った。

〔読み取れること〕

・小式部内侍が母の顔を見て歌をよんだのは、「親に先立つ道」を行かねばならない悲しみと、不孝をわびる気持ちからである。
・「あら、あはれ」と言ったのが誰かはわからないが、不思議な力を持つ神仏のような存在が、歌に感動して発した声である。
・小式部内侍の病がいえたのは、この不思議な力によってであり、歌が神仏の心を動かしたおかげである。
・この話は、数多くある和歌の功徳を語る説話の一つである。

二　和泉式部が娘の小式部内侍を思ってよんだ哀傷歌《あいしょうか》を調べ、一首を選んで、よまれた状況と歌にこめられた思いを説明してみよう。

解答例

・選んだ一首…「とどめおきてたれをあはれと思ふらむ子はまさるらむ子はまさりけり」
・よまれた状況…小式部内侍の死後、残された子どもたち(和泉式部にとっては孫にあたる)を見て、和泉式部がよんだ。
・歌にこめられた思い…この歌を解釈すると、「(あなたがこの世に)残していった者たちのうち、(あなたは)誰をしみじみ恋しいと思うでしょうか。(当然)子どもへの思いがまさっているでしょう。だからこそ、母である私には、子であるあなたへの思いが大きいのです」。第二、三句で「たれをあはれと思ふらむ」と問いを発し、第四句で「子はまさるらむ(親よりも子のほうがまさっているだろう)」と答えたうえで、第五句で自分自身の思いに方向を転じて、あなたにとっては子どもが大事だろうが、同じように私にとってはあなたが大事なのだ、と小式部内侍への思いを表現している。

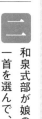

随筆(一)

徒《つれ》然《づれ》草《ぐさ》

兼《けん》好《かう》法師

教717 P.18〜P.25　教719 P.22〜P.29

●徒然草とは

一三三〇年〜一三三一年ごろに成立したとされる随筆。序段を含めると、二百四十四段から成る。作者は兼好法師である。書名の由来は、序段の冒頭「つれづれなるままに、日暮らし硯《すずり》に向かひて……」による。作者の兼好は、三十歳前後で出家し隠者となるが、歌人・知識人として武士や貴族との交流は続けた。人間生活に関するあらゆる面に向けて、さまざまな視点を持って書かれており、説話、処世訓、自然観照文など、内容は多岐にわたる。その根底には、人の世は常に移り変わるはかないものであるという、仏教的無常観がある。

清少納言《せいしょうなごん》の『枕草子《まくらのそうし》』、鴨長明《かものちょうめい》の『方丈記《ほうじょうき》』と並んで、日本三大随筆とされることもある。

序段　教717 18ページ　教719 22ページ

【品詞分解／現代語訳】

つれづれなる(ナリ・体) まま に(格助)、日暮らし(副) 硯 に(格助) 向かひ(四・用) て(接助)、心 に(格助) うつりゆく(四・体) よしなしごと を(格助)、

手持ち無沙汰なままに、一日中、硯に向かって筆を執り、心に浮かんでは消えてゆくたわいもないことを、

そこはかとなく(ク・用) 書きつくれ(下二・已) ば(接助)、あやしう(シク・用(音)) こそ(係助(係)) ものぐるほしけれ(シク・已(結))。

とりとめもなく書きつけてみると、不思議に気持ちが高ぶってくることだ。

語句の解説

教717 18ページ　教719 22ページ

つれづれなるままに　手持ち無沙汰なままに。

「書きつくれば」を修飾している。「ままに」は、名詞「まま」＋格助詞「に」。「…にまかせて」という意味。

硯《すずり》に向《む》かひ《イ》て　硯に向かって筆を執り。

書物を書く様子を表している。

よしなしごと　たわいもないこと。

「よしなし」は「由無し」で、理由がないという意味を表す。

そこはかとなく　はっきりせず。とりとめもなく。
副詞「そこはかと」と形容詞「なし」が合わさった語。「そこはかと」は、「明らかに」という意味。

あやしう《シュウ》　不思議に。
「あやしく」のウ音便形。「あやし」は、普通でなく、理解できないものに対する感じを表す。

ものぐるほ《オ》しけれ　気持ちが高ぶってくることだ。
本来は、「普通でない、ばかげている、あきれるほどだ」などの意味。「もの」は接頭語で、「なんとなく」「いかにも」などの意味を添える。

よろづのことは、月見るにこそ

【大　意】　教717 18ページ1～8行　教719 22ページ1～8行

月を見ることで心は慰められるものだけれども、ある人が月と露の興趣を言い争ったというのはおもしろい。月や露だけでなく何でもその時機にあえば趣深いものである。月や花は言うまでもなく、風は人の心を動かし、流水の様子は四季の別なくすばらしい。「沅《げん》や湘《しょう》の水は、日夜絶えず東へ流れ去り、愁いにしずむ人のために少しもとどまることがない。」と述べた詩を見たのは感慨深かった。嵆康《けいこう》も「山や水辺に遊んで魚や鳥を見ると心が楽しくなる。」と言ったが、人里遠い水や草の清い所にさまよい歩いている時ほど心の慰むことはない。

【品詞分解／現代語訳】

よろづ　の（格助）　こと　は（係助）、月　見る（上一・体）　に（格助）　こそ（係助（係））　慰む（四・体）　もの　なれ（助動・断・已（結））、ある（連）　人　の（格助）、「月　ばかり（副助）
すべてのことは、月を見ることによって（心が）慰むものであるけれども、ある人が、「月ほど趣あるも

おもしろき（ク・体）　もの　は（係助）　あら（ラ変・未）　じ（助動・打推・終）。」　と（格助）　言ひ（四・用）　し（助動・過・体）　に（接助）、また（副）　一人、「露　こそ（係助（係））　なほ（副）
のはあるまい。」と言ったところ、またもう一人が、「露のほうがもっと趣深い。」

あはれなれ（ナリ・已（結））。」　と（格助）　争ひ（四・用）　し（助動・過・体）　こそ（係助（係））　をかしけれ（1シク・已（結））。　折　に（格助）　ふれ（下二・未）　ば（接助）、何（代）　かは（係助（係））　あはれなら（ナリ・未）
と言い争ったのはおもしろい。その時機にあうならば、何であろうとしみじみと趣深くないものがあ

ざら（助動・打・未）　ん（助動・推・体（結））。
ろうか（いや、何だってしみじみと趣深いものだ）。

月・花 は さらなり、風 のみ こそ 人 に 心 は つく めれ。岩 に 砕け て 清く
（係助／ナリ・用／副助／係助(係)／格助／係助／下二・終／助動・定・已(結)／格助／下二・用／接助／ク・用）
月や花は言うまでもなく、風こそまさに人に(興趣を感じる)心を起こさせるようだ。岩に砕けて清く

流るる 水 の けしき こそ、時 を も 分か ず めでたけれ。「沅・湘 日夜 東 に
（下二・体／格助／係助(係)／格助／係助／四・未／助動・打・用／ク・已(結)／格助）
流れる水の様子は、四季の別なくすばらしい。「沅水や湘水は、昼も夜も(絶えず)東の方に

流れ去る。愁人 の ため に 住まる こと 少時 も せ ず。」と いへ る 詩 を
（四・終／格助／格助／四・体／副／係助／サ変・未／助動・打・終／格助／四・已／助動・完・体／格助）
流れ去る。愁いにしずんでいる人(私)のためにとどまることは少しの間もしない。」と述べた詩を

見 侍り し こそ、あはれなり しか。嵆康 も「山沢 に 遊び て、魚鳥 を
（上一・用／補丁・ラ変・用／助動・過・体／係助(係)／ナリ・用／助動・過・已(結)／係助／格助／四・用／接助／格助）
見ましたのは、まことにしみじみと趣深いことだった。嵆康も「山や水辺に遊んで、魚や鳥を

見れ ば 心 楽しぶ。」と 言へ り。人 遠く、水・草 清き 所 に さまよひありき
（上一・已／接助／四・終／格助／四・已／助動・完・終／ク・用／ク・体／格助／四・用）
見ると心が楽しくなる。」と言った。人里遠く、水や草の清い所にさまよい歩いている時ほど、

たる ばかり、心 慰む こと は あら じ。
（助動・存・体／副助／四・体／係助／ラ変・未／助動・打推・終）
心の慰むことはないだろう。

（第二十一段）

語句の解説

教717 18ページ　教719 22ページ

1 **ある人《ひと》の**　ある人が。

「ある」は連体詞。「の」は格助詞で、ここでは主格。主格は、体言や体言に準ずる語に付いて、主語になることを示すはたらき。

1 **月《つき》ばかり**　月ほど。

「ばかり」は副助詞。種々の語に付いて、①およその程度(…ほど・…くらい)、または②限定(…だけ)を示すはたらきをする。ここは①。8行目の「さまよひありきたるばかり」の「ばかり」も同じ用法。

1　**なぜ「をかし」と感じるのか。**

答　どのような風物でも時機にあえば趣深く感じられるから。また、そのような理由から風物の興趣に優劣は決めようもないが、それを競い合おうとする会話自体に趣深いものがあるから。

3 **折《おり》にふれば** その時機にあうならば。「ふれ」は下二段活用動詞「ふる」の未然形。「ば」は接続助詞で、未然形に付くと順接仮定条件を表す。

3 **何《なに》かはあは《ワ》れならざらん** 「かは」は反語の係助詞で、「…であろうか(いや、…ではない)。」と訳す。ここでは「何であろうとも趣深い」という強い肯定の文意になっている。文末の推量の助動詞「ん」は係り結びの法則により連体形。

4 **さらなり** 「言ふもさらなり」「言へばさらなり」の形で用いられることが多い。

4 **風《かぜ》のみこそ** 風こそまさに。「のみ」は副助詞。種々の語に付いて、①限定(…だけ)、または②強意(ひどく…・特に…)を示すはたらきをする。ここは②で、「特に風は」「風こそまさに」の意。「風だけが」ではないことに注意。

4 **心《こころ》はつくめれ** (興趣を感じる)心を起こさせるようだ。「つく」は下二段活用の他動詞で、「つける、起こさせる」などの意味。「心」はここでは興趣を感じる心のこと。

5 **時《とき》をも分《わ》かず** 四季を区別せず。「分か」は四段活用動詞「分く」の未然形。

7 **人遠《ひととお》く** 「人里遠く離れて」の意。

8 **さまよひ《イ》ありきたる** 「さまよふ」に「ありく」が付いて一語化した表現。「ありく」は「歩く」と書き、あちらこちらを移動して回るという意味。現代語の「あるく」の意を表す語は「あゆむ(歩む)」である。
また、「…ありく」という形で補助動詞になった時には「あちこちで…する」や「…し続ける」の意を表す。

学習の手引き

一 本文にタイトルをつけるとしたら、どのようなタイトルが適切か。『枕草子』の「……もの」という形式に倣って考えてみよう。

考え方 文中には「おもしろき」「あはれなれ」などの言葉も見えるが、冒頭と最後の表現に注意して段全体の主題をとらえる。

解答例 「心を慰むるもの」「心慰むもの」など。

二 作者が賞美する自然の景物を本文の流れに沿って抜き出し、評価する理由と併せて整理しよう。

解答例
・月(717 一八・1 719 三・1)…すべてのことは、月を見ることによって(心が)慰むものである。
・月・花(717 一八・4 719 三・4)…月や花は言うまでもなく興趣がある。
・風(717 一八・4 719 三・4)…風こそまさに人に興趣を感じる心を起こさせる。
・水(717 一八・5 719 三・5)…岩に砕けて清く流れる水の様子は、四季の別なくすばらしい。
・山沢(717 一八・7 719 三・7)…人里遠く、水や草の清い所にさまよい歩いている時ほど、心の慰むことはない。

言葉の手引き

一 次の古語の意味を調べよう。

1 おもしろし 717 一八・1 719 三・1
2 あはれなり 717 一八・2 719 三・2
3 をかし 717 一八・3 719 三・3
4 さらなり 717 一八・4 719 三・4
5 けしき 717 一八・5 719 三・5
6 めでたし 717 一八・5 719 三・5

解答例 1 趣がある。 2 しみじみとした趣がある。 3 趣がある。 4 言うまでもない。 5 様子 6 すばらしい。見事だ。

二 係助詞「こそ」の多用は、表現上どのような効果をもたらしているか、考えてみよう。

解答例 風情があると感じさせる物事を強調する効果。

世に語り伝ふること

【大意】 1 教717 20ページ1～7行　教719 24ページ1～7行

世間で語り伝えていることの多くは嘘《うそ》である。人は物事を大げさに言うものであるうえに、まして年月が過ぎ場所も隔たると、言いたいままに作り話をして、文字に書きとめてしまえば、そのまま定説になってしまう。それぞれの道の名人の優れていることなどを、無教養でその道を知らぬ人は、やたらと神のように言うが、その道を知っている人は、全く信じる気も起こさない。うわさに聞くのと目で見るのとは、何事も違うものである。

【品詞分解／現代語訳】

世 に(格助) 語り伝ふる(下二・体) こと、まこと は(係助) あいなき(ク・体) に(助動・断・用) や、(係助) 多く(ク・用) は(係助) みな(副) 虚言 なり。(助動・断・終)

世間に語り伝えていることは、真実はおもしろみがないのであろうか、多くはみな嘘である。

ある(ラ変・体) に(格助) も(係助) 過ぎ(上二・用) て(接助) 人 は(係助) もの を(格助) 言ひなす(1 四・体) に、(接助) まして、(副) 年月 過ぎ、(上二・用) 境 も(係助) 隔たり(四・用)

事実を超えて人は(大げさに)物事を話すものであるうえに、まして、年月が過ぎて、場所も隔たってしまう

ぬれ(助動・完・已) ば、(接助) 言ひ(四・用) たき(助動・願・体) まま に(格助) 語りなし(1 四・用) て、(接助) 筆 に(格助) も(係助) 書きとどめ(下二・用) ぬれ(助動・完・已) ば、(接助)

と、言いたいままに作り話をして、文字にも書きとどめてしまうと、

やがて(副) また(副) 定まり(四・用) ぬ。(助動・完・終)

そのまままた(事実として)定説になってしまう。

道々 の(格助) もの の(格助) 上手 の(格助) いみじき(シク・体) こと など(副助)、 かたくなる(ナリ・体) 人 の(格助) その(代) の(格助) 道
それぞれの専門の道の名人の優れていることなどを、　道理のわからない人でその道のことを知らない人は、

知ら(四・未) ぬ(助動・打・体) は(係助)、 そぞろに(ナリ・用) 神 の(格助) ごとく(助動・比・用) に(格助) 言へ(四・已) ども(接助)、 道 知れ(四・已) る(助動・存・体) 人 は(係助)、
むやみやたらに神のように言うけれども、　(その)道を知っている人は、

さらに(副) 信 も(係助) 起こさ(四・未) ず(助動・打・終)。 音 に(格助) 聞く(四・体) と(格助) 見る(上一・体) とき と(格助) は(係助)、 何事 も(係助) 変はる(四・体) もの
全く信じる気持ちも起こさない。　うわさに聞くのと目で見るときとは、　何事も　違うものである。

なり(助動・断・終)。

語句の解説 1

教717 20ページ　教719 24ページ

1**まことはあいなきにや**　真実はおもしろみがないのであろうか。「に」は断定の助動詞の連用形。「にあり」「にやあらむ」などの形で用いられる。「に」の識別が問われることが多いので注意。「や」は疑問の係助詞。「にや」の下に「あらむ」が省略されている。

1　「言ひなす」「語りなし」は、どういう意味か。

答　意識的にことさらに言ったり語ったりする、という意味。

3**やがてまた定《さだ》まりぬ**　そのまままた定説になってしまう。「やがて」は副詞。現代語の意味とは異なり、「そのまま」や「すぐに」の意味で用いられることが多いので注意。「定まる」は文脈を理解して的確に訳したい部分。ここでは「定説になる」と訳した。「ぬ」は完了の助動詞。

5**かたくなる人《ひと》のその道《みち》知《し》らぬは**　道理のわからない人でその道のことを知らない人は。「かたくなる人の」の「の」は同格を示す格助詞。

6**さらに**　「さらに」は「陳述(呼応)の副詞」の一つで、下に打消の語を伴って「全く…ない」という意味になる。

【大　意】　2　教717 20ページ8行～21ページ1行　教719 24ページ8行～25ページ1行

口からでまかせに放言するのは、すぐに根拠のないことだとわかる。また、自分も本当らしくないとは思いながら、人の言ったとおりに、得意げに話すのは、その人の作った嘘ではない。いかにももっともらしく、よく知らないふりをしながらもつじつまを合わせて語る嘘は、

恐ろしい。自分の名誉になるように言われた嘘は、人はあまり争わない。誰もかれもがおもしろがる嘘は、自分だけが「そうでもなかったのになあ。」と言ってみてもしかたがないと聞いているうちに、その話の証人にまでもされて、いよいよ定説になってしまうだろう。

【品詞分解／現代語訳】

かつ、あらはるるをも顧みず、口にまかせて言ひ散らすは、やがて浮き
副　下二・体　格助　係助　上一・未　助動・打・用　格助　下二・用　接助　四・体　係助　副　四・用
話しているそばから（嘘が）ばれるのをも気にかけず、口の勢いのままに放言するのは、すぐに根拠のない

たることと聞こゆ。また、我もまことしからずは思ひながら、人の
助動・存・体　格助　下二・終　接　（代）　係助　シク・未　助動・打・用　係助　四・用　接助　格助
こととわかる。また、自分も本当らしくないとは思いながら、人が

言ひしままに、鼻のほどおごめきて言ふは、その人の虚言にはあらず。
四・用　助動・過・体　格助　格助　四・用　接助　四・体　係助　（代）　格助　格助　助動・断・用　係助　ラ変・未　助動・打・終
言ったとおりに、鼻のあたりをぴくぴく動かして（得意げに）話すのは、その人の（作った）嘘ではない。

げにげにしく、ところどころうちおぼめき、よく知らぬよしして、
シク・用　四・用　ク・用　四・未　助動・打・体　サ変・用　接助
いかにも本当らしく、あちらこちらをぼかして曖昧にし、よく知らないふりをして、

さりながら、つまづま合はせて語る虚言は、恐ろしきことなり。
接　下二・用　接助　四・体　係助　2 シク・体　助動・断・終
しかし、はしばしを合わせて話す嘘は、恐ろしいことである。

わがため面目あるやうに言はれぬる虚言は、人いたくあらがはず。
（代）　格助　ラ変・体　助動・様・用　四・未　助動・受・用　助動・完・体　係助　ク・用　四・未　助動・打・終
自分にとって名誉があるように言われた嘘は、人はあまり否定しない。

みな人の興ずる虚言は、一人、「さもなかりしものを。」と言はん
格助　サ変・体　係助　副　係助　ク・用　助動・過・体　終助　格助　四・未　助動・婉・体
誰もがおもしろがる嘘は、（自分）ひとりが、「そうでもなかったのになあ。」と言うようなのも

も詮なくて聞きゐたるほどに、証人にさへなされて、いとど定まり
係助　ク・用　接助　上一・用　助動・存・体　格助　格助　副助　四・未　助動・受・用　接助　副　3 四・用
しかたがなくて聞いているうちに、（その話の）証人にまでもされて、いよいよ定説になって

ぬ（助動・強・終）　べし。（助動・推・終）

しまうだろう。

語句の解説 2

教717 20ページ　教719 24ページ

8 **浮《う》きたること**　根拠のないこと。あてにならないこと。

10 **げにげにしく**　いかにも本当らしく。

「げにげにし」は「実に実にし」で、いかにも本当らしいさま。

2　**「恐ろしきこと」と言うのはなぜか。**

答　いかにももっともらしく聞こえて、だまされやすいから。

13 **わがため面目《めんぼく》あるやう《ヨウ》に言《い》は《ワ》れぬる虚言《そらごと》**　自分にとって名誉があるように言われた嘘。

自分の名誉となるような嘘は、訂正しようという気を起こさなくなるという趣旨である。

教717 21ページ　教719 25ページ

1 **証人《しょうにん》にさへ《エ》なされて**　証人にまでもされて。

「さへ」は副助詞で、ここでは「…までも」という添加の意味。

1 **いと定《さだ》まりぬべし**　いよいよ定説になってしまうだろう。

「いとど」は副詞で「いよいよ、ますます」の意味。「ぬ」は強意の助動詞。下に推量の助動詞（ここでは「べし」）が接続し、「きっと…だろう。…てしまうだろう」などの意味になる。

3　**何がどのように「定ま」るというのか。**

答　誰もがおもしろがる嘘が、否定するのもためらわれて同調しているうちに、定説になってしまう。

【大　意】 3　教717 21ページ2〜8行　教719 25ページ2〜8行

いずれにしても、嘘偽りの多い世の中である。よくある話として受け取っておけば間違いがないはずだ。下々の人間の話は、聞いて驚くようなことばかりだ。教養ある人は異常なことは語らないものである。

こうは言っても、仏や神の霊験、また神仏が姿を変えて、仮にこの世に現れた権化の者の伝記などは、そう一概に信じてはならないというわけでもない。こういう事柄は、世間の嘘を心から信じるのもばからしいし、まさかそんなことはあるまい、などと言うのもかいのないことなので、いちずに信じたり、また疑ってばかにしたりしてはならないものである。

【品詞分解／現代語訳】

とにもかくにも、（副）　虚言　多き（ク・体）　世　なり。（助動・断・終）　ただ、（副）　常に（副）　ある、（ラ変・体）　珍しから（シク・未）　ぬ（助動・打・体）　こと　の（格助）

いずれにしても、嘘の多い世の中である。（だから、珍しい話を聞いても）ただ、普通にある、珍しくないことと同様に

まま　に〔格助〕　心得〔下二・用〕　たら〔助動・存・未〕　ん〔助動・婉・体〕、　よろづ　違ふ〔四・終〕　べから〔助動・当・未〕　ず〔助動・打・終〕。　下ざま　の〔格助〕　人　の〔格助〕

理解しておくのが、　万事間違いないはずだ。　下々の人間の話は、

物語　は〔係助〕、　耳驚く〔四・体〕　こと　のみ〔副助〕　あり〔ラ変・終〕。　よき〔ク・体〕　人　は〔係助〕、　あやしき〔シク・体〕　こと　を〔格助〕　語ら〔四・未〕　ず〔助動・打・終〕。

聞いて驚くことばかりある。　教養のある人は、　異常なことは語らない。

かく〔副〕　は〔係助〕　言へ〔四・已〕　ど〔接助〕、　仏神　の〔格助〕　奇特、　権者　の〔格助〕　伝記、　さ〔副〕　のみ〔副助〕　信ぜ〔サ変・未〕　ざる〔助動・打・体〕　べき〔助動・当・体〕

このようには言うけれども、　神仏の霊験譚、　聖人の伝説などは、　そう一概に信じない（ようにする）べきでもない。

に〔助動・断・用〕　も〔係助〕　あら〔ラ変・未〕　ず〔助動・打・終〕。　4 これ〔(代)〕　は〔係助〕、　世俗　の〔格助〕　虚言　を〔格助〕　ねんごろに〔ナリ・用〕　信じ〔サ変・用〕　たる〔助動・存・体〕　も〔係助〕

これは、　世に俗説として広まっている作り話を心の底から信じているのも

をこがましく〔シク・用〕、　「よも〔副〕　あら〔ラ変・未〕　じ〔助動・打推・終〕。」　など〔副助〕　言ふ〔四・体〕　も〔係助〕　詮なけれ〔ク・已〕　ば〔接助〕、　おほかた〔副〕　は〔係助〕　まことしく〔シク・用〕

ばからしいし、　「まさか（そんなことは）あるまい。」　などと言ってもかいのないことなので、　だいたいは本当のことらしく

あひしらひ〔四・用〕　て〔接助〕、　ひとへに〔副〕　信ぜ〔サ変・未〕　ず〔助動・打・用〕、　また〔接〕、　疑ひ〔四・用〕　あざける〔四・終〕　べから〔助動・命・未〕　ず〔助動・打・終〕。

応対して、　いちずに信じず、　また、　疑ってばかにしてはならない。

（第七十三段）

語句の解説 3

教717 21ページ　教719 25ページ

2 **とにもかくにも**　元は、副詞「と」＋格助詞「に」＋係助詞「も」＋副詞「かく」＋格助詞「に」＋係助詞「も」。

3 **下《しも》ざまの人《ひと》**　下々の人間。教養の劣った者の意。後の「よき人」と対になっている。

5 **かくは言《い》へ《エ》ど**　このようには言うけれども。「かく」は副詞。前段で述べた内容をさす。

6 **ねんごろに信《しん》じたるもをこ《オ》がましく**　心の底から信じているのもばからしいし。「ねんごろに」は形容動詞「ねんごろなり」の連用形。

4　「これ」は何をさすか。

答　仏神の奇特、権者の伝記。

学習の手引き

一 第二段落から第五段落まで(717 三〇・2〜三一・1 719 二四・2〜二五・1)に述べられている「虚言」を、内容も含めて整理しよう。

解答例

・「あるにも過ぎて人はものを言ひなす(事実を超えて人は大げさに物事を話す)」 717 三〇・2 719 二四・2

・「年月過ぎ、境《さかひ》も隔たりぬれば、……やがてまた定まりぬ(年月が過ぎて、場所も隔たってしまうと、言いたいままに作り話をして、文字にも書きとめてしまうと、そのまままた事実として定説になってしまう)」 717 三〇・2 719 二四・2

・「道々のものの上手のいみじきことなど……神のごとくに言へども(それぞれの専門の道の名人の優れていることを、道を知らない人は、むやみに神のように言う)」 717 三〇・5 719 二四・5

・「口にまかせて言ひ散らす(口の勢いのままに放言する)」 717 三〇・8 719 二四・8

・「人の言ひしままに、鼻のほどおごめきて言ふ(人の言ったとおりに、鼻のあたりをぴくぴく動かして得意げに話す)」 717 三〇・9 719 二四・9

・「げにげにしく、ところどころうちおぼめき、……さりながら、つまづま合はせて語る虚言(いかにも本当らしく、あちらこちらをぼかして曖昧にし、よく知らないふりをして、しかし、はしばしを合わせて話す嘘)」 717 三〇・10 719 二四・10

・「わがため面目あるやうに言はれぬる虚言(自分にとって名誉があるように言われた嘘)」 717 三〇・13 719 二四・13

・「みな人の興ずる虚言(誰もがおもしろがる嘘)」 717 三〇・13 719 二四・13

二 作者は「虚言」にどのように向き合うべきだと述べているか。その箇所を指摘し、内容をまとめよう。

解答例

・世間の嘘に対して…「ただ、常にある、珍しからぬことのままに心得たらん、よろづ違《たが》ふべからず(ただ、普通にある、珍しくないことと同様に理解しておくのが、万事間違いないはずだ)」 717 三一・2 719 二五・2

・仏や神の霊験譚や聖人の伝説に対して…「おほかたはまことしくあひしらひて、ひとへに信ぜず、また、疑ひあざけるべからず(だいたいは本当のことらしく応対して、いちずに信じず、また、疑ってばかにしてはならない)」 717 三一・7 719 二五・7

作者は世間の嘘に対して、日常的な物事と同じように冷静に応対するべきであると考えており、信仰にまつわる奇跡に対してはそれが正しいとも間違いとも決めつけず、一定の距離をとって態度を保留するべきであると考えている。

三 第一段落の作者の指摘を現代に置き換えた場合、どのように考えるか。各自の考えを述べ合おう。

考え方 世間であれこれ言われることの多い有名人の噂話や、政治家の答弁など、身の回りのことで考えてみよう。

言葉の手引き

一 次の古語の意味を調べよう。

1あいなし 717 二〇・1 719 二四・1
2やがて 717 二〇・3 719 二四・3
3いみじ 717 二〇・5 719 二四・5
4かたくななり 717 二〇・5 719 二四・5
5そぞろなり 717 二〇・6 719 二四・6
6さらに 717 二〇・6 719 二四・6
7かつ 717 二〇・8 719 二四・8
8詮なし 717 二〇・14 719 二四・14
9いとど 717 二一・1 719 二五・1
10よし 717 二一・4 719 二五・4
11あやし 717 二一・4 719 二五・4
12ねんごろなり 717 二一・6 719 二五・6
13をこがまし 717 二一・6 719 二五・6
14よも 717 二一・6 719 二五・6

解答例　1 おもしろみがない。　2 そのまま。すぐに。　3 すばらしい　4 道理がわからずがんこな様子。　5 むやみやたらな様子。　6 (打消の語を伴って)全く(…ない)。　7 (…する)そばから。　8 しかたがない。　9 いよいよ　10 教養がある。　11 異常だ　12 いちずな様子。　13 ばからしい　14 (打消の語と呼応して)まさか(…ない)。

あだし野の露消ゆるときなく

【大　意】　教717 22ページ1～11行　教719 26ページ1～11行

この世は無常であるからこそすばらしい。人間ほど長生きするものはないが、長く生きてみにくい姿をさらしてどうしようというのか。長くても四十歳になる前に死ぬのが、見苦しくないものだ。四十歳を過ぎると、いろいろな面で欲が深くなり、ものの情趣もわからなくなってしまうのは、本当に嘆かわしいことだ。

【品詞分解／現代語訳】

あだし野 の(格助) 露[1] 消ゆる(下二・体) とき なく(ク・用)、鳥部山 の(格助) 煙[1] 立ち去ら(四・未) で(接助) のみ(副助) 住み果つる(下二・体) ならひ なら(助動・断・未) ば(接助)、いかに(副) もののあはれ も(係助) なから(ク・未) ん(助動・推・体)。世 は(係助) 定めなき(ク・体) こそ(係助(係))、いみじけれ(シク・已(結))。

(消えやすい)あだし野の露が消えるときがないように(人が死ぬことなく)、(立ち去りやすい)鳥部山の(火葬の)煙が立ち去らないように(人が死ぬことなく)もっぱら天寿を全うするのが人のならわしであるならば、どんなに情趣もないことだろう。この世は無常であるからこそ、すばらしいのである。

命 ある(ラ変・体) もの を(格助) 見る(上一・体) に(接助)、人 ばかり(副助) 久しき(シク・体) は(係助) なし(ク・終)。かげろふ の(格助) 夕べ を(格助) 待ち(四・用)、夏 の(格助) 蟬 の(格助)

命あるものを見ると、人ほど(寿命が)長いものはない。かげろうが夕方を待たず(に死に)、夏の蟬が

春秋 を(格助) 知ら(四・未) ぬ(助動・打・体) も(係助) ある(ラ変・体) ぞ(終助) かし(終助)。つくづくと(副) 一年 を(格助) 暮らす(四・体) ほど だに(副助) も(係助)、こよなう(ク・用(音)) のどけし(ク・終)

春や秋を知らない(まま死ぬ)ということもあるのだよ。しみじみと一年を暮らす間でさえも、このうえなくのんびりして

や。飽かず、惜しと思はば、千年を過ぐすとも、一夜の夢の心地こそせ
いるものだ。満足せず、（命を）惜しいと思うならば、千年過ごしたとしても、一夜の夢の（ように短い）気持ちがするだろう。

め。

住み果てぬ世にみにくき姿を待ち得て、何かはせん。命長けれ
住み通すことのできないこの世に先に何かがあるかと待って老醜の姿を得て、何になるのだろうか（いや、何にもならない）。命が長い

ば恥多し。長くとも四十に足らぬほどにて死なんこそ、めやすかるべけれ。
と恥も多い。長生きしたとしても四十歳に満たないくらいで死ぬようなのこそが、見苦しくないだろう。

そのほど過ぎぬれば、かたちを恥づる心もなく、人に出でまじらはんことを
その年ごろを過ぎてしまうと、容姿（の衰え）を恥じる心もなく、人の中に出ていって交際するようなことを

思ひ、2夕べの陽に子孫を愛して、さかゆく末を見んまでの命をあらまし、
願い、傾きかけた夕日のように余命いくばくもない身で子孫に執着して、栄えていく将来を見届けるような時までの命を期待し、

ひたすら世をむさぼる心のみ深く、もののあはれも知らずなりゆくなん、あさましき。（第七段）
もっぱらこの世（の名誉や利益）を欲深くほしがる心だけが深く、情趣もわからなくなってゆくのは、全く嘆かわしいことだ。

語句の解説

教717 22ページ　教719 26ページ

1 住《す》み果《は》つる　天寿を全うする。

「果つ」は「終わる、果てる」の意。「住み果つ」は、「この世の終わりまで住み続ける」という意味になり、「天寿を全うするまで生き続ける」というように解釈される。

2 いかに　どんなに。

程度がはなはだしいことを表す。この語を受けて文末の「ん」は

1 「露」「煙」は、通常どのような比喩に使われるか。

答 はかなく、すぐに消えてしまうようなもの。

連体形となり、全体で「どんなに…だろう」「さぞかし…だろう」。

2 **定《さだ》めなき**　本来は、「一定でない、決まりがない」などの意味であるが、「移ろいやすい」の意も含むため、ここでは無常の意味と捉える。

3 **かげろふ《ウ》の夕《ゆう》べを待《ま》ち**　後に続く「夏の蟬《せみ》の春秋《はるあき》を知ら(ぬ)」と対をなし、「ぬ」が両方を受ける形。かげろうも蟬も命の短い生き物の例として挙げられている。

4 **一年《ひととせ》を暮《く》らすほどだにも**　一年を暮らす間でさえも。

「だに」は類推を表す副助詞。軽いものを挙げて、より重いものを類推させる。この場合の重いものとは、長い年月を暮らすこと。

5 **飽《あ》かず、惜《お》しと思《おも》は《ワ》ば**　満足せず、(命を)惜しいと思うならば。

「飽かず」も「惜し」も「思はば」にかかる。

5 **一夜《ひとよ》の夢《ゆめ》**　短いもののたとえ。千年を過ごしたとしても、一夜の夢のように短く感じる、という意味。

7 **待《ま》ち得《え》て**　待った末に手に入れて。

手に入れるのは、「みにくき姿」である。年を取ると、姿がみにくくなることがわかっていて、実際そうなるということを「待ち得て」と表現している。

7 **何《なに》かはせん**　何になるのだろうか(いや、何にもならない)。

「かは」は反語の係助詞。

2 **「夕べの陽《ひ》」とは、何の比喩か。**

答　余命わずかとなった老年。

10 **さかゆく末《すえ》**　(子孫が)栄えてゆく将来。

「さかゆく」の終止形は「さかゆく」。栄えるという意味の言葉は、ほかに「幸《さきは》ふ」「勢《いきほ》ひ猛《まう》」「時めく」「花やぐ」などがある。

10 **世《よ》をむさぼる**　この世(の名誉や利益)を欲深くほしがる。

世俗的な名誉や利益を求めるという意味。

11 **あさましき**　嘆かわしいことだ。

「あさまし」の意味は、「驚きあきれる感じだ、意外だ」「興ざめだ」「程度がはなはだしい」「みすぼらしい」などがあり、多様。

学習の手引き

一　**三つの段落の内容をそれぞれ整理し、各段落がどのように結びついて文章が展開しているかを意識しながら、文章全体の大意をまとめてみよう。**

解答例　〈三つの段落〉・第一段落…主題の提示。この世は無常であるからこそすばらしい。・第二段落…無常の考え方。生物の例をあげて時間の過ごし方の大切さを説く。・第三段落…生きる上での心構え。長生きして欲深い姿をさらすのは見苦しい。

〈全体の大意〉この世は無常であるからこそすばらしい。人間も短い一刻一刻を大事に味わって過ごし、長生きせずに死ぬのがよい。

二　**この文章の主題は何か、一文でまとめてみよう。**

解答例　この世は無常であるからこそすばらしい。

三 本文中に表れた作者の思想について、各自で考えたことを発表し合おう。

解答例 省略。

言葉の手引き

一 次の古語の意味を調べよう。

1もののあはれ 717三・2 719六・2　2いみじ 717三・2 719六・2
3飽く 717三・5 719六・5　4めやすし 717三・8 719六・8
5あらます 717三・10 719六・10　6あさまし 717三・11 719六・11

解答例 1 物事のしみじみとした趣。情趣。
2 すばらしい　3 満足する　4 見苦しくない。
5 期待する　6 嘆かわしい

二 次の文を、構造を考えながら口語訳しよう。

・かげろふの夕べを待ち、夏の蟬の春秋を知らぬもあるぞかし。（717三・3 719六・3）

考え方 「待ち」は連用中止法で、

かげろふの夕べを待ち（た）―┐
夏の蟬の春秋を知ら――――┘ぬも

という構造になっている。

解答例 ・かげろうが夕方を待たず（に死に）、夏の蟬が春や秋を知らない（まま死ぬ）ということもあるのだよ。

飛鳥《あすか》川《がは》の淵瀬《ふちせ》

【大　意】 1　教717 24ページ1～4行　教719 28ページ1～4行

飛鳥川の淵や瀬のような無常の世であるから、はなやかであったあたりも人の住まない野原となり、昔と変わらない家も住む人が変わってしまう。誰かと昔を語ることもできない。まして見たこともない昔の尊かったとかいう邸宅や寺院の遺跡は、非常にはかなく感じる。

【品詞分解／現代語訳】

飛鳥川　の（格助）　淵瀬　常なら（ナリ・未）　ぬ（助動・打・体）　世　に（助動・断・用）　し（副助）　あれ（ラ変・已）　ば、（接助）　時　移り、（四・用）　事　去り、（四・用）　楽しび・悲しび

飛鳥川の淵や瀬が無常である（ように定めのない）世の中であるので、時は移り、物事は消え去り、楽しみや悲しみが

行き交ひ（四・用）　て、（接助）　はなやかなり（ナリ・用）　し（助動・過・体）　あたり　も（係助）　人　住ま（四・未）　ぬ（助動・打・体）　野ら　と（格助）　なり、（四・用）　変はら（四・未）

かわるがわる行き来して、はなやかに栄えたあたりも人の住まない野原となり、（昔と）変わらない

ぬ（助動・打・体）　すみか　は（係助）　人　あらたまり（四・用）　ぬ（助動・完・終）。
住居は(住む)人が変わってしまった。

桃李　もの　言は（四・未）　ね（助動・打・已）　ば（接助）、たれ（代）　と（格助）　ともに（副）
(昔のままに咲く)桃やすももはものを言わないので、誰とともに

か（係助(係)）　昔　を（格助）　語ら（四・未）　ん（助動・意・体(結)）。
昔を語ろうか(いや、昔を語り合える者は誰もいない)。

まして（副）、1 見（上一・未）　ぬ（助動・打・体）　いにしへ　の（格助）　やんごとなかり（ク・用）
まして、見(たことも)ない遠い昔の尊かったとかいう

けん（助動・過伝・体）　跡　のみ（副助）　ぞ（係助(係)）、いと（副）　はかなき（ク・体(結)）。
遺跡は特に、非常にはかない。

語句の解説 1

教717 24ページ　教719 28ページ

2 **変《か》は《ワ》らぬすみかは人《ひと》あらたまりぬ**　(昔と)変わらない住居は(住む)人が変わってしまった。

二つの「ぬ」の識別に注意。上に活用語の未然形がある時の「ぬ」は打消の助動詞「ず」の連体形。上に活用語の連用形がある時の「ぬ」は完了の助動詞「ぬ」の終止形である。

3 **たれとともにか昔《むかし》を語《かた》らん**　誰とともに昔を語ろうか(いや、昔を語り合える者は誰もいない)。

「たれ」は「誰」の意味。「か」は反語の係助詞で、文末の「ん」は係り結びの法則により連体形。

1 **「見ぬいにしへのやんごとなかりけん跡」の意味は何か。**

答 見たことのない遠い昔の尊かったとかいう遺跡。(昔の貴族の邸宅や寺院などの遺跡のこと。)

【大　意】2　教717 24ページ5行～25ページ1行　教719 28ページ5行～29ページ1行

京極殿《きょうごくどの》や法成寺《ほうじょうじ》などを見ると、建立時の志は残っているのに、事態が変わってしまった様子はまことに感慨深い。藤原道長《ふじわらのみちなが》公がお造りになり、将来までも繁栄するようにと考えておかれたとき、これほど荒廃するとは全くお思いにならなかっただろう。金堂《こんどう》は倒れたまま再建もされない。無量寿院《むりょうじゅいん》には、仏像、行成《こうぜい》大納言が書いた額、兼行《かねゆき》が書いた扉が今でも見えるが、これもいつまで残るだろうか。何事につけ、自分の死後のことまで前もって考えを定めておくことは頼りないことである。

【品詞分解／現代語訳】

京極殿・法成寺 など 見る こそ、志 とどまり、事 変じ に ける さま は、
など 副助／見る 上一・体／こそ 係助(係)／とどまり 四・用／変じ サ変・用／に 助動・完・用／ける 助動・過・体／は 係助
京極殿や法成寺などを見るに、(建立したときの)志は残り、事態は変わってしまった様子は、

あはれなれ。御堂殿 の 作りみがか せ 給ひ て、庄園 多く 寄せ られ、わ が
あはれなれ ナリ・已(結)／の 格助／作りみがか 四・未／せ 助動・尊・用／給ひ 補尊・四・用／て 接助／多く ク・用／寄せ 下二・未／られ 助動・尊・用／わ (代)／が 格助
しみじみと感慨深い。藤原道長公が立派にお造りになり、荘園を多くご寄進なさって、自身の

御族 のみ、帝 の 御後見、世 の かため にて、行く末 まで と おぼしおき し とき、
のみ 副助／の 格助／の 格助／にて 格助／まで 副助／と 格助／おぼしおき 四・用／し 助動・過・体
子孫だけが、天皇のご後見役、世の重鎮として、将来まで(栄えるように)と前もってお考えになったとき、

いかなら ん 世 に も、かばかり あせ果て ん と は おぼし て
いかなら ナリ・未／ん 助動・婉・体／に 格助／も 係助／かばかり 副／あせ果て 下二・未／ん 助動・推・終／と 格助／は 係助／おぼし 四・用／て 助動・強・未
どのような世にも、これほどすっかり荒れ果ててしまうだろうとはお思いになっただろうか(いや、全くお思いにならな

ん や。大門・金堂 など 近く まで あり しか ど、正和 の ころ、南門 は 焼け
ん 助動・推・終／や 係助／など 副助／まで 副助／あり ラ変・用／しか 助動・過・已／ど 接助／の 格助／は 係助／焼け 下二・用
かっただろう)。大門や金堂などは近ごろまであったけれど、正和のころ、南門は焼けてしまった。

ぬ。金堂 は そ の のち 倒れ伏し たる まま に て、取り立つる わざ も
ぬ 助動・完・終／は 係助／そ (代)／の 格助／倒れ伏し 四・用／たる 助動・完・体／に 助動・断・用／て 接助／取り立つる 下二・体／も 係助
金堂はその後倒れ伏してしまったままであって、再建することもない。

なし。無量寿院 ばかり ぞ、そ の 形 とて 残り たる。丈六 の 仏 九体、いと 尊く て
なし ク・終／ばかり 副助／ぞ 係助(係)／そ (代)／の 格助／とて 格助／残り 四・用／たる 助動・存・体(結)／の 格助／いと 副／尊く ク・用／て 接助
無量寿院だけが、当時の形見として残っている。(堂内には)一丈六尺の仏像が九体、とても尊い様子で

並び おはします。行成の大納言 の 額、兼行 が 書け る 扉、あざやかに 見ゆる ぞ
並び 四・用／おはします 四・終／の 格助／が 格助／書け 四・已／る 助動・完・体／あざやかに ナリ・用／見ゆる 下二・体／ぞ 係助(係)
並んでいらっしゃる。行成大納言の(書いた)額、兼行が書いた扉(の文字)が、はっきりと見えるのは

あはれなる［ナリ・体(結)］。法華堂 など［副助］ も［係助］ いまだ［副］ 侍る［ラ変・体］ めり［助動・定・終］。これ［(代)］ も［係助］ また［副］、いつ［(代)］ まで［副助］ か［係助(係)］ あら［ラ変・未］

しみじみと感慨深い。法華堂などもいまだにございますようです。これもまた、いつまであるであろうか。

ん［助動・推・体(結)］。かばかり［副］ の［格助］ 名残 だに［副助］ なき［ク・体］ 所々 は［係助］、おのづから［副］ あやしき［シク・体］ 礎 ばかり［副助］ 残る［四・体］ も［係助］ あれ［ラ変・已］ ど［接助］、

これほどの遺跡さえ(残ってい)ない所々は、たまたまわけのわからない土台だけ残る所もあるが、

さだかに［ナリ・用］ 知れ［四・已］ る［助動・存・体］ 人 も［係助］ なし［ク・終］。

(それが何であったか)はっきりと知っている人もいない。

されば［接］、よろづに［副］ 見［上一・未］ ざら［助動・打・未］ ん［助動・婉・体］ 世 まで［副助］ を［格助］ 思ひおきて［下二・未］ ん［助動・婉・体］ こそ［係助(係)］、

そうであるから、何事につけ、見ないような(死後の)世のことまでを前もって心に決めておくようなことは、

はかなかる［ク・体］ べけれ［助動・当・已(結)］。

頼りないことというべきであろう。

(第二十五段)

語句の解説 2

教717 24ページ　教719 28ページ

2 「行く末まで」の下にどのような言葉が省略されているか。

答 「栄えん(繁栄しよう・繁栄するように)」など。

7 **おぼしおきしとき** 前もってお考えになったとき。「おぼしおく」は「思ひ置く」の尊敬語。

7 **いかならん世《よ》にも** 助動詞「む(ん)」が文中で連体形になるときは、多く婉曲の意味を表し、「…ような」と訳す。

8 **おぼしてんや** 「おぼし」は「思ふ」の尊敬語「おぼす」の連用形。「て」は強意の助動詞「つ」の未然形。助動詞「つ」「ぬ」の下に推量の助動詞(「む」「べし」など)が接続すると、強意の用法になる。「や」は係助詞で、ここでは反語の意味を示す。

学習の手引き

一 第一段落と第二段落は、どのような関係でつながっているか、説明してみよう。

解答例 第一段階では「見ぬいにしへのやんごとなかりけん跡のみぞ、いとはかなき」という作者の考えを述べ、第二段落では「京極殿・法成寺」を具体例として挙げて、作者の考えの間違っていない

ことを証明している。

二 作者は、「京極殿・法成寺など」(717 二四・5 719 二八・5)を見てどのような感慨をおぼえているか、まとめてみよう。

解答例 邸宅や寺の荒れた様子を見ながら、かつてそこにおいて栄華を誇った道長に思いをはせ、世の無常を感じている。

三 第三段落に表れた作者の考え方と、「あだし野の露消ゆるときなく」の段の「世は定めなきこそ、いみじけれ。」(717 三・2 719 二六・2)という考え方とを比較し、共通点を説明してみよう。

解答例 この世は無常であり、刻々と、とどまることなく変化しているという考え方が共通している。

言葉の手引き

一 次の古語の意味を調べよう。

1いにしへ 717 二四・4 719 二八・4　2やんごとなし 717 二四・4 719 二八・4
3はかなし 717 二四・4 719 二八・4　4あはれなり 717 二四・5 719 二八・5
5後見 717 二四・7 719 二八・7　6わざ 717 二四・10 719 二八・10
7おのづから 717 二四・13 719 二八・13　8あやし 717 二四・13 719 二八・13
9思ひおきつ 717 二五・1 719 二九・1

解答例 1 遠い昔。　2 高貴だ。尊い。　3 はかない。定まらない。　4 しみじみとした趣がある。　5 後見役　6 ことの次第。　7 自然と。たまたま。　8 わけがわからない。　9 前もって心に決める。

二 次の傍線部の助動詞の意味を答えよう。

1 やんごとなかりけん跡のみぞ、(717 二四・4 719 二八・4)
2 法華堂《ほつけだう》などもいまだ侍《はべ》るめり。(717 二四・12 719 二八・12)
3 はかなかるべけれ。(717 二五・1 719 二九・1)

解答例 1 過去の伝聞　2 推定　3 当然

方《はう》丈《ちやう》記《き》

鴨《かもの》長明《ちやうめい》

教717 P.26〜P.29　教719 P.30〜P.33

●方丈記とは

一二一二年に成立した随筆。作者は鴨長明。書名の由来は、長明が晩年に住んだ方丈(一丈四方＝三・〇三メートル四方)の草庵にある。「ゆく川の流れは絶えずして……」で始まる冒頭の文章には、人とすみかについての無常観が表されている。この無常観は、作品を通じて流れるテーマでもある。前半では、都を襲った五つの災厄について述べられ、後半では、自身の出家、草庵に住むことになった経緯などにふれ、その草庵生活を賛美する。しかし、最終章にいたって、一転して閑居生活に執着する自己への批判を展開し、ついには矛盾に対して沈黙してしまうのである。『十訓抄《じつきんしよう》』『平家物語《へいけものがたり》』などをはじめ、後世の文学に大きな影響を与えた。

ゆく川の流れ

【大意】 教717 26ページ1行～27ページ3行 教719 30ページ1行～31ページ3行

流れてゆく川は、とどまることがない。しかも、その水はもとのままの水ではない。また、よどみに浮かぶ水の泡も、消えるものもあれば、生まれてくるものもあり、長くとどまってはいない。人の命やすみかも、これらと何ら変わるところがない。慌ただしく生まれ、また滅んでいきながら、常に変化していてそれぞれにはかない存在なのだ。

【品詞分解／現代語訳】

四・体　格助　係助　下二・未　助動・打・用　接助　接　格助　助動・断・用　ラ変・未　助動・打・終　格助
ゆく 川 の 流れ は 絶え ず して、しかも、もと の 水 に あら ず。よどみ に
流れてゆく川の流れは絶えることがなく、そのうえ、（その水は）もとの水ではない。よどんでいる

四・体　係助　副　下二・用　副　四・用　接助　シク・用　四・用　助動・存・体　ク・終　格助　ラ変・体
浮かぶ うたかた は、かつ 消え かつ 結び て、久しく とどまり たる ためし なし。世の中 に ある
ところに浮かぶ泡は、一方では消え、また一方ではできて、長くそのままでいる例はない。世の中にある

格助　格助　副　副　格助　助動・比・終
人 と すみか と、また かく の ごとし。
人と住居もまたこれと同じようである。

格助　格助　格助　格助　下二・用　格助　四・已　助動・存・体　ク・体　シク・体　格助　係助
たましき の 都 の 内 に、棟 を 並べ、甍 を 争へ る、高き、いやしき、人 の 住まひ は、世々
玉を敷きつめたように美しく立派な都の内に、棟を並べ、甍の高さを競い合っている、高貴な人や身分の低い人の住居は、何代

格助　下二・用　接助　サ変・未　助動・打・体　助動・断・已　接助　（代）　格助　係助　格助　下二・已　接助　ラ変・用　助動・過・体
を 経 て 尽きせ ぬ もの なれ ど、これ を まこと か と 尋ぬれ ば、昔 あり し 家
たってもなくならないものではあるが、これを本当（にもとのまま）かと調べると、昔から（そのまま）あった家

係助　ナリ・終　（連語）　下二・用　接助　四・已　助動・完・終　（連語）　上二・用　接助　格助　四・終　四・体
は まれなり。あるいは 去年 焼け て 今年 作れ り。あるいは 大家 滅び て 小家 と なる。住む
は、めったにない。あるものは、去年焼けて今年作られた。あるものは、大きな家がなくなって小さな家となっている。住んで

人もこれに同じ。所も変はらず、人も多かれど、いにしへ見し人は、二、
いる人もこれと同じことである。場所も変わらず、人もたくさんいるが、昔(私が)会った人は、二、

三十人が中に、わづかに一人二人なり。朝に死に、夕べに生まるるならひ、ただ水の泡
三十人のうち、わずかに一人か二人である。朝に死ぬ人がいて、夕方に生まれる人がいるならわしは、全く水の泡

にぞ似たりける。

によく似ているものだ。

1 知らず、生まれ死ぬる人、いづ方より来たりて、いづ方へか去る。
(私は)知らない、生まれる人や死ぬ人が、どこから来て、どこへと去るのかを。

また知らず、2 仮の宿り、誰がためにか心を悩まし、何によりてか目を
また(これも)知らない、(はかないこの世の)仮の住まいについて、誰のために心を悩まし、どういうわけで目を

喜ばしむる。その、あるじとすみかと、無常を争ふさま、いはば朝顔の露
楽しませるのかを。その、家の主人と住居とが、生滅変化の速やかさを争うかのように滅び去っていく様子は、言ってみれば

に異ならず。あるいは露落ちて花残れり。残るといへども朝日に枯れぬ。

朝顔と(その上にある)露(との関係)に変わりがない。あるときは露が落ちて花が残っている。残るといっても朝日に(会えば、花はすぐに)枯れてしまう。


あるいは花しぼみて露なほ消えず。消えずといへども夕べを待つことなし。

あるときは花がしぼんで露はまだ消えないでいる。消えないといっても夕方を待つことはない(その前に消えてしまう)。

語句の解説

教717 26ページ　教719 30ページ

2 **かつ消《き》えかつ結《むす》びて**　一方では消え、一方ではできて。

「かつ」は、二つのことが同時に行われていることを表す副詞。

4 **棟《むね》を並《なら》べ、甍《いらか》を争《あらそ》へ《エ》る**　棟を並べ、甍の高さを競い合っている。

「棟」は屋根の最も高い所。「甍」は棟瓦のこと。「甍を争へる」で、建物の高さを競うこと。

4 **住《す》まひ《イ》**　同じ行の「棟を並べ」も「甍を争へる」も、「高き(人の)」も「いやしき(人の)」も、すべてこの「住まひ」にかかる。

5 **尽《つ》きせぬ**　なくならない。

「尽きす」は、必ず打消の語を後に伴う。「ぬ」は、打消の助動詞「ず」の連体形。

5 **まことか**　本当か。事実か。

「世々を経て尽きせぬものなれど」の部分について、「本当なのか」と疑問を示している。人の住まいは、何代経てもなくならないというのは本当か、という意味。

6 **あるいは**　あるものは。あるときは。

動詞「あり」+副助詞(間投助詞)「い」+係助詞「は」の連語。

8 **朝《あした》に死《し》に、夕《ゆう》べに生《う》まるるならひ《イ》**　朝に死ぬ人がいて、夕方に生まれる人がいるならわし。

普通「朝に生まれ、夕べに死ぬならひ」とするところだが、「かつ消えかつ結びて」717 二六・2 719 三〇・2に対応させた表現になっている。

1

「知らず」は、何を受けているか。

答

「生まれ死ぬる人、いづ方より来たりて、いづ方へか去る。」

10 **いづ《ズ》方《かた》より来《き》たりて、いづ《ズ》方《かた》へか去《さ》る**　717 二六・10 719 三〇・10　どこから来て、どこへと去るのか。

「来たりて」は生まれることを、「去る」は死ぬことをさす。

11 **仮《かり》の宿《やど》り**　仮の住まい。

ほんの一時期を過ごす仮住まいに過ぎない、という意味。

2

「仮の宿り」とは、何をさすか。

答

(はかないこの世の)仮住まいにすぎない住居。

11 **何《なに》によりてか目《め》を喜《よろこ》ばしむる**　どういうわけで目を楽しませるのか。

豪華な家をつくって、そのできばえを見て満足することに対して批判的に述べている。

教717 27ページ　教719 31ページ

2 **…残《のこ》れり。残《のこ》るといへ《エ》ども…**　前の句「残れり」を受けて次の句「残る」が続く形。すぐ後の「…消えず。消えずといへども…」も同じ形。

2 **朝日《あさひ》に枯《か》れぬ**　朝日に(会うと)枯れてしまう。

「ぬ」は、強意の助動詞「ぬ」の終止形。「…てしまう」の意で、ここは確述の用法。

学習の手引き

一　第一段落と第二段落との関係を捉えながら、「世の中にある人とすみかと、またかくのごとし。」(717 二六・2 719 三〇・2)の具体的内容を整理しよう。

解答例　第一段落で主題を述べ、第二段落で具体的に無常のさまを述べている。

〈具体的内容〉・「人」…住む人は多くても、昔見た人と同じ人は少ない。

・「すみか」…家は多いが、昔のままの家は少なく、火災で焼けて建て替えたり、大きな家が小さな家になったりしている。

二　第三段落の「朝顔の露」のたとえによって述べようとしている内容を、本文に即して説明してみよう。

解答例　「朝顔」は「すみか」、「露」は「あるじ(人)」をたとえている。住む人が死んで住居だけ残っていることもあるが、残っていてもそのうち壊れてしまう。住居が壊れて住む人だけ残っていることもあるが、残っていてもそのうち死んでしまう、ということ。

言葉の手引き

一　次の古語の意味を調べよう。

1 うたかた 717 二六・2 719 三〇・2　2 かつ 717 二六・2 719 三〇・2
3 ためし 717 二六・2 719 三〇・2　4 いやし 717 二六・4 719 三〇・4
5 いにしへ 717 二六・7 719 三〇・7　6 しぼむ 717 二七・2 719 三一・2

解答例　1 泡　2 一方では…、他方では…。
3 例　4 身分が低い。　5 昔　6 しおれる

二　本文中から漢文訓読調の表現を抜き出そう。

解答例
・…ずして、 717 二六・1 719 三〇・1
・しかも、…にあらず。 717 二六・1 719 三〇・1
・かつ消えかつ結びて、 717 二六・2 719 三〇・2
・…かくのごとし。 717 二六・3 719 三〇・3
・あるいは…。あるいは…。 717 二六・6 719 三〇・6 など
・知らず、…。また知らず、…。 717 二六・10 719 三〇・10
・…といへども…。 717 二七・2 719 三一・2 など

安元の大火

【大　意】 1　教717 28ページ1〜5行　教719 32ページ1〜5行

この四十年あまり、世の不思議なことを見ることが増えてきた。安元三年の四月二十八日、都の東南より火が出て西北に広がり、最後には朱雀《すざく》門、大極殿《だいごくでん》、大学寮、民部省などまで移り、一夜にして灰になってしまった。

【品詞分解／現代語訳】

予、ものの心を知れりしより、四十あまりの春秋を送れる間に、世の
私が、物事の道理をわきまえるようになったときから、四十年以上の歳月を送っている間に、世の中の

不思議を見ること、ややたびたびになりぬ。
不思議なことを見ることが、しだいに回数が増えてきた。

いんじ安元三年四月二十八日かとよ。風激しく吹きて、静かならざりし夜、戌の時
去る安元三年四月二十八日であったろうか。風が激しく吹いて、騒がしかった夜、午後八時

ばかり、都の東南より火出で来て、西北に至る。果てには朱雀門・大極殿・大学寮・民部省
ごろ、都の東南から火が出て、西北に広がった。しまいには朱雀門・大極殿・大学寮・民部省

などまで移りて、一夜のうちに塵灰となりにき。
などまで(火が燃え)移って、一夜のうちに灰になってしまった。

語句の解説 1

教717 28ページ 教719 32ページ

2やや　しだいに。だんだんと。
「やや」は副詞。意味は、①「しだいに、だんだんと」、②「いくらか、少し」がある。ここでは①。

3いんじ　去る。
連体詞。もとは、動詞「いぬ」の連用形「いに」＋過去の助動詞「き」の連体形「し」＝「いにし」の撥《はつ》音便形。

3…かとよ　…であったろうか。
疑問の係助詞「か」＋引用の格助詞「と」＋詠嘆の終助詞「よ」。

【大意】 2 教717 28ページ6行～29ページ7行 教719 32ページ6行～33ページ7行

火元は、樋口富小路《ひぐちとみのこうじ》とかいうことだ。乱れ吹く風にあおられて、炎が扇を広げたように移っていく。その中にいた人々は生きた心地もしなかっただろう。火に焼かれなかった人々も、家財などを持ち出す暇もなく、どんな宝も灰になってしまった。都の三分の一に被害が及んだという。これほど危険な都に家を作ることに、財産を費やし、心を悩ますのは、このうえなくつまらないことだ。

【品詞分解／現代語訳】

係助 格助 係助 間助 格助 四・已 助動・完・体 格助 カ変・用 助動・完・用 助動・過・体 格助
火もと は、樋口富小路 と か や。舞人 を 宿せ る 仮屋 より 出で来 たり ける と
出火もとは、樋口富小路とかいうことだ。舞人を泊めていた仮の小屋から（火が）出てきてしまったという。

係助 四・体 格助 副 四・体 格助 格助 下二・用 助動・完・体 格助 助動・比・用 格助 四・用
なん。吹き迷ふ 風 に、とかく 移りゆく ほど に、扇 を 広げ たる が ごとく 末広 に なり
吹き乱れる風のために、（炎が）あちこちと移っていく間に、扇を広げたように末広になってしまった。

助動・完・終 1 ク・体 係助 格助 四・用 ク・体 係助 副 格助 格助 下二・用 助動・存・終 格助
ぬ。遠き 家 は 煙 に むせび、近き あたり は ひたすら 炎 を 地 に 吹きつけ たり。空 に
遠くにある家は煙にむせぶようであり、近い所はただもう炎を地に吹きつけている。空には

係助 格助 下二・用 助動・存・已 接助 格助 格助 サ変・用 接助 ク・用 助動・断・体 格助 格助 下二・未
は 灰 を 吹きたて たれ ば、火 の 光 に 映じ て、あまねく 紅 なる 中 に、風 に 堪へ
灰を吹き上げていたので、（その灰が）火の光に映って 一面に赤くそまっている中に、風にたえられないで、

助動・打・用 四・未 助動・受・用 助動・完・体 四・体 格助 助動・比・用 接助 格助 下二・用 接助 四・終 (代)
ず、吹き切ら れ たる 炎、飛ぶ が ごとく して、一、二町 を 越え つつ 移りゆく。そ
吹きちぎられた炎が、飛ぶようにして、一、二町を越えながら移ってゆく。その

格助 格助 ラ変・未 助動・推・終 係助 (連語) 格助 四・用 接助 四・用 (連語) 格助
の 中 の 人、うつし心 あら ん や。あるいは 煙 に むせび て 倒れ臥し、あるいは 炎 に
中の人は、どうして生きた心地がしただろうか（いや、しなかっただろう）。ある人は煙にむせて倒れ臥し、ある人は炎に

下二・用 接助 副 ナ変・終 (連語) 副 下二・体 接助 格助 下二・体 格助 四・未
まぐれ て たちまちに 死ぬ。あるいは 身 一つ、からうじて 逃るる も、資財 を 取り出づる に 及ば
目がくらんで すぐさま死ぬ。ある人は体一つで、やっとのことで逃げるが、家財を取り出すまではできない。

助動・打・終 副 格助 四・用 助動・完・用 助動・過・終 (代) 格助 副 終助 (代) 格助
ず。七珍 万宝 さながら 灰燼 と なり に き。その 費え、いくそばく ぞ。その
すばらしく珍しい宝物がそっくり灰や燃えかすになってしまった。その損害が、どれほど多かったことか。その

たび、公卿の家十六焼けたり。ましてそのほか、数へ知るに及ばず。すべて都の
（格助／下二・用／助動・完・終／副／(代)／格助／下二・用／四・体／格助／四・未／助動・打・終／副／格助）
火事のとき、公卿の家が十六焼けてしまった。まして、その他(の焼けてしまった家)は、数えて知ることもできない。全部で都の

うち、三分が一に及べりとぞ。男女死ぬる者数十人、馬・牛のたぐひ辺際を知らず。
（格助／四・已／助動・完・終／格助／係助／ナ変・体／格助／格助／四・未／助動・打・終）
うちの、三分の一に(火事が)及んだということである。男女の死者は数十人、馬・牛などは数えきれないほどである。

人の営み、みなおろかなる中に、さしもあやふき京中の家を作るとて、宝を費やし、心を悩ますことは、すぐれてあぢきなくぞ侍る。
（格助／副／ナリ・体／格助／副／ク・体／格助／格助／四・終／格助／格助／四・用／格助／四・体／係助／副／ク・用／係助(係)／補丁・ラ変・体(結)）
人間の行いは、みなどれもおろかなものである中で、それほどまで危険な都の中に家を作ろうとして、財産を費やし、心を〔格助〕悩ます〔四·体〕こと は〔係助〕、すぐれて〔副〕あぢきなく〔ク·用〕ぞ〔係助(係)〕侍る〔補丁·ラ変·体(結)〕。
を悩ますようなことは、このうえなくつまらないことでございます。

語句の解説 2

教717 28ページ　教719 32ページ

6とかや　不確実な伝聞の内容を示す言い方。

6出《い》で来《き》たりけるとなん　「なん」の後に、「いふ」「いへる」などの結びの語が省略されている。

8遠《とお》き家《いえ》は煙《けぶり》にむせび　遠くにある家は煙にむせび。「むせぶ」の主語は「(遠き)家」であるので、擬人法となっている。続く「近きあたりは…吹きつけたり」の部分と対句の関係にある。

1　「遠き家は……吹きつけたり。」には、どのような修辞技法が用いられているか。

答　「遠き家は煙にむせび」に擬人法。「遠き家は……むせび」と「近きあたりは……吹きつけたり」が対句的表現。

11うつし心《ごころ》あらんや　生きた心地がしただろうか(いや、しなかっただろう)。
「うつし心」は、漢字で書くと「現し心」。「や」は反語。

11あるいは…　ある人は…。
「あるいは煙に…、あるいは炎に…」の形で、この一文が対句的表現になっている。さらに、次の行にある「あるいは身一つ、かろうじて…」の部分も、煙や炎に飲み込まれた人とかろうじて逃れた人との対比になっている。

13いくそばくぞ　どれほど多かったことか。

「いくそばく」は、数・量・程度のいずれにも用いる。

教717 29ページ 教719 33ページ

3 辺際《へんさい》を知《し》らず 「辺際」は、「果て、限り」の意味。果てがわからない意から数えきれないと解釈する。

6 すぐれてあぢ《ジ》きなく 「すぐれて」は、程度がひどい様子。形容詞「あぢきなし」は、無益でつまらない様子。

学習の手引き

一 大火の概要を、火事が広がっていく様子と、被害の様子の二点に絞ってまとめてみよう。

考え方 火事が広がっていく様子は第二段落と第三段落の前半に、被害の様子は、第三段落の後半に書かれている。

解答例 ・火事が広がっていく様子…風の強い夜、火元から出た火は扇を広げたように燃え広がり、都は煙と炎に包まれて、一晩のうちに灰となってしまった。

・被害の様子…人が死に、家財は燃えて灰になり、公卿《くぎょう》の屋敷が十六、都の三分の一が焼失、死者は数十人、動物は数え切れないほど死んだ。

二 最後の一文について、各自で考えたことを発表し合おう。

考え方 危険な都に家を作るのはつまらないことだ、という作者の考えをどう思うか、賛成・反対の両面から考えてみよう。

三 「方丈記」という作品名が意味するところを調べ、「ゆく川の流れ」や「安元の大火」の文章中に見られる作者の思想とどのように関連しているか、話し合ってみよう。

解答例 ・作品名の意味…三メートル四方の狭い家で書いた書、という意味。(一丈は約三メートル。「方丈」は三メートル四方。)

・作者の思想との関連…人も住居も移ろいやすく、火事が起これば灰燼《かいじん》に帰してしまう家を大きく立派なものにする必要はない、という作者の考えから、「方丈」しかない小さな家を(都から離れた山奥に)作って住んだ。

言葉の手引き

一 次の古語の意味を調べよう。

1 春秋 717 二八・1 719 三二・1　2 やや 717 二八・2 719 三二・2
3 いんじ 717 二八・3 719 三二・3　4 とかく 717 二八・7 719 三二・7
5 うつし心 717 二八・11 719 三二・11　6 さながら 717 二八・13 719 三二・13
7 いくそばく 717 二八・13 719 三二・13　8 あやふし 717 二九・5 719 三三・5
9 すぐれて 717 二九・6 719 三三・6　10 あぢきなし 717 二九・7 719 三三・7

解答例 1 歳月　2 しだいに　3 去る。過ぎ去った。
4 あちこち　5 正気。生きた心地。
6 そのまま。すっかり。　7 どれほど。数多く。
8 危険だ　9 このうえなく　10 つまらない

二 文末表現に着目して、火災の描写の表現上の特色とその効果について考えてみよう。

解答例 ・「至る。」717 二八・4 719 三二・4、「なりにき。」717 二八・5 719 三二・5、「吹きつけたり。」717 二八・8 719 三二・8、「移りゆく。」717 二八・

10 719 三二・10、「あらんや。」717 二八・11 719 三二・11など、現在形や直接経験の助動詞「き」、存続の「たり」、反語表現などを用いて、臨場感を出している。

・「とかや。」717 二八・6 719 三二・6、「となん。」717 二八・6 719 三二・6、「いくそばくぞ。」717 二八・13 719 三二・13、「とぞ。」717 二九・2 719 三三・2など、省略表現を多用して強調し、印象づけている。

言語活動　無常観の表現

教717 P.30　教719 P.34

活動の手引き

一 「ゆく川の流れ」の本文中から、言い換えになっている表現を探して、整理してみよう。

考え方 「言い換え」には同じ性質のものを別の語で言い換えたもの、例として示されているもの、たとえを使って言い換えられているものなどがある。

解答例 ・「ゆく川の流れ」717 二六・1 719 三〇・1、「よどみに浮かぶうたかた」717 二六・1 719 三〇・1、「人とすみか」717 二六・3 719 三〇・3…同じ性質(＝無常)を持つものの言い換え。

・「絶えずして、(しかも、)もとの水にあらず」717 二六・1 719 三〇・1、「久しくとどまりたるためしなし」717 二六・2 719 三〇・2…同じ性質(＝変化し続けるさま)の言い換え。

・「昔ありし家はまれなり」717 二六・5 719 三〇・5、「あるいは去年《こぞ》焼けて今年作れり」717 二六・6 719 三〇・6、「あるいは大家《おほいへ》滅びて小家《こいへ》となる」717 二六・6 719 三〇・6…家の変化するさまの言い換え。例示している。

・「人」717 二六・7 719 三〇・7、「水の泡」717 二六・9 719 三〇・9…同じ性質(＝無常)を持つものの言い換え。

・「あるじとすみか」717 二七・1 719 三一・1…「朝顔」が「すみか」の、「露」が「あるじ」のたとえ。「朝顔の露」717 二七・1 719 三一・1…

二 鴨長明《かものちょうめい》の無常観と、『徒然草《つれづれぐさ》』の「あだし野の露消ゆるときなく」や「飛鳥川《あすかがわ》の淵瀬《ふちせ》」に表されている兼好《けんこう》法師の無常観とを比較して、その共通点と相違点について話し合ってみよう。

解答例 鴨長明の無常観は、世の中は変化し続けるものであり、何一つ永遠なものはない、だから地位や財産に執着するのは空しいという、人生に対する懐疑につながってゆく。また「人とすみか」717 二六・3 719 三〇・3とあるように住居にこだわり、背景として、当時都をたびたび襲った災害の悲惨な様子を綴っているのも特色である。

兼好法師の無常観は、世の中は変化し続けるものだという点では鴨長明と同じだが、「世は定めなきこそ、いみじけれ」717 三二・2 719 二六・2とあるように、無常であることを一つの美意識として肯定的に評価している点や、「よろづに見ざらん世までを思ひおきてんこそ、はかなかるべけれ」717 三五・1 719 二九・1とあるように、未来への考え方まで含んでいる点は大きく異なっている。鴨長明と兼好法師の間には百年余りの隔たりがあり(717 一七 719 二一参照)、時代の変化や思想の深化という面からも考えてみると、理解が深まるだろう。

物語(一)

伊《い》勢《せ》物語

教717 P.32～P.40
教719 P.36～P.44

●**伊勢物語とは**

『伊勢物語』は、平安時代初～中期（十世紀中ごろ）に成立した歌物語。『古今《こきん》和歌集』（九〇五年勅）以前に第一次『伊勢物語』のようなものが存在し、複数の人物によって第二次、三次と書き加えられ、十世紀半ばにほぼ現在の形になったと考えられている。

具体的な名では示されないが、在原業平《ありわらのなりひら》（八二五～八八〇）と思われる人物が主人公で、元服式（「初冠《ういこうぶり》」）の章段で始まり、最後が臨終の歌の章段（「つひにゆく道」）で終わる。多くが「昔、男ありけり。」の書き出しで始まる。

比較的短い各章段のそれぞれに歌が配されている。藤原高子《ふじわらのたかいこ》や伊勢斎宮《いせのさいぐう》などの女性との恋、惟喬《これたか》親王との主従愛などが中心。いわば「愛」の物語である。また、「みやび」（「初冠」の末尾の文にある）を表すことが『伊勢物語』の重要なモチーフになっているとも考えられている。

『伊勢物語』は、現存する最古の歌物語である。平安時代の物語や日記文学はもとより、後世の文芸にも大きな影響を与えた。また、芸能などの芸術にもさまざまな形で影響を与えた。

初《うひ》冠《かうぶり》

【大　意】 教717 32ページ1行～33ページ2行　教719 36ページ1行～37ページ2行

元服した男は奈良の都の春日《かすが》の里に狩りに行った。その里でたいへん優美な姉妹を見かけ、男は、着ていた狩衣《かりぎぬ》のすそを切って、それに恋の歌を書いて贈ったのだった。

【品詞分解／現代語訳】

昔、男、初冠　し　て、平城の京、春日　の　里　に、領る　よし　して、狩り　に　いに　けり。そ　の　里

し＝サ変・用　て＝接助　の＝格助　に＝格助　領る＝四・体　して＝格助　に＝格助　いに＝ナ変・用　けり＝助動・過・終　そ＝（代）　の＝格助

昔、ある男が、元服して、奈良の都の春日の里に、（その地を）領有している縁で、狩りに行った。その里

格助 副 四・用(音) 助動・存・体 四・用 助動・過・終 (代) 格助 上一・用 助動・完・用 助動・過・終 下二・未 助動・打・用
に、いと なまめい たる 女はらから 住み けり。 こ の 男、垣間見 て けり。 思ほえ ず、
に、たいへん若々しく美しい姉妹が住んでいた。 この男は、(その姉妹を)のぞき見してしまった。 思いがけず、

格助 副 ク・用 接助 ラ変・用 助動・過・已 接助 四・用 助動・完・用 助動・過・終 格助 上一・用
1 ふるさと に いと はしたなく て あり けれ ば、心地 惑ひ に けり。 男 の、着
旧都にとても不似合いなさまで住んでいたので、(男は)動揺して取り乱してしまった。 男が、着て

助動・存・用 助動・過・体 格助 格助 四・用 接助 格助 四・用 接助 四・終 (代) 格助 格助 格助
たり ける 狩衣 の 裾 を 切り て、歌 を 書き て やる。 そ の 男、しのぶずり の 狩衣 を
いた狩衣の裾を切って、 歌を書いて贈る。 その男は、 しのぶずりの狩衣を

係助(係) 上一・用 助動・存・用 助動・過・体(結)
なむ 着 たり ける。
着ていたのであった。

格助 格助 格助 四・未 助動・可・未 助動・打・終
春日野 の 2 若紫 の すり衣 しのぶ の 乱れ 限り 知ら れ ず
春日野の若い紫草のようなあなた方を見て、しのぶずりの模様の乱れのように、あなた方を恋いしのぶ私の心は、限りなく乱れています。

格助 係助(係) 四・用 接助 四・用 助動・過・体(結) ク・体 格助 係助 係助(係) 四・用 助動・過原・体(結)
と なむ、おいつき て 言ひやり ける。 ついで おもしろき こと と も や 思ひ けむ。
と、 大人ぶってよんで贈ったのであった。 (しのぶずりの狩衣を着ていたので、男は、)折に合った風流なことと思ったのだろうか。(この歌は、)

格助 (代) 格助 下二・用 助動・完・用 助動・過・体 (連語)
みちのく の しのぶもぢずり たれ ゆゑ に 乱れそめ に し 我ならなくに
みちのくのしのぶずりの乱れ模様のように(あなた以外の)誰かのせいで心乱れ始めた私ではないのに。(あなたへの恋心のせいで乱れているのです。)

格助 四・体 格助 助動・断・終 係助 副 ク・体 格助 係助(係) サ変・用 助動・過・体(結)
と いふ 歌 の 心ばへ なり。 昔人 は、かく いちはやき みやび を なむ し ける。
という古歌の趣向である。 昔の人は、 こんなに熱烈な風流事をしたのだった。

(第一段)

語句の解説

教717 32ページ　教719 36ページ

1 **領《し》るよしして**　領有している縁で。
「領る」は「治る」とも書き、「領有する、治める」の意。「よし」は、「縁、ゆかり」。

1 **いにけり**　行った。
「いに」は、ナ変の動詞「往《い》ぬ」の連用形。ナ変は「往ぬ」と「死ぬ」の二語のみ。

2 **なまめいたる**　若々しく美しい。
「なま」は本来「未熟な」という意味を表す。「なまめい」は「なまめき」のイ音便。

2 **垣間見《かいまみ》て**　のぞき見して。
「かいまみる」は「かきまみる」の音便化したもの。すきまからこっそり見ること。平安時代には、女性が人目に触れることは少なかったため、男性が女性の姿を確かめる手段でもあった。

3 **思《おも》ほ《オ》えず**　思いがけず。
「思ほえず→はしたなくて」と、「はしたなく」（不似合いなさまで）を修飾する。「思ほえ」は、動詞「思ほゆ」の未然形で、「自然に思われる」という意味。

3 **いとはしたなくて**　とても不似合いなさまで。
主語は「女はらから」である。「はしたなし」は、名詞「はした」に、はなはだしい様子を表す接尾語「なし」がついて形容詞となったもの。

4 **心地惑《ここちまど》ひ《イ》にけり**　動揺して取り乱してしまった。
主語は「男」。「惑ふ」の意味は、①「心が乱れる」、②「迷う」、③「あわてる」などがあり、ここでは①。

8 **春日野《かすがの》の若紫《わかむらさき》のすり衣《ごろも》**　「しのぶの乱れ」を導き出す序詞。

教717 33ページ　教719 37ページ

1 **みちのくのしのぶもぢ《ジ》ずり**　「乱れ」を導き出す序詞。

1 **我《われ》ならなくに**　私でないのに。
「ならなくに」の「なら」は、断定の助動詞「なり」の未然形。続く「なく」の「な」は打消の助動詞「ず」の古い未然形。それに名詞化する接尾語「く」がついたもの（「ク語法」と呼ばれる）。「に」は、逆接の確定条件を示す接続助詞。

1　ここでの「ふるさと」とは、どういう意味を持つか。

答　旧都。昔の都。（都は京都に移り、奈良は旧都になっていた。）

2　「若紫」は、何をたとえたものか。

答　「（いとなまめいたる）女はらから」（若々しく美しい姉妹）

学習の手引き

一　「春日野の」の歌をよむに至った経緯を、場面と男の心情の二点から整理しよう。

解答例 ・場面…元服したばかりの男が、春日の里に狩りに行ったとき、田舎には不似合いな美しい姉妹が住んでいるのを見かけた。
・男の心情…美しい姉妹を見て動揺し、大人ぶって歌を贈りたくなった。

二 **「みちのくの」の歌の「心ばへ」が「春日野の」の歌にどのように生かされているかを考えながら、二首の歌を解釈してみよう。**

解答例 歌の「心ばへ（趣向）」…心の乱れを「しのぶもぢずり」の乱れ模様になぞらえ、「しのぶ」という言葉に、模様の名の「しのぶ」と、相手をひそかに思う意の「しのぶ」をかけて使った。（解釈は、「現代語訳」参照）

三 **「ついでおもしろきこと」（717 三二・10 719 三六・10）とは、どのようなことに対して言っているのか、説明してみよう。**

解答例 このとき男は、たまたま「しのぶずりの狩衣」（717 三二・6 719 三六・6）を着ていたので、その裾を切り、姉妹に「しのぶの乱れ」（717 三二・9 719 三六・9）の歌を贈るのに使ったこと。

四 **この物語の作者が「いちはやきみやび」（717 三三・2 719 三七・2）と評するのは、男のどのような行為に対してのものか。各自の考えを述べ合おう。**

考え方 「みやび」の意味に合う行為を探してみよう。歌を贈ったこと、その歌の内容、贈り方などの観点から考えてみるとよい。

解答例 男が即座に、自分の着ていた狩衣の裾を切って、古歌をふまえた歌を書いて贈ったという行為。

言葉の手引き

一 **次の古語の意味を調べよう。**

1 領る 717 三二・1 719 三六・1　2 よし 717 三二・1 719 三六・1
3 いぬ 717 三二・1 719 三六・1　4 なまめく 717 三二・2 719 三六・2
5 はらから 717 三二・2 719 三六・2　6 垣間見る 717 三二・2 719 三六・2
7 ふるさと 717 三二・3 719 三六・3　8 はしたなし 717 三二・3 719 三六・3
9 ついで 717 三二・10 719 三六・10　10 おもしろし 717 三二・11 719 三六・11
11 心ばへ 717 三三・2 719 三七・2　12 いちはやし 717 三三・2 719 三七・2
13 みやび 717 三三・2 719 三七・2

解答例 1 領有する　2 縁　3 行く　4 若々しくて美しい。
5 兄弟姉妹　6 のぞき見る　7 旧都　8 不似合いな様子だ。
9 折　10 風流だ　11 趣向　12 熱烈だ　13 風流

二 **次の傍線部を文法的に説明してみよう。**

1 この男、垣間見てけり。（717 三二・2 719 三六・2）
2 心地惑ひにけり。（717 三二・4 719 三六・4）
3 着たりける狩衣の裾を切りて、（717 三二・5 719 三六・5）
4 たれゆゑに乱れそめにし（717 三三・1 719 三七・1）

解答例 1 完了の助動詞「つ」の連用形＋過去の助動詞「けり」の終止形。
2 完了の助動詞「ぬ」の連用形＋過去の助動詞「けり」の終止形。
3 存続の助動詞「たり」の連用形＋過去の助動詞「けり」の連体形。
4 完了の助動詞「ぬ」の連用形＋過去の助動詞「き」の連体形。

渚《なぎさ》の院

【大意】1 教717 34ページ1行〜35ページ1行 教719 38ページ1行〜39ページ1行

昔、惟喬《これたか》親王は、毎年花見に、右馬頭《うまのかみ》をお供にして水無瀬《みなせ》離宮を訪れていた。鷹狩《たかが》りは熱心にせずに、交野《かたの》の渚の院の見事な桜の木の下で、花を髪飾りとして、身分の高い人も低い人も、桜のすばらしさを和歌によみ合った。右馬頭が「世の中に」の歌をよみ、その歌に答えるように「散ればこそ」の歌を別の人がよんだ。その桜の木のもとから立ち去るころには日が暮れてしまった。

【品詞分解／現代語訳】

昔、 惟喬の親王 と(格助) 申す(四・体) 親王 おはしまし(四・用) けり。(助動・過・終) 山崎 の(格助) あなた(代) に、(格助) 水無瀬 と(格助) いふ(四・体) 所 に、(格助)

昔、惟喬の親王と申し上げる親王がいらっしゃった。 山崎の向こうに(ある)、 水無瀬という所に、

宮 あり(ラ変・用) けり。(助動・過・終) 年ごと の(格助) 桜 の(格助) 花盛り に(格助) は、(係助) そ(代) の(格助) 宮 へ(格助) なむ(係助(係)) おはしまし(四・用) ける。(助動・過・体(結))

離宮があった。 毎年の桜が満開のころには、 その離宮へいらっしゃった。

そ(代) の(格助) とき、 右の馬頭 なり(助動・断定・用) ける(助動・過・体) 人 を、(格助) 常に(副) 率(上一・用) て(接助) おはしまし(四・用) けり。(助動・過・終) 時世

そのとき、 右馬頭であった人を、 いつも連れていらっしゃった。 年月が

経(下二・用) て(接助) 久しく(シク・用) なり(四・用) に(助動・完・用) けれ(助動・過・已) ば、(接助) そ(代) の(格助) 人 の(格助) 名 忘れ(下二・用) に(助動・完・用) けり。(助動・過・終) 狩り

経過して長くなってしまったので、 馬頭の名を(私＝作者は)忘れてしまった。 鷹狩りは

は(係助) ねんごろに(ナリ・用) も(係助) せ(サ変・未) で、(接助) 酒 を(格助) のみ(副助) 飲み(四・用) つつ、(接助) 1 やまと歌 に(格助) かかれ(四・已) り(助動・完・用) けり。(助動・過・終) いま

熱心にもしないで、 酒ばかりを飲んでは、 和歌(をよむこと)に熱中していた。 今狩り

狩りする(サ変・体) 交野 の(格助) 渚 の(格助) 家、 そ(代) の(格助) 院 の(格助) 桜、 ことに(副) おもしろし。(ク・終) そ(代) の(格助) 木 の(格助) もと に(格助) 下りゐ(上一・用)

をしている交野の渚の家、 その(渚の)院の桜は、 特に趣がある。 その(桜の)木のもとに(馬から)下りて座って、

接助　格助　四・用　接助　格助　四・用　接助　四・用　助動・過・終　助動・断・用
て、枝 を 折り て、かざし に 挿し て、上・中・下、みな 歌 よみ けり。馬頭 なり
枝を折って、(頭に)髪飾りとして挿して、身分の高い人、中位の人、低い人も、みな和歌をよんだ。馬頭であった

助動・過・体　格助　四・已　助動・完・体
ける 人 の よめ る。
人がよんだ(歌)。

格助　副　格助　ク・用　助動・過・未　接助　格助　係助　ク・未　助動・反仮・終
世の中 に たえて 桜 の なかり せ ば 春 の 心 は のどけから まし
世の中に全く桜がなかったならば、春(を過ごす人)の心はのんびりと穏やかで落ち着いているだろうに。

格助　係助(係)　四・用　助動・完・用　助動・過・体(結)　副　格助
と なむ よみ たり ける。また 人 の 歌、
とよんだ。また(別の)人がよんだ歌、

四・已　接助　係助(係)　副　係助　ク・已(結)　ク・体　格助　(代)　係助(係)　シク・体　助動・推・体(結)
散れ ば こそ いとど 桜 は めでたけれ 憂き 世 に 何 か 久しかる べき
散るからこそますます桜はすばらしいのだ。(この)つらい世の中で、何が長く変わらずあるだろうか(いや、変わらないものはない)。

格助　(代)　格助　格助　係助　四・用　接助　四・体　格助　格助　四・用　助動・完・終
とて、その 木 の もと は 立ち て 帰る に、日暮れ に なり ぬ。
とよんで、その木のもとからは立って帰るうちに、日暮れになった。

語句の解説 1

教717 34ページ　教719 38ページ

2 **山崎《やまざき》のあなたに**　都から見て、山崎よりさらに向こう。

8 **その人《ひと》の名忘《なわす》れにけり**　業平と特定することを避けている。「昔、男ありけり」の「男」のように、物語の主人公の趣を感じさせる書き方。

1　「やまと歌」に対する語は何か。

答　「唐歌《からうた》」で、漢詩。(当時は漢詩を作ることが多かったので、特に「やまと歌」と言って区別したと思われる。)

2　「上・中・下、みな」という表現から、どのような様子が読み取れるか。

答　身分の高い人も低い人も関係なく、すべての人が和歌をよんでいる様子。

12 **たえて桜《さくら》のなかりせば**　「たえて」は陳述の副詞。「せば」は、下の「まし」と呼応して反実仮想を表す。

【大意】 2 教717 35ページ1～9行 教719 39ページ1～9行

渚の院から戻る途中に、供の人が酒を持ってきたので、酒を飲むのにふさわしい天《あま》の河《がわ》という所で右馬頭が親王にお酒を差し上げようとしたら、親王が「交野で狩りをして天の河に着いた」ということを題にして歌をよみ酒を勧めよとおっしゃったので、右馬頭が「狩り暮らし」の和歌をよみ、紀有常《きのありつね》が親王の代わりに返歌「ひととせに」をよんだ。

【品詞分解／現代語訳】

助動・断・体 格助 四・未 助動・使・用 接助 格助 カ変・用 助動・完・終 (代) 格助 格助 四・用

御供 なる 人、 酒 を 持た せ て、 野 より 出で来 たり。 こ の 酒 を 飲み

お供である人が、(召し使いに)酒を持たせて、野から出て来た。この酒を飲んでしまおうと言って、

助動・強・未 助動・意・終 格助 ク・体 格助 四・体 接助 格助 四・体 格助 四・用 助動・完・終 格助

て む とて、 よき 所 を 求めゆく に、 天の河 と いふ 所 に 至り ぬ。 親王 に

(酒を飲むのに)よい所を探していくと、天の河という所に到着した。親王に

四・終 格助 四・用 助動・過・体 格助 四・用 接助 格助 格助 四・体

馬頭、 大御酒 参る。 親王 の のたまひ ける、 「交野 を 狩り て 天の河 の ほとり に 至る、

馬頭が、お酒を差し上げる。親王がおっしゃったことには、「交野で狩りをして天の河のほとりに到着した(こと)、

格助 格助 四・用 接助 係助 四・命 格助 四・用(音) 助動・過・已 接助 (代) 格助 四・用 接助 四・用

を 題 にて 歌 よみ て、 杯 は させ。」 と のたまう けれ ば、 か の 馬頭 よみ て 奉り

を題にして歌をよんで、杯は(酒を注いで)勧めよ。」とおっしゃったので、その馬頭が歌をよんで差し上げた。

助動・過・体

ける。

四・用 格助 四・未 助動・意・終 格助 (代) 係助 カ変・用 助動・完・用 助動・詠・終

狩り暮らし たなばたつめ に 宿 から む 天の河原 に 我 は 来 に けり

一日狩りをして(今夜は)織女(＝織姫)に宿を借りよう。(天の河という地名から連想する)天の河の河原に私は来たのだなあ。

3 格助 副 サ変・用 補尊・四・用(音) 接助 副 サ変・用 補尊・四・未 助動・打・終 格助

親王、 歌 を 返す返す 誦じ 給う て、 返し え し 給は ず。 紀有常、 御供 に

親王は、歌を何度も口ずさみなさって、返歌をすることがおできにならない。紀有常が、お供として

つかうまつれ　り。　それ　が　返し、
四・已　助動・完・終　(代)　格助
お仕えしていた。　その人の返歌は、

ひととせ　に　ひとたび　来　ます　君　待て　ば　宿　かす　人　も　あら　じ　と
格助　カ変・用　補尊・四・体　四・已　接助　四・体　係助　ラ変・未　助動・打推・終　格助
一年に一度いらっしゃる牽牛(＝彦星)を待っているので、(あなたが頼んでも)宿を貸す人もいないだろうと思う。

ぞ　思ふ
係助(係)　四・体(結)

語句の解説 2

教717 35ページ　教719 39ページ

3 **大御酒参る**《おおみきまい》　お酒を差し上げる。
「大御」は接頭語。「参る」は、謙譲語で「差し上げる」の意。

4 **杯**《さかずき》**はさせ**　杯は勧めよ。
「さす」は、酒を注いで人に勧めること。親王に酒を勧めるときに、和歌も献上せよと、親王は言おうとした。

3 「歌を返す返す誦《ず》じ給うて」とは、どのような様子を表しているか。

答 親王が何度も何度も「狩り暮らし」の和歌を口ずさんで、感動している様子。

7 **返**《かえ》**しえし給**《たまワ》**はず**　返歌をすることがおできにならない。
「え」は副詞で、打消「ず」と呼応して「…できない」という意。親王が歌に感動して、それに見合う返歌ができないことを表す。

9 **君待**《きみま》**てば**　君を待っているので。
「君」は七夕伝説の牽牛《けんぎゅう》、彦星のこと。右馬頭の和歌の「たなばたつめ」に対応させ、一年に一度会いに来る牽牛を「君」とよんだ。

【大　意】 3　教717 35ページ10〜14行　教719 39ページ10〜14行

水無瀬離宮に帰ってからも、夜が更けるまで酒杯を酌み交わし、ついに親王が寝所に入ろうとなさるので、右馬頭が「飽かなくに」の和歌をよみ、十一日の月に託して親王とまだ語りたいという気持ちを表すと、親王に代わって紀有常が「おしなべて」の和歌をよんだ。

【品詞分解／現代語訳】

帰り　て　宮　に　入ら　せ　給ひ　ぬ。
四・用　接助　格助　四・未　助動・尊・用　補尊・四・用　助動・完・終
(親王は水無瀬に)帰って離宮にお入りになった。

夜　更くる　まで　酒　飲み、　物語し　て、　あるじ　の
下二・体　副助　四・用　サ変・用　接助　格助
夜が更けるまで酒を飲み、　話をして、　主人の

親王、酔ひ〔四・用〕て〔接助〕入り〔四・用〕給ひ〔補尊・四・用〕な〔助動・強・未〕む〔助動・意・終〕と〔格助〕す〔サ変・終〕。十一日の〔格助〕月も〔係助〕隠れ〔下二・用〕な〔助動・強・未〕
親王が、酔って（寝所に）お入りになってしまおうとする。十一日の月も隠れてしまおうとするので、

む〔助動・意・終〕と〔格助〕すれ〔サ変・已〕ば〔接助〕、か〔(代)〕の〔格助〕馬頭の〔格助〕よめ〔四・已〕る〔助動・完・体〕。
あの馬頭がよんだ。

飽かなくに〔(連語)〕まだき〔副〕も〔係助〕月の〔格助〕隠るる〔下二・体〕か〔係助〕山の端逃げ〔下二・用〕て〔接助〕入れ〔下二・未〕ず〔助動・打・用〕も〔係助〕あら〔ラ変・未〕なむ〔終助〕
まだ満足しないのに早くも月が隠れるのか。山の端が逃げて（月を）入れないでいてほしい。

親王に〔格助〕代はり〔四・用〕奉り〔補謙・四・用〕て〔接助〕、紀有常、
親王に代わり申し上げて、紀有常（の返歌）、

おしなべて〔副〕峰も〔係助〕平らに〔ナリ・用〕なり〔四・用〕な〔助動・完・未〕なむ〔終助〕山の端なく〔ク・用〕は〔係助〕月も〔係助〕入ら〔四・未〕じ〔助動・打推・体〕を〔間助〕（第八十二段）
どこもすべて峰も平らになってしまってほしい。山の端がなければ月も入らないだろうになあ。

語句の解説 3

教717 35ページ　教719 39ページ

12 飽《あ》かなくに　満足していないのに。まだ名残惜しいのに。
四段活用動詞「飽く」の未然形「飽か」＋打消の助動詞「ず」の古い形の未然形「な」＋活用語を体言化する接尾語「く」＋接続助詞「に」の形で、ク語法という。「飽かぬに」と意味は同じ。

12 まだきも月《つき》の隠《かく》るるか　早くも月が隠れるのか。
「まだき」は副詞で、多くは「に」や「も」などの助詞を伴う。「まだその時期の来ないうちに」という意。

14 おしなべて　すべて。一様に。

学習の手引き

一　和歌を目安に全体を三つの場面に分け、それぞれの内容を整理しよう。

解答例　①（初め〜「日暮れになりぬ。」717 三五・1 719 三九・1）水無瀬離宮から鷹狩りに出かけるが、狩りよりも酒を飲みながら和歌に熱中する。特に美しい桜の木がある渚の院で和歌をよむうちに日が暮れた。

②（「御供なる人」717 三五・1 719 三九・1〜「あらじとぞ思ふ」717 三五・9 719 三九・9）天の河という所で酒を酌み交わしつつ、「交野を狩りて天の河のほとりに至る」という題で和歌をよむ。

③（「帰りて宮に」717 三五・10 719 三九・10～終わり）水無瀬離宮に戻り、夜が更けるまで酒を酌み交わし、歌をよむ。

二 三組の和歌について

1 それぞれの和歌を解釈しよう。

2 馬頭の歌とその後の歌とを比較し、後の歌は馬頭の歌とどのように対応しているか、説明してみよう。

考え方 本文中に6首の歌がある。順に並べると、

①「世の中に」の歌…馬頭の歌　②「散ればこそ」の歌

③「狩り暮らし」の歌…馬頭の歌　④「ひととせに」の歌

⑤「飽かなくに」の歌…馬頭の歌　⑥「おしなべて」の歌

解答例 1 和歌の解釈は、「現代語訳」参照。

2・①と②の関係…①は、桜が散るから心を悩ますのだから、桜がない方が心は穏やかだといい、桜への愛着を逆説的によんだもの。②は、①の歌に反論する形で、惜しまれつつも桜は散るからこそすばらしいと、桜のすばらしさを表現している。

・③と④の関係…③は、天の河という地名から、天上の天の川を連想してよんだもの。④は、七夕伝説をもとにして、③の「たなばたつめ」の立場から、一年に一度来る「君」、すなわち牽牛を和歌によみこんでいる。

・⑤と⑥の関係…⑤は「月」が沈むのを悲しいとよむことで、親王が退席するのが悲しい、もっと酒を酌み交わして親王を慰めたいという思いをよんでいる。⑥は、⑤の和歌をさらに推し進めて、「山の端」がなくなるより、峰が平らになってくれれば月も隠れる必要もないとよんでいる。

言葉の手引き

一 次の古語の意味を調べよう。

1 あなた 717 三四・2 719 三八・2　2 率る 717 三四・6 719 三八・6

3 ねんごろなり 717 三四・8 719 三八・8　4 かかる 717 三四・9 719 三八・9

5 のどけし 717 三四・12 719 三八・12　6 憂き世 717 三四・14 719 三八・14

7 大御酒 717 三五・3 719 三九・3　8 参る 717 三五・3 719 三九・3

9 飽く 717 三五・12 719 三九・12

解答例 1 向こうのほう。あちら。　2 連れていく。

3 熱心だ　4 関心が向く。　5 穏やかだ

6 つらい世の中。無常の世の中。

7 神や天皇が飲む酒。　8 差し上げる

9 満足する

二 「入り給ひなむ」「隠れなむ」「あらなむ」「なりななむ」の「なむ」を文法的に説明してみよう。

解答例 ・「入り給ひなむ」…強意の助動詞「ぬ」の未然形＋意志の助動詞「む」の終止形

・「隠れなむ」…強意の助動詞「ぬ」の未然形＋意志の助動詞「む」の終止形

・「あらなむ」…願望の終助詞

・「なりななむ」…願望の終助詞

小野の雪

【大　意】 教717 36ページ1〜37ページ9行 教719 40ページ1〜41ページ9行

昔、惟喬《これたか》親王の狩りに右馬頭《うまのかみ》の翁《おきな》が従った。親王は、都に帰っても翁を帰さず、夜を明かした。右馬頭はこのようにお仕えしていたが、思いがけず、親王が出家した。右馬頭は、正月に親王のおられる、雪がたいそう高く積もった比叡《ひえい》山麓の庵室《あんしつ》を訪ねた。悲しげな親王と昔の話などを語り合ったが、そのままおそばにいるわけにもいかず、右馬頭は泣く泣く京に帰った。

【品詞分解／現代語訳】

格助　四・用　補尊・四・用　助動・過・体　格助　サ変・用　格助　四・体　格助

昔、水無瀬 に 通ひ 給ひ し 惟喬の親王、例 の 狩り し に おはします 供 に、右馬頭

昔、水無瀬の離宮にお通いなさった惟喬の親王が、いつものように狩りをしにいらっしゃいます供に、右馬頭

助動・断・体　四・已　助動・完・終　下二・用　接助　格助　四・用　補尊・四・用（音）　助動・過・終　サ変・用　接助

なる 翁 つかうまつれ り。日ごろ 経 て、宮 に 帰り 給う けり。御送り し て、

である翁がお仕えした。何日かたって、京の御殿にお帰りになった。（翁は、御殿まで）お送りして、

ク・用　ナ変・未　助動・意・終　格助　四・体　接助　四・用　四・未　助動・意・終　格助　四・未　助動・打・用　助動・過・終　（代）　格助

とく いな む と 思ふ に、大御酒 給ひ、禄 給は む とて、つかはさ ざり けり。こ の

早く退出しようと思っているのに、（親王は、）お酒をくださったり、ご褒美をくださろうとなさったりして、（右馬頭の翁を）お帰しにならなかった。この

四・用　接助

右馬頭、心もとながり て、

右馬頭は、じれったくなって、

1 格助　四・体　係助　サ変・未　助動・打意・終　2 格助　格助　副助　四・未　助動・可・未　助動・打（ク語法）　接助

枕 とて 草 ひき結ぶ こと も せ じ 秋 の 夜 と だに 頼ま れ なく に

枕にしようと草をひき結ぶこと（旅寝をすること）もしますまい。秋の夜長でさえ頼みにできないのに（秋の夜長でさえ私たちはすぐに語り明かしてしまうのに、まして、今は春の短夜ですから、すぐに明けてしまいます）。

格助　四・用　助動・過・体　係助　格助　助動・断・用　助動・過・終　四・未　接助　四・用　補尊・四・用（音）

と よみ ける。時 は 弥生 の つごもり なり けり。親王、大殿籠ら で 明かし 給う

とよんだ。時は三月の末であった。親王は、お休みにならないで（右馬頭と）一夜を語り明かされて

助動・完・用　助動・過・終　副　サ変・用　接助　下二・用　四・用　助動・過・体　接助　ナリ・用　四・用
て　けり。かく　し　つつ、まうで　つかうまつり　ける　を、思ひのほかに、御髪　下ろし
しまった。このようなことを何度も繰り返しつつ、参上してお仕え申し上げていたのに、思いがけなく、(親王は)出家なさって

補尊・四・用(音)　助動・完・用　助動・過・終　格助　四・用　補謙・四・未　助動・意・終　格助　格助　下二・用　助動・完・体　接助
給う　て　けり。睦月　に　拝み　奉ら　む　とて、小野　に　まうで　たる　に、比叡の山
しまった。正月に拝顔申し上げようと、(親王のお住まいの)小野に参上したのだが、比叡の山

格助　助動・断・已　接助　副　ク・終　3 副　格助　下二・用　接助　四・用　補謙・四・体　接助　副　副
の　麓　なれ　ば、雪　いと　高し。強ひて　御室　に　まうで　て　拝み　奉る　に、つれづれと、いと
の麓であるので、雪がたいそう高く積もっている。無理をしてご庵室に参上して拝顔申し上げたのだが、(親王は、)所在なげで、たいそう

シク・用　接助　四・用　助動・過・已　接助　副　シク・用　四・用　接助　格助　副助　下二・用　下二・用
もの悲しく　て　おはしまし　けれ　ば、やや　久しく　候ひ　て、いにしへ　の　こと　など　思ひ出で　聞こえ
もの悲しいご様子でいらっしゃったので、(予定よりも)少し長くおそばにいて、昔のことなどを思い出してお話し申し上げた。

助動・過・終　副　四・用　終助　格助　四・已　接助　ラ変・用　助動・過・已　接助　副　四・未　接助　格助
けり。さても　候ひ　てしがな　と　思へ　ど、おほやけごとども　あり　けれ　ば、え　候は　で、夕暮れ　に
そのままおそばにお仕えしたいものだと思うけれども、宮中での公の行事などもあったので、そのままお仕えすることができなくて、夕暮れに

四・終　格助
帰る　とて、
(京に)帰るというので、

下二・用　接助　係助　係助　格助　係助(係)　四・体(結)　四・用　助動・過・終　係助　下二・用　接助　(代)　格助　上一・未　助動・推・終　格助
忘れ　て　は　夢　か　と　ぞ　思ふ　思ひ　き　や　雪　踏み分け　て　君　を　見　む　と
(現実を)ふと忘れては、夢を見ているのかと思います。(これまで一度でも)思ったでしょうか(いえ、思いもしませんでした)。こうして雪を踏み分けて

係助
は
わが君にお会いすることになろうとは。

格助　係助(係)　副　カ変・用　助動・完・用　助動・過・体(結)
とて　なむ、泣く泣く　来　に　ける。
とよんで、泣く泣く帰ってきてしまった。

(第八十三段)

語句の解説

教717 36ページ 教719 40ページ

2 **とくいなむ《ン》と** 早く退出しようと。
「とく」は、形容詞「とし」の連用形。「いな」は動詞「いぬ」の未然形。「行ってしまう、去る」の意味。

3 **大御酒《おおみき》給《たま》ひ《イ》** 神や天皇などが飲む酒をくださり。
ここでは、その酒を親王が右馬頭に与えようとしている。「大御」は非常に強い尊敬を表す接頭語。

3 **つかは《ワ》さざりけり** お帰しにならなかった。
「つかはす」は、身分の高い人が人を派遣するという意味。ここでは「右馬頭を家に派遣する」意となり、「家に帰す」ことを意味する。

4 **心《こころ》もとながりて** じれったくなって。
「心もとながり」は動詞「心もとながる」の連用形。

5 **枕《まくら》とて草《くさ》ひき結《むす》ぶこともせじ** 枕にしようと草をひき結ぶこともしますまい。
「旅寝をしようとは思わない」という意味だが、ここでは「親王の御殿でこのまま夜を明かすつもりはありませんよ」という意思を示している。右馬頭と親王の親密さがうかがえる部分である。

1 **「枕とて草ひき結ぶ」とは、どういう意味か。**

答 旅寝するという意味。ここは、親王の御殿で夜を明かすことをさす。

5 **秋《あき》の夜《よ》とだに頼《たの》まれなくに** 秋の夜長でさえ頼みにできないのに。すぐ後に「弥生のつごもり」(三月の末)とあり、春の夜であることがわかる。

2 **「秋の夜」という語で対比されているものは何か。**

答 春の短い夜。

教717 37ページ 教719 41ページ

1 **大殿籠《おおとのごも》らで** お休みにならないで。
「大殿籠る」は、「寝《ぬ》」「寝《い》ぬ」の尊敬語。

3 **拝《おが》み奉《たてまつ》らむ《ン》** 拝顔申し上げよう。
「拝み」は動詞「拝む」の連用形で、「拝顔する、お目にかかる」の意味。

3 **「強ひて」とは、どのような様子を表現しているか。**

答 雪が高く積もっている中を、無理をして親王の住居に参上する様子。

5 **いにしへ《エ》のこと** 昔のこと。
ここでは、親王が出家する前のことをさす。

5 **思《おも》ひ《イ》出《い》で聞《き》こえけり** 思い出してお話し申し上げた。
「聞こえ」は下二段活用の動詞「聞こゆ」の連用形。「言ふ」の謙譲語。

6 **さても候《さぶら》ひ《イ》てしがな** そのままおそばにお仕えしていたいものだ。
「さても」は副詞で「そのまま」の意。「候ひ」は本動詞「候ふ」の連用形で、「お仕えする」の意。「てしがな」は終助詞で自己の願望を表す。この部分と対照的な右馬頭の気持ちが読み取れる言葉は、「とくいなむ」717 三六・2 719 四〇・2である。

8 夢《ゆめ》かとぞ思《おも》ふ《ウ》　夢を見ているのかと思います。

「ぞ」は係助詞で結びは「思ふ」。この「思ふ」は連体形。

8 思《おも》ひ《イ》きや　思ったでしょうか（いや、思いもしなかった）。

「や」は、係助詞で反語を表す。この歌は、倒置法を用いている。本来は「雪踏み分けて君を見むとは思ひきや」となるところ。

9 なむ《ン》、泣《な》く泣《な》く来《き》にける　泣く泣く帰ってきたのである。

「なむ」は係助詞で、「ける」が結び。過去の助動詞「けり」の連体形。

学習の手引き

一 全体を二つの場面に分け、それぞれの内容を整理しよう。

解答例 ①（初め～「明かし給うてけり」717 三七・2 719 四一・2）狩りの供をした帰りに、親王の御殿に引き止められ、親王と語り明かした。

②（「かくしつつ」717 三七・2 719 四一・2～終わり）親王が出家して小野の里にこもったとき、深い雪をかきわけて親王の住居を訪ね、親王への思いを残したまま、泣く泣く帰ってきた。

二 二首の和歌を解釈し、それぞれの歌から読み取れる右馬頭の親王に対する思いを説明してみよう。

解答例 「解釈」は現代語訳参照。

・「枕とて」の歌…相手が高貴な親王にもかかわらず、率直に「親王の御殿で夜明かししようとは思いません」と述べている。それでも帰らずに、共に一夜を語り明かす親密さと友情を感じさせる。

・「忘れては」の歌…右馬頭は、前の歌とは違って、親王のもとにとどまることもできない。親王の境遇を悲しんでも悲しみ切れない右馬頭の、親王へのいたわりが感じられる。

三 惟喬の親王と右馬頭とは、どのような関係であったと思われるか。各自の考えを述べ合おう。

解答例 身分的には主従関係であるが、夜が明けるまで語り合ったり、雪深い住居を訪ねて話をしたりするほど、親密で心の通い合う関係だったと考えられる。

言葉の手引き

一 次の古語の意味を調べよう。

1 例の 717 三六・1 719 四〇・1　2 日ごろ 717 三六・2 719 四〇・2

3 つかはす 717 三六・3 719 四〇・3　4 大殿籠る 717 三七・1 719 四一・1

5 まうづ 717 三七・2 719 四一・2　6 候ふ 717 三七・5 719 四一・5

解答例 1 いつものように。　2 何日かの間。

3 お帰しになる。（行かせるの尊敬語）　4 お休みになる。

5 参上する　6 おそばにいる。お仕えする。

二 「さても候ひてしがな」（717 三七・6 719 四一・6）を、品詞に分けたうえで口語訳しよう。

解答例 ・品詞…さても（副詞）／候ひ（動詞）／てしがな（終助詞）

・口語訳…そのままおそばにお仕えしたい

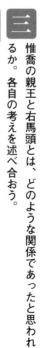

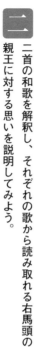

狩りの使ひ

【大　意】 1 教717 38ページ1行～39ページ2行 教719 42ページ1行～43ページ2行

鷹狩《たかが》りの勅使として伊勢に来た男を、斎宮《さいぐう》である女が心をこめて世話をするうちに、お互いに憎からず思うようになった。二日目の夜中に女は男の部屋を訪れるが、何も語り合えないまま女は帰ってしまった。

【品詞分解／現代語訳】

昔、男 あり けり。 その 男、 伊勢の国 に 狩りの使ひ に 行き ける に、 かの 伊勢 の

ラ変・用 助動・過・終 (代) 格助 格助 格助 四・用 助動・過・体 格助 (代) 格助 格助

昔、(ある)男がいた。その男が、伊勢の国に鳥獣を狩るための使いとして派遣された時に、あの伊勢神宮の斎宮であっ

斎宮 なり ける 人 の 親、「常 の 使ひ より は、 こ の 人 よく いたはれ。」 と 言ひやれ

助動・断・用 助動・過・体 格助 格助 格助 係助 (代) 格助 副 四・命 格助 四・已

た人の親が、「普通の(狩りの)使いよりは、この人を十分にもてなしなさい。」と(手紙で)伝えていたので、

り けれ ば、 親 の 言 なり けれ ば、 いと ねんごろに いたはり けり。

助動・完・用 助動・過・已 接助 格助 助動・断・用 助動・過・已 接助 副 ナリ・用 四・用 助動・過・終

親の言葉であったから、(女はその男を)とても心をこめてもてなした。

朝 に は 狩り に 出だし立て て やり、 夕さり は 帰り つつ、 そこ に 来 させ けり。

格助 係助 格助 下二・用 接助 四・用 係助 四・用 接助 1(代) 格助 カ変・未 助動・使・用 助動・過・終

朝には(いろいろ用意を整えて)狩りに送り出してやり、夕方は(男が)戻っては、そこ(＝斎宮の邸宅)に来させた。

かくて ねんごろに いたつき けり。

副 ナリ・用 四・用 助動・過・終

このように、心をこめて世話をした。

二日 と いふ 夜、 男、 われて 「あは む。」 と 言ふ。 女 も はた、 いと あは じ と も

格助 四・体 副 四・未 助動・意・終 格助 四・終 係助 副 副 四・未 助動・打意・終 格助 係助

二日目という夜、男は、しいて「逢いたい。」と言う。女もまた、それほど逢いたくないとも思っていなかった。

思へ ら ず。 されど、 人目 しげけれ ば、 え あは ず。 使ひざね と ある 人 なれ ば、

四・已 助動・存・未 助動・打・終 接 ク・已 接助 副 四・未 助動・打・終 格助 フ変・体 助動・断・已 接助

しかし、人目が多いので、逢うことができない。(この男は)正使として来ている人であるので、

ク·用 係助 四·未 助動·打·終 格助 ク·用 ラ変·用 助動·過·已 接助 格助 下二·用 接助 副助 格助 格助
遠く も 宿さ ず。女 の 閨 近く あり けれ ば、女、人 を しづめ て、子一つ ばかり に、男 の
遠くにも泊めない。(男の部屋は)女の寝室の近くにあったので、女は、(周囲の)人が寝静まるのを待って、子一つ(＝午後十一時から十一

格助 カ変·用 助動·完·用 助動·過·終 副 下二·未 助動·可·未 助動·打·用 助動·過·已 接助 格助 格助 四·用 接助
もと に 来 たり けり。男、はた 寝 られ ざり けれ ば、外 の 方 を 見出だし て
時半)ごろに、男の所にやって来たのであった。男も、また(女を思って)眠れなかったので、外の方を見やって横になっていると、

四·已 助動·存·体 接助 格助 ナリ·体 格助 ク·体 格助 格助 下二·用 接助 2 四·已 助動·存·終 副
臥せ る に、月 の おぼろなる に、小さき 童 を 先 に 立て て、人 立て り。男、いと
月(の光)がぼんやりかすんでいる中に、小さな童女を先に立たせて、人(＝女)が立っている。男は、とても

シク·用 接助 (代) 格助 下二·体 格助 上一·用 接助 四·用 接助 3 格助 副助 ラ変·体 接助 副 係助
うれしく て、わ が 寝る 所 に 率 て 入り て、子一つ より 丑三つ まで ある に、まだ 何ごと も
うれしくて、自分の寝所に連れて入って、子一つから丑三つ(＝午前二時から二時半)まで(いっしょに)いたが、まだ何ご

四·未 助動·打·体 接助 四·用 助動·完·用 助動·過·終 副 シク·用 接助 下二·未 助動·打·用 四·用 助動·完·用 助動·過·終
語らは ぬ に、帰り に けり。男、いと 悲しく て、寝 ず なり に けり。
とも(打ちとけて)語り合わないのに、(女は)帰ってしまった。男は、とても悲しくて、(そのまま)寝ないで夜を明かしてしまった。

語句の解説 1

教717 38ページ　教719 42ページ

2 **よくいたはれ《ワ》**　十分にもてなしなさい。
「いたはる」＝大切にする、丁重にもてなす。

3 **ねんごろにいたはりけり《ワ》**　心をこめてもてなした。
「ねんごろなり」＝心のこもったさま。

3 **朝《あした》**　ここでは、「あさ」の意。ほかに「翌朝」の意もある。

4 **出《い》だし立《た》ててやり**　送り出してやり。
「出だし立つ」＝(用意して)送り出す。出発させる。

4 **夕《ゆう》さり**　夕方になること。夕方。

5 **いたつきけり**　世話をした。
「いたつく」は、ここでは「世話をする、大事にする」の意。

6 **はた**　ここでは、「また、やはり」の意。

6 **いとあはじ《ワ》とも思《おも》へ《エ》らず**　それほど逢いたくないとも思っていなかった。
つまり、女も男のことを憎からず思っていたということ。

1　「そこ」とはどこか。

答　斎宮《いつきのみや》の邸宅。

7**しげければ** 多いので。
「しげし」＝多い。
7**えあは《ワ》ず** 逢うことができない。
斎宮は神に仕える身なので、恋愛や結婚はできない立場だった。
「え…(打消)」は、不可能の意を表す。…できない。
10**子《ね》一《ひと》つばかり** 午後十一時から十一時半ごろ。
「ばかり」＝おおよその範囲を示す副助詞。
12**月《つき》のおぼろなるに** 月(の光)がぼんやりとかすんでいる中に。
「おぼろなり」＝ぼんやりかすむさま。
13**先《さき》に立《た》てて** 先に立たせて。
「立つ」は、ここは他動詞で、下二段活用。立たせる。

2 「人」とは、誰のことか。

答 女(＝斎宮)。

14**率《い》て入《い》りて** 「率る」は、ここでは「連れる、引き連れる」の意。

3 **教717 39ページ** **教719 43ページ**
「子一つより丑《うし》三つまで」は、何時から何時までか。

答 午後十一時〜十一時半ごろから、午前二時〜二時半ごろまで。

【大意】 2 **教717 39ページ3行〜40ページ2行** **教719 43ページ3行〜44ページ2行**

翌日、女が歌を贈ってきたので、男も歌を返して狩りに出る。男は今夜こそと思うが、一晩中酒宴が続いたため逢えなかった。翌朝、短連歌を慌ただしくよみ合って、心残りのまま男は旅立っていった。

【品詞分解／現代語訳】

つとめて、いぶかしけれ ど、わ が 人 を やる べき に し あら ね ば、
いぶかしけれ＝シク・已 ど＝接助 わ＝(代) が＝格助 を＝格助 やる＝四・終 べき＝助動・当・体 に＝助動・断・用 し＝副助 あら＝ラ変・未 ね＝助動・打・已 ば＝接助
翌朝、(男は女のことが)気がかりであるけれど、自分の使者をやるわけにはいかないので、

いと 心もとなく て 待ちをれ ば、明けはなれ て しばし ある に、女 の もと より、詞 は なく て、
いと＝副 心もとなく＝ク・用 て＝接助 待ちをれ＝ラ変・已 ば＝接助 明けはなれ＝下二・用 て＝接助 しばし＝副 ある＝ラ変・体 に＝格助 の＝格助 より＝格助 は＝係助 なく＝ク・用 て＝接助
とても待ち遠しい思いで(女からの手紙を)待っていると、夜がすっかり明けてしばらくたったころに、女のところから、手紙の言葉はなくて(歌だけが贈られてきた、その歌は)、

君 や[係助(係)] 来[カ変・未] し[助動・過・体(結)] 我 や[係助(係)] 行き[四・用] けむ[助動・過推・体(結)] 思ほえ[下二・未] ず[助動・打・終] 夢 か[係助] うつつ か[係助] 寝[下二・用] て[接助] か[係助] さめ[下二・用] て[接助] か[係助]

あなたがやって来たのでしょうか、私が行ったのでしょうか、わかりません。(いったいこれは)夢なのでしょうか、現実なのでしょうか。寝ていたのでしょうか、起きていたのでしょうか。

男、いと[副] いたう[ク・用(音)] 泣き[四・用] て[接助] よめ[四・已] る[助動・完・体]。

男は、たいそうひどく泣いてよんだ。

かきくらす[四・体] 心 の[格助] 闇 に[格助] まどひ[四・用] に[助動・完・用] き[助動・過・終] 夢うつつ と[格助] は[係助] 今宵 定めよ[下二・命]

(悲しみで分別を失い)真っ暗になってしまった心の闇の中で、(私は)迷ってしまいました。夢か現実かは、今夜(もう一度来て、はっきりと)決めてください。

と[格助] よみ[四・用] て[接助] やり[四・用] て[接助]、狩り に[格助] 出で[下二・用] ぬ[助動・完・終]。

とよんで(女に)贈って、狩りに出た。

野 に[格助] ありけ[四・已] ど[接助]、心 は[係助] 空に[ナリ・用] て[接助]、今宵 だに[副助] 人 しづめ[下二・用] て[接助]、いと[副] とく[ク・用] あは[四・未] む[助動・意・終] と[格助] 思ふ[四・体] に[接助]、

(男は)野を歩き回るけれども、心はうわの空で、せめて今夜だけでも人を寝静まらせてから、たいそう早く(女に)逢いたいと思っていると、

国の守、斎宮頭 兼け[下二・用] たる[助動・存・体]、狩りの使ひ あり[ラ変・終] と[格助] 聞き[四・用] て[接助]、夜一夜、酒飲み し[サ変・用] けれ[助動・過・已] ば[接助]、もはら[副] あひごと も[係助] え[副] せ[サ変・未] で[接助]、明け[下二・未] ば[接助] 尾張の国 へ[格助] 立ち[四・用] な[助動・強・未] む[助動・意・終] と[格助] すれ[サ変・已] ば[接助]、男 も[係助] 人 知れ[下二・未] ず[助動・打・用] 血 の[格助] 涙 を[格助] 流せ[四・已] ど[接助]、え[副] あは[四・未] ず[助動・打・終]。夜 やうやう[副] 明け[下二・用] な[助動・強・未] む[助動・意・終] と[格助] する[サ変・体] ほど に[格助]、

伊勢の国の国守で、斎宮寮の長官を兼ねている人が、鷹狩りの勅使がいると聞いて、一晩中、酒宴を催したので、全く逢うこともできないで、夜が明けたら尾張の国へ(向けて)きっと出立しようとするので、(女の悲しみは言うまでもなく)男もひそかに血の涙を流すが、逢うことはできない。夜が次第に明けようとするころに、

女方より出だす杯の皿に、歌を書きて出だしたり。取りて見れば、
女のほうから差し出す(お別れの)杯の皿に、歌を書いてよこした。(男が)手に取って見ると、

徒人の渡れど濡れぬえにしあれば
徒歩の人が渡っても(着物の裾が)濡れない浅い川(＝江)のように、浅い浅い(二人の)縁でありましたので。

と書きて、末はなし。その杯の皿に、続松の炭して、歌の末を書き継ぐ。
と書いて(あって)、下の句はない。(男は)その杯の皿に、松明の燃え残りの炭で、歌の下の句を書き継ぐ。

また逢坂の関は越えなむ
(私は)また逢坂の関をきっと越えようと思います(「逢う」という逢坂の関を再び越えて逢いましょう)。

とて、明くれば尾張の国へ越えにけり。
とよんで、夜が明けたので(男は)尾張の国へ越えて行ってしまった。

斎宮は水尾の御時、文徳天皇の御むすめ、惟喬の親王の妹。
(この)斎宮は清和天皇の御代(の斎宮で)、文徳天皇の皇女、惟喬親王の妹(である)。

(第六十九段)

語句の解説 2

教717 39ページ　教719 43ページ

3 **つとめて**　ここでは「翌朝」の意。

3 **いぶかしけれど**　気がかりであるけれど。
「いぶかし」＝事情がはっきりしないので気が晴れない。

3 **心《こころ》もとなくて**　待ち遠しくて。じれったく思って。
「心もとなし」＝待ち遠しい。じれったい。

4 **明《あ》けはなれて**　夜がすっかり明けて。「離《はな》る」は、ここでは「隔たる、遠ざかる」の意。夜が明けてから時間がたったということ。

4 **しばしあるに**　しばらくたったころに。

5 **思《おも》ほ《オ》えず**　ここでは「わからず」の意。「思ほゆ」は、四段動詞「思ふ」の未然形「おもは」＋上代の助動詞「ゆ」の「おもはゆ」の転。

5 **うつつ**　現実。

7 **かきくらす**　心を暗くする。悲しみにくれる。

7 **まどひ《イ》にき**　迷ってしまいました。

「まどふ」＝迷う。途方に暮れる。

9 **ありけど**　歩き回るけれど。

「ありく」＝歩き回る。

「ど」＝逆接の確定条件を表す接続助詞。

9 **心《こころ》は空《そら》にて**　心はうわの空で。

「そらなり」は、「うわの空だ」「気もそぞろだ」の意。

9 **とくあはむ《ワン》**　早く逢いたい。

学習の手引き

一 **「君や来し」の歌で、女はどのような疑問を投げかけているか、説明してみよう。**

解答例 (あなたと会ったのは)あなたが来たからなのか、私が行ったからなのか、寝て見た夢の中での出来事だったのか、覚めていた現実での出来事だったのか、という疑問。

二 **「君や来し」の歌で投げかけられた女の疑問に対して、男はどのように答えているか。「かきくらす」の歌を解釈したうえで、説明してみよう。**

解答例 ・解釈…現代語訳参照。

・男が答えたこと…今夜また来て、決めてください。

三 **女は「徒人《かちひと》の」(717 三九・14 719 四三・14)という上の句だけをよんで男に贈り、これを見た男は「また逢坂の」(717 三九・16 719 四三・16)という下の句をよんで女に応答している。このやりとりによって、男と女はどのような思いを伝え合ったのか、説明してみよう。**

「とし」＝早い。

11 **もはら**　全く。ひたすら。

15 **末《すゑ》はなし**　下の句はない。

「末」＝歌の下の句。対 本《もと》

15 **続松《ついまつ》の炭《すみ》して**　松明《たいまつ》の燃え残りの炭で。

「して」は、手段・方法を表す格助詞。…で。…を用いて。

解答例 女は、男との縁が薄かったことを嘆き、下の句を省くことによって、男の気持ちを知りたいという思いを伝えた。それに対して男は、困難はあってもまた必ず会いたいという思いを伝えた。

言葉の手引き

一 **次の古語の意味を調べよう。**

「語句の解説」参照。

二 **傍線部に注意して、次の文を口語訳しよう。**

1 **明けば尾張《おはり》の国へ立ちなむ(717 三九・11 719 四三・11)**

2 **明くれば尾張の国へ越えにけり。(717 四〇・1 719 四四・1)**

考え方 1「明けば」は、未然形＋ば。「なむ」は、強意「ぬ」＋意志「む」／2「明くれば」は、已然形＋ば。「にけり」は、完了「ぬ」＋過去「けり」。

解答例 1 夜が明けたら尾張の国へきっと出立しよう

2 夜が明けたので尾張の国へ越えて行ってしまった。

言語活動　主従の愛

教717 P.41　教719 P.45

活動の手引き

一　第八十二段と第八十三段の話に、第八十五段を加えて読むと、読後感がどのように変わるか。考えたことを発表し合おう。

考え方　第八十二段「渚《なぎさ》の院」では、惟喬《これたか》親王を中心とするにぎやかな風雅の世界、第八十三段「小野の雪」では、右馬頭《うまのかみ》と親王の二人だけの交流の世界が描かれていた。これに対して、第八十五段「目離れせぬ雪」では、どんな様子が描かれているかに注意して読みくらべてみよう。

解答例　第八十五段では、親王はすでに出家している。一月には、昔親王にお仕えしていた人たちや僧侶たちも大勢集まって、にぎやかに過ごしている。雪は降りしきっているが、第八十三段のような寂しさは感じられない。そのとき男がよんだ歌には、〈身は一つしかないので、いつもいっしょにはいられないが、ひっきりなしに降る雪が高く積もってゆくように、私の心はいつも主人の親王さまを思っております〉という気持ちがこめられていて、親王を感激させた。雪に降りこめられた世界で、第八十二段の「桜」の歌や「天《あま》の河《がわ》」の歌のような華やかさはないが、優雅で温かい交流のさまがしのばれる。第八十三段では寂しく感じたが、第八十五段を読み、その寂しさは業平と親王の親密さを強調して見せるための、『伊《い》勢《せ》物《もの》語《がたり》』の作者の演出なのかもしれないとも思える。親王は政治的な理由で出家させられたのかもしれないが、出家後も人々に親しまれた人だったということがわかる。

大和《やまと》物語

教717 P.42～P.45　教719 P.46～P.49

●大和物語とは

『伊《い》勢《せ》物語《ものがたり》』と並ぶ歌物語。作者未詳。九五一年ごろに成立したが、以後も増補された。百七十三段から成り、和歌が二百九十五首収められている。前半は、実在の人物に関する話、和歌にまつわる説話など、歌語りの集成となっており、後半は、地方を舞台とした古伝承が多い。

『伊勢物語』のように一人の主人公を設定するのではなく、さまざまな人物の多彩な話題で構成されている。それらの話は、人物や素材の類似性からの自由な連想によって配列されており、主題の統一意識も薄い。

多様な人物（天皇・貴族・僧・女性など）を登場させているため、当時の貴族社会を知るうえで、貴重な資料という側面もある。

姨《をば》捨《すて》

【大意】 1 教717 42ページ1～8行　教719 46ページ1～8行

信濃《しなの》の更級《さらしな》という所に住む男は、若いころに親をなくし、おばが親代わりとなって世話をしてくれていた。この男の妻は無情で、老いたおばを憎み、たびたび中傷し、ついには男に、おばを捨ててくるように迫る。

【品詞分解／現代語訳】

信濃の国 に(格助) 更級 と(格助) いふ(四・体) 所 に(格助)、男 住み(四・用) けり(助動・過・終)。若き(ク・体) とき に(格助) 親 は(係助) 死に(ナ変・用) けれ(助動・過・已) ば(接助)、をば

信濃の国の更級というところに、男が住んでいた。若いときに親が死んだので、おばが

なむ(係助) 親 の(格助) ごとくに(助動・比・用)、若く(ク・用) より(格助) あひ添ひ(四・用) て(接助) ある(ラ変・体) に(接助)、こ(代) の(格助) 妻 の(格助) 心、憂き(ク・体) こと 多く(ク・用) て(接助)、

親のように、若いときからつき添って世話をしていたのだが、この男の妻の心は、無情なところが多くて、

こ(代) の(格助) 姑 の(格助) 老いかがまり(四・用) て(接助) ゐ(上一・用) たる(助動・存・体) を(格助) 常に(副) にくみ(四・用) つつ(接助)、男 に(格助) も(係助)、こ(代) の(格助) をば の(格助) 御心

この姑が老いて腰が曲がっているのをいつも憎んでは、男にも、このおばの御心が、

の(格助)、さがなく(ク・用) あしき(シク・体) こと を(格助) 言ひ聞かせ(下二・用) けれ(助動・過・已) ば(接助)、昔 の(格助) ごとくに(助動・比・用) も(係助) あら(ラ変・未) ず(助動・打・用)、

意地が悪く不快であることを言い聞かせたので、(男は)昔のようでもなく、

おろかなる(ナリ・体) こと 多く(ク・用)、こ(代) の(格助) をば の(格助) ため に(格助) なりゆき(四・用) けり(助動・過・終)。こ(代) の(格助) をば、いと(副) いたう(ク・用(音)) 老い(上二・用) て(接助)、

おろそかに扱うことが多く、このおばにとってしだいに(そう)なっていった。このおばは、とてもひどく年老いて、

二重 に(助動・断・用) て(接助) ゐ(上一・用) たり(助動・完・終)。これ(代) を(格助) なほ(副)、こ(代) の(格助) 嫁、所狭がり(四・用) て(接助)、今 まで(副助) 死な(ナ変・未) ぬ(助動・打・体) こと

腰がひどく折れ曲がっていた。これをいっそう、この嫁は、窮屈で厄介がって、今まで死なずにいるとは

と(格助) 思ひ(四・用) て(接助)、よから(ク・未) ぬ(助動・打・体) こと を(格助) 言ひ(四・用) つつ(接助)、「持ていまし(四・用) て(接助)、深き(ク・体) 山 に(格助) 捨て(下二・用) 給び(補尊・四・用) てよ(助動・強・命)。」

と思って、よくないことを(男に)言っては、「連れていらっしゃって、深い山奥に捨てておしまいになってください。」

格助 副助 下二・用 助動・過・已 接助 下二・未 助動・受・用 上二・用 接助 ②副 サ変・用 助動・強・未 助動・意・終 格助 四・用 助動・完・終
と のみ 責め けれ ば、責め られ わび て、さ し て む と 思ひなり ぬ。
とひどく責めたてたので、（男は）せき立てられるのに閉口して、そのようにしてしまおうと思うようになった。

語句の解説 1

教717 42ページ 教719 46ページ

1 を《オ》ばなむ《ン》親《おや》のごとくに おばが親のように。

「なむ」の結びは「あひ添ひてあるに」717 四二・2 719 四六・2の「ある」（補助動詞の連体形）であるべきだが、接続助詞「に」に接続したので、流れている。

1 「この妻」の性格は、以下の文章にどのように描かれているか。

答 妻の性格を端的に表しているのは、「この妻の心、憂きこと多くて」の部分である。その具体的な行動は、その直後の部分「この姑《しうとめ》の老いかがまりて…言ひ聞かせければ」717 四二・3～4 719 四六・3～4や、「この嫁、所狭《ところせ》がりて…とのみ責めければ」717 四二・6～8 719 四六・6～8に示される。自己中心的で思いやりに欠け、残酷さをもった性格が読み取れる。

5 おろかなること多く《おお》 おろそかに扱うことが多く。

「おろかなる」は、形容動詞「おろかなり」の連体形。ここは、おばをおろそかに扱う意。

7 捨《す》て給《とう》びてよ 捨てておしまいになってください。

「給び」は尊敬の意を表す補助動詞「給ぶ」の連用形。「てよ」は、強意の助動詞「つ」の命令形で、ここは確述の用法。

2 「さ」は何をさすか。

答 妻の言葉「持ていまして、深き山に捨て給びてよ。」を受けて、おばを深い山奥に捨てることをさす。

【大意】 2 教717 42ページ9行～43ページ8行 教719 46ページ9行～47ページ8行

男は月の明るい夜、寺にありがたい法会《ほうえ》を見に行くと言って、おばを連れ出し、山の峰におばを置き去りにするが、悲しみのあまり夜も寝られず、また連れ戻しに行くのだった。

【品詞分解／現代語訳】

格助 副 ク・体 感 補尊・四・命 格助 ク・体 サ変・終 助動・伝・体 下二・用 補謙・四・未 助動・意・終
月 の いと 明かき 夜、「嫗ども、いざ 給へ。寺 に 尊き わざ す なる、見せ 奉ら む。」
月がとても明るい夜、（男が）「おばあさんよ、さあいらっしゃい。寺でありがたい法会をするらしい、（それを）お見せいたしましょう。」

格助 四・用 助動・過・已 接助 ク・用 四・用 接助 四・未 助動・受・用 助動・完・用 助動・過・終 ク・体 格助 格助 四・用 助動・過・已
と 言ひ けれ ば、限りなく 喜び て 負は れ に けり。高き 山 の 麓 に 住み けれ
と言ったので、（おばは）このうえなく喜んで背負われてしまった。高い山の麓に住んでいたので、

ば、その山にはるばると入りて、高き山の峰の、下り来べくもあらぬに
接助 (代) 格助 格助 副 四・用 接助 ク・体 格助 格助 カ変・終 助動・可・用 係助 ラ変・未 助動・打・体 格助
その山にはるかに遠くまで入って、高い山の峰の、下って来ることもできないところに

置きて逃げて来ぬ。「やや。」と言へど、いらへもせで逃げて、家に来て
四・用 接助 下二・用 接助 カ変・用 助動・完・終 感 格助 四・已 接助 係助 サ変・未 接助 下二・用 接助 格助 カ変・用 接助
(おばを)置いて逃げて来てしまった。(おばは)「これこれ。」と言うが、(男は)返事もせずに逃げて、家に来て(あれこれ)

思ひをるに、言ひ腹立てける折は、腹立ちて、かくしつれど、年ごろ親のごと
ラ変・体 接助 下二・用 助動・過・体 係助 四・用 接助 副 サ変・用 助動・完・已 接助 副 格助 助動・比(語幹)
思案していると、(妻が)告げ口をして腹を立てさせたときは、腹が立って、このようにしてしまったけれど、(おばのことは)長年の間、親のように

養ひつつあひ添ひにければ、いと悲しくおぼえけり。この山の上より、月も
四・用 接助 四・用 助動・完・用 助動・過・已 接助 副 シク・用 下二・用 助動・過・終 (代) 格助 格助 格助 係助
養いながらつき添って世話をしたのであるから、(男は)とても悲しく思われた。この山の上から、月も

いと限りなく明かくて出でたるを眺めて、夜一夜寝も寝られず、悲しう
副 ク・用 ク・用 接助 下二・用 助動・存・体 格助 下二・用 接助 係助 下二・未 助動・可・未 助動・打・用 シク・用(音)
たいへんこのうえなく明るく出ているのをもの思いにふけりながらぼんやり眺めて、一晩中寝るにも寝られないで、悲しく

おぼえければ、かくよみたりける。
下二・用 助動・過・已 接助 副 四・用 助動・完・用 助動・過・体
思われたので、このようによんだ。

わが心慰めかねつ更級や姨捨山に照る月を見て
(代) 格助 下二・用 助動・強・終 間助 格助 四・体 格助 上一・用 接助
私の心を慰めることができずにいる。更級の姨捨山に照る月を見ていると。

とよみてなむ、また行きて迎へ持て来にける。それよりのちなむ、姨捨山といひ
格助 四・用 接助 係助(係) 副 四・用 接助 カ変・用 助動・完・用 助動・過・体(結) (代) 格助 係助(係) 格助 四・用
とよんで、また(山の峰に)行って(おばを)迎えて連れて来てしまった。それよりのち、(この山を)姨捨山というようになった。

ける。慰めがたしとは、これがよしになむありける。
助動・過・体(結) ク・終 格助 係助 (代) 格助 助動・断・用 係助(係) ラ変・用 助動・過・体(結)
(姨捨山というのが)「慰めがたい」(ことの縁語となった)というのは、このようないわれなのであった。

(第百五十六段)

語句の解説 2

教717 43ページ　教719 47ページ

1いらへ《エ》　下二段活用の動詞「いらふ」の連用形が名詞化したもの。

1言《い》ひ《イ》腹《はら》立《だ》てける折《おり》　告げ口をして腹を立てさせたとき。下二段活用の「腹立つ」は、「腹が立つようにさせる」の意であるため、ここでの主語は「妻」。

2腹《はら》立《だ》ちて、かくしつれど　「腹立つ」は、四段活用で、主語は「男」。「かく」は「をば」を山に置き去りにしたことをさす。

2親《おや》のごと　「ごと」は比況の助動詞「ごとし」の語幹相当部分。

4寝《い》も寝《ね》られず　寝るにも寝られない。「寝」は名詞。「寝」は、ナ行下二段活用の動詞「寝《ぬ》」の未然形。「られ」は可能の助動詞「らる」の未然形。

6慰《なぐさ》めかねつ　慰めることができない。「かね」は接尾語で、終止形は「かぬ」。「…ことができない」の意味を加える。「つ」は、強意の助動詞「つ」の終止形。ここは確述の用法。

学習の手引き

一　第一段落から人物を表す表現をすべて抜き出し、人物関係を整理しよう。

解答例
・「男」717四二・1 719四六・1など…主人公。
・「親」717四二・1 719四六・1…幼いころに死んだ主人公の親。
・「をば」717四二・1 719四六・1など、「姑」717四二・3 719四六・3、「嫗《おうな》」717四二・9 719四六・9…死んだ親の代わりに男を育ててくれた、男のおば。男の妻にとっては姑（夫の女親）にあたる。
・「妻《め》」717四二・2 719四六・2、「嫁」717四二・6 719四六・6…男の妻。

二　「わが心」の歌をよむに至るまでの男の気持ちの変化を、展開に即して整理しよう。

解答例
① 妻がおばに対して中傷するのを聞いているうちに、以前ほどおばのことを大切に思わなくなった。
② 妻におばを捨ててくるようにと、何度も言われるのに閉口し、捨ててこようと思い始める。
③ おばにうそをついて山の峰まで連れていき、置き去りにして帰ってきたが、長年にわたって親同然に暮らしてきたことを思い出し、悲しみがあふれてくる。

三　「それよりのちなむ、」（717四三・7 719四七・7）以下がある場合とない場合とで、話の性格はどのように違ってくるか、考えを発表しよう。

解答例　ある場合は、「姨捨山」という山の名の由来を伝える話になるが、ない場合は、男がおばを大切にしたという孝行話になる。

言葉の手引き

一　次の古語の意味を調べよう。

1憂し 717四二・2 719四六・2　2さがなし 717四二・4 719四六・4
3おろかなり 717四二・5 719四六・5　4わぶ 717四二・8 719四六・8
5やや 717四三・1 719四七・1　6年ごろ 717四三・2 719四七・2
7夜一夜 717四三・4 719四七・4

解答例 1 無情だ 2 意地が悪い。 3 おろそかだ 4 閉口する 5 これこれ 6 長年の間。 7 一晩中

二 **本文中から助動詞「つ」「ぬ」をすべて抜き出し、文法的に説明してみよう。**

解答例
・「捨て給びてよ。」 717 四二・7 719 四六・7…強意の助動詞（以下略す）「つ」命令形。
・「してむと」 717 四二・8 719 四六・8…強意の「つ」未然形。
・「思ひなりぬ。」 717 四二・8 719 四六・8…完了の「ぬ」終止形。
・「負はれにけり。」 717 四二・10 719 四六・10…完了の「ぬ」連用形。
・「来ぬ。」 717 四三・1 719 四七・1…完了の「ぬ」終止形。
・「しつれど、」 717 四三・2 719 四七・2…完了の「つ」已然形。
・「あひ添ひにければ、」 717 四三・2 719 四七・2…完了の「ぬ」連用形。
・「慰めかねつ」 717 四三・6 719 四七・6…強意の「つ」終止形。
・「迎へ持て来にける。」 717 四三・7 719 四七・7…完了の「ぬ」連用形。

苔《こけ》の衣《ころも》

【大意】 1 教717 44ページ1～4行 教719 48ページ1～4行

深草の帝《みかど》の御代《みよ》、良少将（良岑宗貞《よしみねのむねさだ》）はたいそう時めいていた。帝もこのうえもなく寵愛《ちょうあい》なさったが、この帝が崩御あそばされた御大葬の夜から、良少将はいなくなってしまった。

【品詞分解／現代語訳】

深草の帝 と（格助） 申し（四・用） ける（助動・過・体） 御時、良少将 と（格助） いふ（四・体） 人、いみじき（[1] シク・体） 時 に（助動・断・用） て（接助） あり（ラ変・用） けり（助動・過・終）。 いと（副）
深草の帝と申し上げた帝の御代は、良少将という人が、たいそう時めいている時であった。（少将は）たいそう

色好み に（助動・断・用） なむ（係助（係）） あり（ラ変・用） ける（助動・過・体（結））。 世 に（格助） も（係助） 労 ある（ラ変・体） 者 に（格助） おぼえ（下二・用）、 つかうまつる（四・体） 帝、
色好みであった。世間からも功労を積んだ人と思われ、お仕え申し上げる帝も、

限りなく（ク・用） おぼさ（四・未） れ（助動・自・用） て（接助） ある（ラ変・体） ほど に（格助）、 こ（（代）） の（格助） 帝 失せ（下二・用） 給ひ（補尊・四・用） ぬ（助動・完・終）。 御葬り の（格助） 夜、 御供 に（格助）
このうえもなく（すばらしい者と）自然とお思いになっていたころに、この帝が崩御あそばされた。御大葬の夜、お供に

みな人 つかうまつり（四・用） ける（助動・過・体） 中 に（格助）、 そ（（代）） の（格助） 夜 より（格助）、 こ（（代）） の（格助） 良少将 失せ（下二・用） に（助動・完・用） けり（助動・過・終）。
すべての人が奉仕していた中に、その夜から、この良少将はいなくなってしまったのだった。

語句の解説 1

教717 44ページ　教719 48ページ

1 **御時《おおんとき》** その天皇の治めておられる時代。御代。治世。
「御時」の「御」は、平安時代は「御（おおん）」の読みになる。

1 **いみじき時《とき》** 「いみじ」は程度がはなはだしいこと。良い場合は「すばらしい」、悪い場合は「ひどい、よくない」の意。ここでは、良い場合。

1 「いみじき時」とはどのような意味か。

答 たいそう時めいている時。時流に乗って栄えている時。

2 **色好《いろごの》みになむ《ン》ありける** 色好みであった。
「色好み」は恋愛の情趣を理解し、風雅な方面にも関心がある人。「なむ」（係助詞）の結びは、「ける」（過去の助動詞・連体形）。

2 **おぼえ** 思われて。
「おぼゆ」は、下二段活用の動詞。「（自然とそう）思われる」の意。

2 **つかう《コウ》まつる** お仕え申し上げる。
「つかうまつる」は謙譲語。作者から帝への敬意を表す。

2 **限《かぎ》りなくおぼされて** このうえもなく（すばらしい者と）自然とお思いになって。
「限りなく」の下に、「めでたく」などの言葉が省略されている。

4 **失《う》せにけり** 「失す」はサ行下二段活用の動詞。「に」は完了の助動詞「ぬ」の連用形。「けり」は過去の助動詞「けり」の終止形。

【大　意】 2 教717 44ページ5行〜45ページ3行　教719 48ページ5行〜49ページ3行

小野小町《おののこまち》が正月に清水《きよみず》寺に参詣した。すると、尊い声で法師が読経する声が聞こえてきた。人をやって見させたところ、「もしや少将大徳（宗貞）ではないか」と思い、歌を贈ると、その返事がきて、「やはり少将だったのだ」と確信した。行って話をしようとするが、少将は消えたように、行方がわからなくなってしまった。

【品詞分解／現代語訳】

小野小町　と（格助）　いふ（四・体）　人、正月　に（格助）　清水　に（格助）　詣で（下二・用）　に（助動・完・用）　けり（助動・過・終）。行ひ　など（副助）　し（サ変・用）　て（接助）　聞く（四・体）　に（接助）、

小野小町という人が、正月に清水寺に参詣した。勤行などをして聞いていると、

あやしう（シク・用（音））　尊き（ク・体）　法師　の（格助）　声　にて（格助）、読経し（サ変・用）、陀羅尼　読む（四・終）。こ（（代））　の（格助）　小野小町　あやしがり（四・用）　て（接助）、つれなき（[2] ク・体）

不思議に尊く思われる法師の声で、読経をし、陀羅尼を読んでいる。この小野小町は不思議に思って、なにげない

やうに て 人 を やり て 見せ けれ ば、「蓑 一つ を 着 たる 法師、腰 に 火打笥 など
助動・様・用 接助 格助 四・用 接助 下二・用 助動・過・已 接助 格助 上一・用 助動・存・体 格助 副助
様子で人をやって見させたところ、「蓑一つを着た法師で、腰に火打ち石の箱などを

結ひつけ たる なむ、隅 に ゐ たる。」と 言ひ けり。かくて、なほ 聞く に、声 いと 尊く
下二・用 助動・存・体 係助(係) 格助 上一・用 助動・存・体(結) 格助 四・用 助動・過・終 接 副 四・体 接助 副 ク・用
結びつけた人が、隅に座っております。」と言った。こうして、さらに聞いていると、声がたいそう尊く

めでたう 聞こゆれ ば、「ただなる 人 に は よに あら じ。もし 少将大徳 に
ク・用(音) 下二・已 接助 ナリ・体 助動・断・用 係助 副 ラ変・未 助動・打推・終 副 助動・断・用
すばらしいように聞こえるので、「普通の人では決してあるまい。もしや少将大徳であろうか。」

や あら む。」と 思ひ に けり。いかが 言ふ とて、「こ の 御寺 に なむ 侍る。
係助(係) ラ変・未 助動・推・体(結) 格助 四・用 助動・完・用 助動・過・終 副 四・体 格助 (代) 格助 格助 係助(係) ラ変・体(結)
と思ったのだった。どのように返事するかと思って、「このお寺に参っております。

いと 寒き に、御衣 一つ しばし 貸し 給へ。」とて、
副 ク・体 接助 副 四・用 補尊・四・命 格助
たいそう寒いので、御衣を一枚、しばらくお貸しください。」と言って、

岩 の 上 に 旅寝 を すれ ば いと 寒し 苔 の 衣 を 我 に 貸さ なむ
格助 格助 格助 サ変・已 接助 副 ク・終 格助 格助 格助 四・未 終助
岩の上で旅寝をしておりますので、たいそう寒いのです。あなたの僧衣を私に貸してほしいものです。

と 言ひやり ける 返り事 に、
格助 四・用 助動・過・体 格助
と言ってやった返事に、

世 を 背く 苔 の 衣 は ただ ひとへ かさ ね ば うとし いざ 二人 寝 む
格助 四・体 格助 係助 副 四・未 助動・打・已 接助 ク・終 感 下二・未 助動・勧・終
俗世を離れ(て出家し)た私の僧衣はただ一枚しかありません。といって貸さなければ薄情です。(ではいっそ、)さあ二人で一緒に寝ましょう。

と 言ひ たる に、「さらに 少将 なり けり。」と 思ひ て、ただに も 語らひ し 仲
格助 四・用 助動・完・体 接助 副 助動・断・用 助動・詠・終 格助 四・用 接助 ナリ・用 係助 四・用 助動・過・体
と言ったので、「ますます少将だったのだ。」と思って、隔てなくじかに言葉を交わした間柄

助動・断・已／接助／四・用／接助／係助／四・未／助動・意・終／格助／四・用／接助／四・用／助動・完・已／接助／四・体／助動・比・用／下二・用

なれ ば、「会ひ て もの も 言は む。」と 思ひ て 行き たれ ば、かい消つ やうに 失せ

であるので、「会って話もしてみよう。」と思って行ったところ、かき消すようにいなくなって

助動・完・用／助動・過・終／下二・未／助動・使・已／接助／副／下二・用／接助／下二・用／助動・完・用／助動・過・終

に けり。一寺 求め さすれ ど、さらに 逃げ て 失せ に けり。（第百六十八段）

しまった。寺じゅうを探させたが、逃げ隠れて全く行方がわからなくなってしまった。

語句の解説 2

教717 44ページ　教719 48ページ

5 **詣《まう》でにけり** 「詣づ」はダ行下二段活用の動詞。「に」は完了の助動詞「ぬ」の連用形。「けり」は過去の助動詞「けり」の終止形。

7 **つれなきやう《ヨウ》にて** 「つれなし」は働きかけに対して相手が関心を示さない様子。①「薄情だ」、②「なにげない」、③「そ知らぬふうだ」。ここでは②。

2 **「つれなきやうにて」とはどのような様子か。**

答 なにげない様子。

7 **見《み》せければ** 見させたところ。
「見す」はサ行下二段活用の動詞。「見るようにさせる、見させる」。
四段活用の「見す」は尊敬語。

8 **隅《すみ》にゐ《イ》たる** 隅に座っております。
「たる」は存続の助動詞「たり」の連体形で「なむ」の結び。

9 **ただなる人《ひと》にはよにあらじ** 普通の人では決してあるまい。

9 **少将大徳《しょうしょうだいとく》にやあらむ《ン》** 「に」は断定の助動詞「なり」の連用形。
「や」は疑問の係助詞。「あら」はラ変動詞「あり」の未然形。「む」は推量の助動詞「む」の連体形で、「や」の結び。

10 **この御寺《みてら》になむ《ン》侍《はべ》る** このお寺に参っております。
「侍る」はラ変の本動詞。謙譲語で「(神仏や貴人のそばに)控える、伺候している」の意。「なむ」の結びの語なので連体形。

12 **貸《か》さなむ《ン》** 貸してほしい(ものです)。
「貸さなむ」は、サ行四段活用動詞の未然形「貸さ」＋他に対する願望を表す終助詞「なむ」。「…してほしい」と相手に注文をつける意味で、「誂《あつら》え」の終助詞ともいう。

14 **世《よ》を背《そむ》く** 俗世間を離れた。出家した。

14 **ただひとへ《エ》かさねばうとし** ただ一枚しかありません。といって貸さなければ薄情です。
「かさね」は、「襲《かさね》」と「貸さね」との掛詞《かけことば》になっている。「単《ひとえ》」と「襲《かさね》」は「衣」の縁語。

教717 45ページ　教719 49ページ

2 **かい消《け》つやう《ヨウ》に失《う》せにけり** 「かい」は接頭語で、「かき」のイ音便。「消つ」はタ行四段活用の動詞「消つ」の連体形。「消ゆ」(消える)の他動詞形。「失す」は「なくなる、消える」の意味。

学習の手引き

一 第一段落の「失せにけり。」(717 四四・4 719 四八・4)について、いつ、誰が、なぜ、どうしたのかを整理しよう。

解答例 ・〈いつ〉深草の帝が崩御した御大葬の後。
・〈誰が〉良少将が。
・〈なぜ〉深草の帝の死を悲しんで。
・〈どうしたのか〉出家した。

二 「もし少将大徳にやあらむ。」(717 四四・9 719 四八・9)と小町が思うまでの心情の推移を、展開に即してまとめよう。

解答例 ① 清水寺に参詣した小町は、尊い声で読経し、陀羅尼を読む法師がどのような人かと不思議に思った。
② 人をやって見させたところ、法師は粗末な服装をしている。
③ さらに聞いていると、声が尊く、心ひかれるように聞こえたので、普通の人ではあるまい、もしや少将ではないかと思った。

三 返歌を見た小町が、「さらに少将なりけり。」(717 四五・1 719 四九・1)と確信したのはなぜか。歌の内容や本文にある記述などを参考にして、各自の考えを述べ合おう。

解答例 この法師の返歌は、巧妙な掛詞や縁語を織り交ぜた歌で、しかも「いざ二人寝む」などという、色好みな表現もあったために、少将に違いないと確信したのである。

言葉の手引き

一 次の古語の意味を調べよう。

1 いみじ(717 四四・1 719 四八・1) 2 色好み(717 四四・2 719 四八・2)
3 つかうまつる(717 四四・2 719 四八・2) 4 行ひ(717 四四・5 719 四八・5)
5 つれなし(717 四四・7 719 四八・7) 6 めでたし(717 四四・9 719 四八・9)
7 ただなり(717 四四・9 719 四八・9) 8 よに(717 四四・9 719 四八・9)
9 うとし(717 四四・14 719 四八・14)

解答例 1 すばらしい(たいそう時めいている)。 3 お仕え申し上げる。
2 恋愛や物事の情趣を解する人。
4 勤行 5 なにげないさま。 6 心ひかれるさま。
7 普通だ 8 決して(…ない)。 9 薄情だ

二 次の傍線部の「けり」の違いを説明してみよう。

1 いみじき時にてありけり。(717 四四・1 719 四八・1)
2 さらに少将なりけり。(717 四五・1 719 四九・1)

解答例 1 過去。過去にあった出来事を回想している。
2 詠嘆。「新たに気づく」意が含まれている。

竹《たけ》取《とり》物語

※教719では、学習しません。
※教719の「言語活動 貴族の生活と年中行事」は本書93ページ、「枕草子」は本書114〜131ページに収録しています。

教717 P.46〜P.52

●竹取物語とは

十世紀中ごろまでに成立したとされる伝奇物語(現実社会では起

こり得ないような不思議なことを描いた物語）。作者は未詳だが、漢文の教養も深く、仮名の文章力にたけた当時の知識人だと推定される。さまざまな古代の説話などを下敷きにして書かれており、その構成は、⑴かぐや姫のおいたち、⑵五人の貴族と帝《みかど》の求婚、⑶かぐや姫の昇天の三つの部分からなる。⑴と⑶が幻想的であるのに対し、⑵は、現実的で貴族社会を風刺した内容になっている。『源氏物語』に「物語の出できはじめの祖《おや》なる竹取の翁《おきな》」とある。現存する最古の物語。後世の作品に大きな影響を及ぼした。

冒　頭　教717 46ページ

【品詞分解／現代語訳】

今 は〔係助〕 昔、竹取の翁 と〔格助〕 いふ〔四・体〕 者 あり〔ラ変・用〕 けり〔助動・過・終〕。野山 に〔格助〕 まじり〔四・用〕 て〔接助〕 竹 を〔格助〕 取り〔四・用〕 つつ〔接助〕、よろづ の〔格助〕

今では昔となってしまったが、竹取の翁という者がいたということだ。野山に分け入って竹を取っては、（その竹を）いろいろな

こと に〔格助〕 使ひ〔四・用〕 けり〔助動・過・終〕。名 を〔格助〕 ば〔係助〕、さかきの造 と〔格助〕 なむ〔係助（係）〕 いひ〔四・用〕 ける〔助動・過・体（結）〕。そ〔（代）〕 の〔格助〕 竹 の〔格助〕 中 に〔格助〕、もと

ことに使った。名を、さかきの造といったそうだ。（あるとき）その竹の中に、根元が

光る〔四・体〕 竹 なむ〔係助（係）〕 一筋 あり〔ラ変・用〕 ける〔助動・過・体（結）〕。あやしがり〔四・用〕 て〔接助〕 寄り〔四・用〕 て〔接助〕 見る〔上一・体〕 に〔接助〕、筒 の〔格助〕 中 光り〔四・用〕 たり〔助動・存・終〕。それ〔（代）〕

光る竹が一本あった。不思議に思って近寄って見ると、筒の中が光っている。それ

を〔格助〕 見れ〔上一・已〕 ば〔接助〕、三寸 ばかり〔副助〕 なる〔助動・断・体〕 人、いと〔副〕 うつくしう〔シク・用（音）〕 て〔接助〕 ゐ〔上一・用〕 たり〔助動・存・終〕。

を見ると、三寸ほどの人が、たいへんかわいらしい様子で座っている。

語句の解説

教717 46ページ

今《いま》は昔《むかし》　説話や物語の冒頭に使われる決まり文句。

ありけり　いたということだ。

「けり」は、伝聞として述べる場合に用いられる過去の助動詞。

まじりて　分け入って。

「まじる」は、①「まざる」、②「仲間に入る」、③「（野や山に）分け入る」などの意味がある。ここでは③。

名《な》をば　「ば」は、係助詞「は」が濁音化したもの。

なむ《ン》いひ《イ》ける　いったそうだ。

あやしがりて　動詞「あやしがる」は、「あやし」という形容詞に接尾語の「がる」がついて動詞化したもの。

いとうつくしう《シュウ》て　たいへんかわいらしい様子で。

「うつくし」は、現代語の「うつくしい」とは違う意味を表す。

かぐや姫の嘆き

【大 意】 1 教717 46ページ1〜2行

八月十五日近くなると、なぜか、かぐや姫は月を見て泣いてばかりいる。これを見て、親たちはわけを聞いた。

【品詞分解/現代語訳】

八月十五日 ばかり(副助) の(格助) 月 に(格助) 出でゐ(上一・用) て(接助)、かぐや姫 いと(副) いたく(ク・用) 泣き(四・用) 給ふ(補尊・四・終)。人目 も(係助)

八月十五日ごろの月の夜に縁側に出て座って、かぐや姫はたいそうひどくお泣きになる。人目も

今 は(係助) つつみ(四・用) 給は(補尊・四・未) ず(助動・打・用) 泣き(四・用) 給ふ(補尊・四・終)。これ(代) を(格助) 見(上一・用) て(接助)、親ども も(係助) 何事 ぞ(終助) と(格助) 問ひさわぐ(四・終)。

今ははばかりなさらずお泣きになる。これを見て、親たちもどうしたことかと大騒ぎをしてわけを聞く。

語句の解説 1

717 46ページ

1 八月十五日《はちがつじゅうごにち》ばかりの月《つき》

「ばかり」は、時間・場所・状態を表す語に付いて、おおよその見当を示す副助詞。

2 今《いま》は 以前は人目をはばかる余裕もあったが、十五日が迫った今となっては人目をはばかる余裕もないのである。

【大 意】 2 教717 46ページ3行〜47ページ12行

かぐや姫は自分が月の都の人で、今月の十五日に帰らなければならないことを打ち明けて嘆き悲しむ。それを聞いた翁《おきな》も堪えきれずに嘆き悲しんだ。

【品詞分解/現代語訳】

かぐや姫 泣く泣く(副) 言ふ(四・体)、「先々 も(係助) 申さ(四・未) む(助動・意・終) と(格助) 思ひ(四・用) しか(助動・過・已) ども(接助)、必ず(副) 心 惑はし(四・用)

かぐや姫が泣きながら言うには、「前にも申し上げようと思っていましたが、きっと心をお乱しに

給は(補尊・四・未) む(助動・推・体) もの ぞ(終助) と(格助) 思ひ(四・用) て(接助)、今 まで(副助) 過ごし(四・用) 侍り(補丁・ラ変・用) つる(助動・完・体) なり(助動・断・終)。さ(副) のみ(副助)

なることだろうと思って、これまで(言わずに)過ごしてきました。そのように黙っ

係助 格助 下二・用 補丁・ラ変・用 助動・強・体 終助 (代) 格助 係助 1 (代) 格助 格助 助動・断・用 係助
やはとて、うち出で侍りぬるぞ。おのが身はこの国の人にも
てばかりいられようかと思って、打ち明けてしまうのでございますよ。私の身はこの国の人でもありません。

ラ変・未 助動・打・終 格助 格助 助動・断・終 接 格助 ラ変・用 助動・過・体 格助 四・用 係助(係)
あらず。月の都の人なり。それを、昔の契りありけるによりなむ、
月の都の人です。それなのに、前世からの宿命があったことによって、

(代) 格助 格助 係助 カ変・用 助動・完・用 助動・過・体(結) 係助 四・終 助動・当・体 格助 四・用 助動・完・用
この世界にはまうで来たりける。今は帰るべきになりに
この地上の世界にやって参りました。今、帰らなければならない時になってしまったので、

助動・過・已 接助 (代) 格助 格助 格助 (代) 格助 格助 格助 下二・用 格助 カ変・未
ければ、この月の十五日に、かのもとの国より、迎へに人々まうで来
今月の十五日に、あの月の国から、私を迎えに人々がやって参るでしょう。

助動・推・終 四・未 助動・打・用 四・用 助動・強・終 助動・当・已 接助 四・未 助動・仮・体 格助 シク・体 格助 (代)
むず。さらずまかりぬべければ、おぼし嘆かむが悲しきことを、こ
やむを得ずどうしても行かなければなりませんので、(あなた方が)嘆き悲しまれるとしたらそれが悲しいことと、

格助 格助 四・用 補丁・ラ変・体 助動・断・終 格助 四・用 接助 シク・用 四・体 格助 (代) 係助 連
の春より思ひ嘆き侍るなり。」と言ひて、いみじく泣くを、翁、「こは、なでふ
この春から思い悩んでいるのでございます。」と言って、ひどく泣くのを(見て)、翁は、「これは、何という

四・体 終助 格助 格助 下二・用 補謙・下二・用 助動・完・用 助動・過・已 接助 2 格助
ことのたまふぞ。竹の中より見つけ聞こえたりしかど、菜種の
ことを言われるのか。(姫は私が)竹の中から見つけ申し上げたのだが、(そのときは、)菜種ぐらいの

サ変・未 助動・過・体 格助 (代) 格助 四・体 副助 四・用 補謙・四・用 助動・完・体 (代) 格助 格助
大きさおはせしを、わが丈立ち並ぶまで養ひ奉りたるわが子を、
大きさでいらっしゃったのを、私の背丈と同じぐらいに大きくなるまでお育て申し上げた、その私の子を、

係助(係) 下二・用 補謙・下二・未 助動・推・体(結) 副 四・未 助動・意・終 係助 格助 四・用 接助 (代) 係助(係)
何人か迎へ聞こえむ。まさに許さむや。」と言ひて、「我こそ
誰がいったいお迎え申し上げるのか。どうして許そうか(いや、許しはしない)。」と言って、「私のほうこそ

死な（ナ変・未） め（助動・意・已(結)）。」 とて（格助）、 泣きののしる（四・体） こと、 いと（副） 堪へがたげなり（ナリ・終）。

死んでしまいたい。」と、大声で泣きわめくことは、全く堪えられない様子である。

語句の解説 2

717 46ページ

3 **必《かなら》ず心《こころ》惑《まど》は《ワ》し給《たま》は《ワ》む《ン》ものぞ** 翁と嫗《おうな》が心乱れるだろうことを、かぐや姫が推察しているのである。

4 **さのみやはとて、うち出《い》で侍《はべ》りぬるぞ** 「さ」は、言わずにいることをさす。「うち出づ」は、「口に出して言う」の意。

1 「この国」とは、どこをさすか。

答 地上の世界。

6 **この世界《せかい》にはまう《モ》で来《き》たりける** 「この世界」は、月世界に対する地上の世界のこと。「まうで来《く》」は謙譲語。地上界を自分の故郷の月世界より高めて、敬意を表している。

教717 47ページ

2 **迎《むか》へ《エ》に** 格助詞「に」が動作の目的を表す場合は、連用形に付く。

2 **人々《ひとびと》まう《モ》で来《こ》む《ン》ず** 「来むず」は「来むとす」のつまったもの。

3 **さらずまかりぬべければ** 「さらず」は「避らず」で、「避けることができずに」の意。

3 **おぼし嘆《なげ》かむ《ン》が悲《かな》しきことを** 翁と嫗が思い嘆くだろうことが、自分にとって悲しいことであるのを。

2 「菜種の大きさ」とあるが、物語冒頭ではかぐや姫の大きさをどのように記しているか。

答 三寸ばかり(なる人)。717 四六

10 **まさに許《ゆる》さむ《ン》や** 「まさに」は、下に反語の「や」を伴って、「どうして…しようか(いや、…しない)」の意。

11 **泣《な》きののしる** 大声で泣きわめく。

【大　意】 3 教717 47ページ13行～48ページ2行

かぐや姫はこの国で長く楽しく過ごし、月の都に帰るのは悲しいばかりだと言って、ひどく泣いた。

【品詞分解／現代語訳】

かぐや姫 の（格助） いはく（連語）、「月 の（格助） 都 の（格助） 人 に（助動・断・用） て（接助）、 父母 あり（ラ変・終）。 片時 の（格助） 間 とて（格助）、

かぐや姫が言うには、「父母は、月の都の人です。ほんのわずかの間ということで、

かの国よりまうで来しかども、かくこの国にはあまたの年を経
（(代)・格助・格助・カ変・未・助動・過・已・接助・副・(代)・格助・格助・係助・副・格助・格助・下二・用）
月の国からやって参りましたが、このようにこの国で多くの年を過ごしてしまったのでしたよ。

ぬるになむありける。かの国の父母のこともおぼえず。

（助動・完・体・助動・断・用・係助(係)・ラ変・用・助動・詠・体(結)・(代)・格助・格助・格助・係助・下二・未・助動・打・終）

月の国の父母のことも覚えていません。

ここには、かく久しく遊び聞こえて、ならひ奉れり。いみじからむ
（(代)・格助・係助・副・シク・用・四・用・補謙・下二・用・接助・四・用・補謙・四・已・助動・存・終・シク・未・助動・婉・体）
この国では、このように長く楽しく過ごさせていただいて、なじみ親しみ申し上げています。（月の都へ帰るのは）うれしい

心地もせず。悲しくのみある。されど、おのが心ならず、

（係助・サ変・未・助動・打・終・シク・用・副助・ラ変・体・接・(代)・格助・助動・断・未・助動・打・用）

気持ちもしません。悲しいばかりです。けれども、自分の意志からではなく、

まかりなむとする。」と言ひて、もろともにいみじう泣く。

（四・用・助動・強・未・助動・意・終・格助・サ変・体・格助・四・用・接助・副・シク・用(音)・四・終）

月に帰ろうとしている（ことですよ）。」と言って、翁たちといっしょにひどく泣く。

語句の解説 3

717 47ページ

13 **いは《ワ》く**　動詞「いふ」の未然形に接尾語「く」の付いたもの。このように「く」を付けて活用語を体言化させる表現形式を「ク語法」という。

14 **片時《かたとき》の間《あいだ》とて**　「片時」は「一刻《とき》（約二時間）の半分」の意味で、ほんの短い間の意を表す。

15 **かくこの国《くに》にはあまたの年《とし》を経《へ》ぬるになむ《ン》ありける**　月の世界では「片時」でも、地上では長い年月なのである。

16 **遊《あそ》び聞《き》こえて**　楽しく過ごさせていただいて。

【大　意】　4　717 48ページ3～5行

召し使われる人たちもかぐや姫の優美さ愛らしさを思い、同じように嘆き悲しんだ。

【品詞分解／現代語訳】

四・未　助動・受・体　係助　四・用　接助　下二・用　助動・強・未　助動・婉・体　格助　副助
使は　るる　人々　も、年ごろ　ならひ　て、立ち別れ　な　む　こと　を、心ばへ　など
召し使われる人たちも、長年親しんで、ここで別れてしまうことを、姫の気立てが

ナリ・用　シク・用　助動・完・体　格助　四・用　接助　シク・未　助動・推・体　格助　ク・用
あてやかに　うつくしかり　つる　こと　を　見ならひ　て、恋しから　む　こと　の　堪へがたく、
品があって愛らしかったことなどを見慣れていて、(それゆえにここで別れてしまったらどんなに)恋しかろうと思う

四・未　助動・可・未　助動・打・用　3シク・体　格助　四・用　助動・過・終
湯水　飲ま　れ　ず、同じ　心　に　嘆かしがり　けり。
と堪えられそうになく、湯水ものどを通らないありさまで、(翁夫婦と)同じ思いで悲しんだ。

語句の解説 4

教717 48ページ

3 年《とし》ごろならひ《イ》て　何年もの間、慣れ親しんで。

3 立《た》ち別《わか》れなむ《ン》ことを　間の挿入句を隔てて、5行目の「同じ心に嘆かしがりけり」に続く。

5 同《おな》じ心《こころ》に　翁たちと同じ気持ちで、の意。

3 「同じ心」とは、どのような気持ちか。

答 翁たちと同様に、かぐや姫との別れを悲しむ気持ち。

学習の手引き

一 かぐや姫の二つの発言を次の観点から分析し、そこから読み取れることをまとめよう。

1 心情を表す形容詞
2 強調や感動の表現
3 敬語表現

解答例 【一つ目の発言】1「悲しき」717 四七・4／2「必ず〜ものぞ」717 四六・3、「さのみやは」717 四六・4、「〜なむ…ける」717 四六・6／3「申さ」「給は」717 四六・3、「侍り」717 四六・4 717 四六・5 717 四七・5、「まうで来」717 四六・6 717 四七・2、「まかり」717 四七・3、「おぼし嘆か」717 四七・3

〔読み取れること〕親の悲しみを思い、自分がここにいる事情をわかってもらおうとし、敬意をこめて丁寧に話している。

【二つ目の発言】1「悲しく」717 四八・1／2「〜なむ…ける」717 四七・15、「のみある」717 四八・1、「なむとする」717 四八・2／3「まうで来」717 四七・14、「聞こえ」717 四七・16、「奉れ」717 四七・16、「まかり」717 四八・2

〔読み取れること〕自分の悲しみを言い、長く暮らした地上の世界を去りがたく思う気持ちを、敬意をこめて丁寧に話している。

二 かぐや姫の告白を聞いた後の翁の言動を分析し、最も中心にある心情はどのようなものか、説明してみよう。

解答例 【一つ目の発言】私のほうこそ死んでしまおう、と言って泣きわめいた。月に帰るなど絶対に許さない、という心情。【二つ目の発言】かぐや姫といっしょにひどく泣く。悲しみの心情。

三 最終段落の「使はるる人々」（717 四八・3）の描写は、本文の展開上、どのような意味を持つか、説明してみよう。

解答例 かぐや姫との別れが、翁や嫗だけでなく召し使われる人々にとっても非常に悲しいものであることを記すことで、かぐや姫が多くの人に愛された、心の美しい人であることを強調している。

言葉の手引き

一 次の古語の意味を調べよう。

1いたし 717 四六・1　2うち出づ 717 四六・4
3まうで来 717 四六・6　4まかる 717 四七・3
5なでふ 717 四七・6　6まさに 717 四七・10
7ののしる 717 四七・11　8ならふ 717 四七・16
9年ごろ 717 四八・3　10心ばへ 717 四八・3
11あてやかなり 717 四八・3

解答例 1 ひどい　2 打ち明ける　3 参る。参上する。
4 おいとまする　5 何という。
6 どうして…か（いや、～ない）。　7 わめく
8 慣れ親しむ　9 長年　10 気立て　11 上品だ

二 次の傍線部の助動詞の意味を答えよう。

1 先々も申さむと思ひしかども、（717 四六・3）
2 迎へに人々まうで来むず。（717 四七・2）
3 おぼし嘆かむが悲しきことを、（717 四七・3）
4 いみじからむ心地もせず。（717 四八・1）

解答例 1 意志　2 推量　3 仮定　4 婉曲《えんきょく》

かぐや姫の昇天

【大　意】 1 教717 49ページ1行～50ページ2行

飛ぶ車を伴った天人たちが翁《おきな》の家に現れ、その中の王らしき人が、翁にかぐや姫を渡すように迫る。かぐや姫は、月の世界で罪を犯したため下界に下されたこと、そしてその罪を償う期間が終わったため、迎えに来たことなどを明かす。翁は別のかぐや姫だろうと言ったり、姫が重い病気だと言ったりしてごまかそうとするが、天人の不思議な力なのか、家の扉などが勝手に開き、かぐや姫が出てきてしまう。

【品詞分解／現代語訳】

立て（四・已） る（助動・存・体） 人ども は（係助） 装束 の（格助） 清らなる（ナリ・体） こと、もの に（格助） も（係助） 似（上一・未） ず（助動・打・終）。 飛ぶ（四・体） 車 一つ 具し（サ変・用）

立っている天人たちは、（その着ている）衣装の美しいことは、他の何ものにも似ていない。（空を）飛ぶ車を一台伴っている。

助動・存・終 四・用 助動・存・終 (代) 格助 格助 格助 シク・体 格助 カ変・命 格助 四・体
たり。羅蓋 さし たり。その 中 に 王 と おぼしき 人、家 に、「造麻呂、まうで来。」と 言ふ
薄い絹織物を円形に張った傘を差している。その(車の)中の王と思われる人が、(翁の)家に向かって「造麻呂、出て来なさい。」と言うと、

接助 ク・用 四・用 助動・完・体 係助 格助 四・用 助動・完・体 サ変・用 接助 格助 四・已 助動・存・終
に、猛く 思ひ つる 造麻呂 も、もの に 酔ひ たる 心地 し て、うつぶし に 伏せ り。
勇ましく思っていた造麻呂も、何かに酔ったような気持ちがして、うつ伏せになって横たわっている。

(連語) (代) ク・体 ナリ・体 格助 四・用 助動・過・体 格助 四・用 接助 (代) 格助
いはく、「なむぢ、をさなき 人。いささかなる 功徳 を 翁 作り ける に より て、なむぢ が 助け
(天人の王が)言うには、「おまえ、未熟な者よ。わずかな善行を翁が成したことによって、おまえの助けに

格助 格助 格助 格助 1 四・用 助動・過・体 接助 副 格助 副 格助 四・用 接助 格助
に とて、かた時 の ほど とて 下し し を、そこら の 年ごろ、そこら の 黄金 給はり て、身 を
しようとして、わずかな間ということで(かぐや姫を地上に)下したのだが、長年の間、たくさんの黄金をいただいて、

下二・用 助動・完・体 格助 助動・比(語幹) 1 四・用 助動・完・用 助動・存・終 係助 格助 四・用 補尊・四・已 助動・完・用 助動・過・已
変へ たる が ごと なり に たり。かぐや姫 は、罪 を 作り 給へ り けれ
生まれ変わったようになってしまっている。かぐや姫は、(月の世界で)罪を犯しなさったので、

接助 副 シク・体 (代) 格助 格助 副 サ変・用 助動・完・体 助動・断・終 格助 下二・用 助動・完・已 接助
ば、かく いやしき おのれ が もと に、しばし おはし つる なり。罪 の 限り 果て ぬれ ば
このような身分の低いおまえのもとに、しばらくいらっしゃったのだ。罪を償う(ために下界に下った)期限が終わったので

副 下二・体 接助 係助 四・終 四・未 助動・打・体 助動・断・終 副 四・用 補謙・四・命 格助 四・終 下二・用
かく 迎ふる を、翁 は 泣き嘆く、あたは ぬ こと なり。はや 出だし 奉れ。」と 言ふ。翁 答へ
こうして迎えるというのに、翁は、泣いたり嘆いたりするが、(かぐや姫を引き止めることは)できないことだ。早く(姫を)お出し申せ。」と言う。翁が

接助 四・体 格助 四・用 補謙・四・体 格助 四・用 助動・完・終 格助 四・体 接助 シク・用
て 申す、「かぐや姫 を 養ひ 奉る こと 二十余年 に なり ぬ。かた時 と のたまふ に、あやしく
(それに)答えて申し上げるには、「かぐや姫を養い申し上げること二十年余りになりました。わずかな間とおっしゃるので、不思議に

四・用 補丁・ラ変・用 助動・完・終 副 格助 格助 四・体 係助(係) サ変・終 助動・現推・体(結) 格助 四・終 (代)
なり 侍り ぬ。また 異所 に、かぐや姫 と 申す 人 ぞ おはす らむ。」と 言ふ。「ここ
思うようになりました。また別の所に、かぐや姫と(人が)申し上げる人がいらっしゃるのでしょう。」と言う。「ここに

格助　サ変・体　係助　ク・体　格助　サ変・用　補尊・四・已　接助　副　下二・用　補尊・四・終　助動・打推・終　格助　四・已　接助
に　おはする　かぐや姫　は、重き　病　を　し　給へ　ば、え　出で　おはします　まじ。」と　申せ　ば、
いらっしゃるかぐや姫は、重い病にかかっておいでなので、お出になることはできますまい。」と申し上げると、

(代)　格助　係助　ク・用　接助　格助　格助　四・体　格助　下二・用　接助　感　ク・体　格助
そ　の　返り事　は　なく　て、屋　の　上　に　飛ぶ　車　を　寄せ　て、「いざ、かぐや姫。きたなき　所　に、
その返事はなく、屋根の上に飛ぶ車を寄せて、「さあ、かぐや姫。(このような)けがれた所に、

副　係助(係)　シク・用　サ変・未　助動・適・体(結)　格助　四・終　下二・用　助動・完・体　格助　副　副　四・用　格助
いかで　か　久しく　おはせ　む。」と　言ふ。立て込め　たる　所　の　戸、すなはち、ただ　開き　に
どうして長くいらっしゃってよいものか(いや、よくない)。」と言う。(かぐや姫を)かくまっている塗籠の戸は、すぐに、すっかり開いてしまった。

四・用　助動・完・終　係助　係助　ク・用　接助　四・用　助動・完・終　四・用　接助　上一・用　助動・完・体　格助
開き　ぬ。格子ども　も、人　は　なく　して　開き　ぬ。嫗　抱き　て　ゐ　たる　かぐや姫、外　に
格子なども、(開ける)人はいないのに開いてしまった。嫗が抱いていたかぐや姫は、外に出て

下二・用　助動・完・終　副　下二・終　助動・打推・已　接助　副　四・用　接助　2　四・用　ラ変・終
出で　ぬ。え　とどむ　まじけれ　ば、ただ　さし仰ぎ　て　泣き　をり。
しまった。引きとめることができそうにないので、(嫗はかぐや姫の姿を)ただ見上げて泣いている。

語句の解説 1

教717 49ページ

1 **清《きよ》らなる**　美しい。華麗な。

1 **ものにも似《に》ず**　他の何ものにも似ていない。比べるものもないほどはなはだしいことを表す。

4 **いは《ワ》く**　言うことには。動詞「いふ」に「く」がついて名詞化したもの。ク語法という。

4 **いささかなる功徳《くどく》**　「いささかなる」は形容動詞。「いささか」で副詞の場合もある。「功徳」は仏教語で善い行いのこと。

1　「下しし」「なりにたり」とは、それぞれ誰のことを言っているか。

答　「下しし」…かぐや姫。「なりにたり」…翁(＝造麻呂)。

5 **そこらの年《とし》ごろ**　長年の間。「そこら」は「たくさん、多く」の意味の副詞。直前では「かた時のほど」(＝わずかな間)と言っているのに、ここでは「長年の間」と言う。月の世界と下界での時間の流れ方の違いがわかる。

5 **そこらの黄金《こがね》**　翁は、かぐや姫を見つけた後、竹の中に黄金を見つけ、裕福になった。

6 **身《み》を変《か》へ《エ》たるがごと**　生まれ変わったように。「ごと」は比況の助動詞「ごとし」の語幹相当部分。

8 **あたは《ワ》ぬことなり**　「あたふ」は、漢字で表記すると「能ふ」で、

「できる」という意味の動詞。後に打消の言葉を伴うことが多い。ほかに、「ふさわしい」「納得がいく」などの意味もある。

12 **え出《い》でおは《ワ》しますまじ**　お出になることはできますまい。「え」は後に打消の言葉を伴って「…できない」の意味。「おはします」はここでは尊敬の補助動詞。

13 **いかでか久《ひさ》しくおは《ワ》せむ《ン》**　どうして長くいらっしゃってよいものか(いや、よくない)。

「いかでか」は反語。「む」は「か」の結びで連体形。

2 教717 50ページ　「泣きをり」の主語は誰か。

答　嫗《おうな》。

【大意】2 教717 **50ページ3〜12行**

かぐや姫は、竹取の翁が泣き伏している所に近寄り、心ならずも月に帰る自分を見送ってほしい、と言うが、翁は悲しみにくれて嘆くばかりで、それを見るかぐや姫も心乱れてしまう。泣きながら翁たちへの手紙を書き残すのだった。

【品詞分解／現代語訳】

四・用　接助　四・已　助動・存・体　格助　四・用　接助　四・体　(代)　格助　係助　助動・断・用　係助
竹取 心 惑ひ て 泣き伏せ る 所 に 寄り て、かぐや姫 言ふ、「ここ に も、心 に も
竹取の翁が心を乱して泣き伏している所に近寄って、かぐや姫が言うには、「私としても、心ならずも

ラ変・未　接助　副　四・体　接助　四・未　助動・婉・体　格助　副助　四・用　補尊・四・命　格助　四・已　接助　副　シク・体
あら で かく まかる に、昇ら む を だに 見送り 給へ。」と 言へ ども、「何しに、悲しき
こうしておいとましますのに、せめて(月に)昇るのだけでもお見送りくださいませ。」と言うのだが、「どうして、(これほど)

接助　四・用　補謙・四・未　助動・意・体　(代)　格助　副　サ変・命　格助　下二・用　接助　係助　四・用　補尊・四・体　終助　サ変・用　接助　上一・用
に、見送り 奉ら む。我 を いかに せよ とて、捨て て は 昇り 給ふ ぞ。具し て 率
悲しいのに、お見送り申し上げようか。私をどのようにせよといって、捨てて(月に)お昇りになるのですか。(私を)いっしょに

接助　サ変・未　終助　格助　四・用　接助　四・已　助動・存・已　接助　四・用　助動・完・終　格助　四・用　接助　四・未　助動・意・終
て おはせ ね。」と、泣き て 伏せ れ ば、[3] 心 惑ひ ぬ。「文 を 書き置き て まから む。
連れていらしてください。」と泣いて伏しているので、(かぐや姫も)心乱れてしまった。「手紙を書き残しておいとましましょう。

シク・未　助動・婉・体　下二・用　接助　上一・用　補尊・四・命　格助　四・用　接助　四・体　係助
恋しから む 折々、取り出で て 見 給へ。」とて、うち泣き て 書く 言葉 は、
(私を)恋しく思うような時には、(その手紙を)取り出して御覧ください。」と言って、泣きながら書く言葉は、

(代) 格助 格助 下二・用 助動・完・体 格助 助動・断・未 接助 四・未 助動・使・用 補謙・四・未 助動・打・体 副助
「こ の 国 に 生まれ ぬる と なら ば、嘆か せ 奉ら ぬ ほど まで
「この国に生まれたというのであれば、(翁たちを)嘆かせ申し上げないころまでお仕えしましょう。

ラ変・未 助動・意・終 下二・用 助動・強・体 副 ク・用 係助(係) 下二・用 補丁・ラ変・已(結) 四・体
侍ら む。過ぎ別れ ぬる こと、返す返す、本意なく こそ おぼえ 侍れ。脱ぎ置く 衣
(でもそうではないので、人間界にいる期間が)過ぎて別れてしまうことは、返す返すも、不本意に思われます。脱いで残しておく

格助 格助 上一・用 補尊・四・命 格助 下二・用 助動・存・未 助動・婉・体 係助 下二・用 補尊・四・命 下二・用 補謙・四・用
を 形見 と 見 給へ。月 の 出で たら む 夜 は、見おこせ 給へ。見捨て 奉り
衣を形見として御覧ください。月が出ているような夜は、(自分がいる月のほうを)見てください。(お二人を)見捨て申し

接助 四・体 格助 係助 上二・用 助動・強・終 助動・推・体 サ変・体
て まかる 空 より も、落ち ぬ べき 心地 する。」
上げておいとまする空から、(悲しみのあまり)落ちてしまいそうな気持ちがします。」

格助 四・終
と 書き置く。
と書き置く。

語句の解説 2

教717 50ページ

4 **昇《のぼ》らむ《ン》をだに見送《みおく》り給《たま》へ《エ》**　「だに」は「せめて…だけでも」の意味を表す副助詞。

4 **何《なに》しに**　後に推量(ここでは意志)の語を伴って反語の意味を表す。文末は、「何しに」に対応して連体形で結んでいる。

5 **我《われ》をいかにせよとて、捨《す》てては昇《のぼ》り給《たま》ふ《ウ》ぞ**　「我を」は「捨てては昇り給ふぞ」にかかる。「いかにせよ」は、「どのようにしろ」。かぐや姫が行ってしまった後、「どうしろというのか」の意。

5 **具《ぐ》して率《い》ておは《ワ》せね**　いっしょに連れていらしてください。「具す」「率《ゐ》る」ともに「連れていく、いっしょにいく」などの意味。「ね」は、終助詞で、他に対する願望を表す。

3 「心惑ひぬ」の主語は誰か。

答 かぐや姫。

9 **本意《ほい》なくこそおぼえ侍《はべ》れ**　「本意なく」は、形容詞「本意なし」の連用形で、「不本意である」意。「こそ」の結びが「侍れ」で、ラ変の補助動詞「侍り」の已然形。不本意に思っているのは、「過ぎ別れぬること」。

11 **落《お》ちぬべき心地《ここち》する**　「ぬ」は強意の助動詞「ぬ」の終止形。「べき」は推量の助動詞「べし」の連体形。

【大意】 3 教717 50ページ13行～51ページ7行

天人たちは、かぐや姫に不死の薬を飲ませたり、天《あま》の羽衣《はごろも》を着せたりしようとするが、かぐや姫は天の羽衣を着ると心が変わってしまうと言って、天人たちを待たせたまま、慌てる様子もなく帝《みかど》への手紙を書く。

【品詞分解／現代語訳】

格助　格助　四・未　助動・使・用　助動・存・体　ラ変・終　四・已　助動・存・終　副　(連語)　格助　四・已

天人 の 中 に 持た せ たる 箱 あり。天の羽衣 入れ り。また あるは、不死 の 薬 入れ

天人の中の一人に持たせている箱がある。（一つには）天の羽衣が入っている。またもう一つある箱には、不死の薬が入っている。

助動・存・終　格助　四・体　助動・存在・体　四・命　ク・体　格助　四・用　助動・完・已　接助

り。 一人 の 天人 言ふ、「壺 なる 御薬 奉れ。きたなき 所 の もの 聞こしめし たれ ば、

一人の天人が言うには、「壺の中にあるお薬をお飲みください。けがれた所の食べ物を召し上がったので、

シク・未　助動・推・体　(連語)　格助　四・用　助動・完・已　接助　ナリ(語幹)　下二・用　補尊・四・用　接助　副

御心地 あしから む ものぞ。」とて、持て寄り たれ ば、わづか なめ 給ひ て、少し 形見

ご気分が悪いにちがいない。」と言って、（薬を）持って近寄ったので、（かぐや姫は）少しだけおなめになって、少々形見にとい

格助　四・体　格助　四・未　助動・意・終　格助　サ変・已　接助　ラ変・体　四・未　助動・使・未　助動・打・終　格助　下二・用

とて、脱ぎ置く 衣 に 包ま む と すれ ば、ある 天人 包ま せ ず。御衣 を 取り出で

って、脱いで残す衣に包もうとすると、（そこに）いる天人が包ませない。天の羽衣を取り出して

接助　下二・未　助動・意・終　格助　サ変・終　(代)　格助　格助　副　四・命　格助　四・終　下二・用　助動・完・体

て 着せ む と す。その とき に、かぐや姫、「しばし 待て。」と 言ふ。「衣 着せ つる 人

（かぐや姫に）着せようとする。そのときに、かぐや姫は、「ちょっと待ちなさい。」と言う。「天の羽衣を着せ（られ）た人は、

係助　4　ナリ・用　四・体　助動・断・終　格助　四・終　四・終　助動・義・体　ラ変・用　助動・詠・終　格助　四・用　接助

は、心 異に なる なり と いふ。もの ひとこと 言ひ置く べき こと あり けり。」と 言ひ て、

心が変わってしまうという。ひとこと言っておかなければならないことがあったのですよ。」と言って、

四・終　ク・終　格助　四・用　補尊・四・終　四・未　助動・打・体　副　四・用

文 書く。天人、「遅し。」と 心もとながり 給ふ。かぐや姫、「もの 知ら ぬ こと、な のたまひ

手紙を書く。天人は、「遅い。」とじれったがりなさる。かぐや姫は、「ものの道理を解さないようなことを、おっしゃいますな。」

そ(終助)。」とて(格助)、いみじく(シク・用) 静かに(ナリ・用)、おほやけ に(格助) 御文 奉り(四・用) 給ふ(補尊・四・終)。あわて(下二・未) ぬ(助動・打・体) さま なり(助動・断・終)。

と言って、とても静かに、帝にお手紙を差し上げなさる。慌てない様子である。

語句の解説 3

教717 50ページ

13 **あるは**　ラ変動詞「あり」の連体形＋係助詞「は」。

14 **聞《き》こしめしたれば**　「聞こしめす」には①「お聞きになる」、②「ご承知なさる」、③「召し上がる」、④「お治めになる」などの意味があり、ここは③。

教717 51ページ

4　**「心異《こと》になる」という具体的な変化は、以下の文章にどのように書かれているか。**

答　「ふと天の羽衣うち着せ奉りつれば、翁を、いとほしく、かなしとおぼしつることも失せぬ。」717 五二・4

4 **心《こころ》もとながり給《たま》ふ**　「心もとながり」は、動詞「心もとながる」の連用形。「がる」は接尾語で、「心もとなし」という形容詞を動詞化している。「給ふ」は、天人に対する敬意を表す。

【大　意】 4　教717 51ページ8行～52ページ6行

手紙の中で帝への思いを述べ、歌によむかぐや姫。その手紙と不死の薬の壺《つぼ》を頭中将《とうのちゅうじょう》に託すと、天人は天の羽衣を着せる。すると、別れをつらく悲しいものと感じていたもの思いもなくなり、かぐや姫は天人たちとともに天へ昇って行った。

【品詞分解／現代語訳】

「かく(副)、あまた(副) の(格助) 人 を(格助) 給ひ(四・用) て(接助) とどめ(下二・未) させ(助動・尊・用) 給へ(補尊・四・已) ど(接助)、許さ(四・未) ぬ(助動・打・体) 迎へ まうで来(カ変・用) て(接助)、

「このように、大勢の人を(差し向けて)いただき(私を)お引きとめなさいましたが、(拒むことを)許さない迎えがやって参りまして、

取り率(上一・用) て(接助) まかり(四・用) ぬれ(助動・強・已) ば(接助)、くちをしく(シク・用) 悲しき(シク・体) こと。宮仕へ つかうまつら(四・未) ず(助動・打・用) なり(四・用) ぬる(助動・完・体) も(係助)、

(私を)召し連れて行ってしまうので、残念で悲しいことです。宮仕えにお仕え申し上げないままになってしまったのも、

かく(副) わづらはしき(シク・体) 身 に(助動・断・用) て(接助) 侍れ(補丁・ラ変・已) ば(接助)。心得(下二・未) ず(助動・打・用) おぼしめさ(四・未) れ(助動・自・用) つ(助動・強・終) らめ(助動・現推・已)
このようにわずらわしい身でございますから(なのです)。納得がいかないときっとお思いになったことでしょうけれども、

ども(接助)、心強く(ク・用) 承ら(四・未) ず(助動・打・用) なり(四・用) に(助動・完・用) し(助動・過・体) こと、なめげなる(ナリ・体) もの に(格助) おぼしめしとどめ(下二・未) られ(助動・受・用)
強情にお引き受け申し上げないままになってしまったこと、無礼な者であるとご記憶におとどめになられてしまうことが、

ぬる　なむ、心　に　とどまり　侍り　ぬる。」
助動・完・体　係助(係)　格助　四・用　補丁・ラ変・用　助動・完・体(結)
心にかかっております。」

とて、
格助
と書いて、

今　は　とて　天の羽衣　着る　折　ぞ　君　を　あはれ　と　思ひ出で　ける
係助　格助　上一・体　係助(係)　格助　ナリ(語幹)　格助　下二・用　助動・詠・体(結)
今はこれまでと天の羽衣を着るそのときに、帝のことをしみじみと思い出したことですよ。

とて、壺　の　薬　添へ　て、頭中将　呼び寄せ　て、奉ら　す。中将　に、天人　取り　て　伝ふ。中将　取り
格助　格助　下二・用　接助　下二・用　接助　四・未　助動・使・終　格助　四・用　接助　下二・終　四・用
とよみ、壺の薬を(その手紙に)添えて、頭中将を呼び寄せて、(帝に)献上させる。中将に、天人が受け取って取りつぐ。中将が受け取った

つれ　ば、ふと　天の羽衣　うち着せ　奉り　つれ　ば、翁　を、いとほしく、かなし　と　おぼし　つる
助動・完・已　接助　副　下二・用　補謙・四・用　助動・完・已　接助　格助　シク・用　シク・終　格助　四・用　助動・完・体
ので、さっと(天人がかぐや姫に)天の羽衣をお着せ申し上げたので、翁を、かわいそうに、いとおしいとお思いになっていた

こと　も　失せ　ぬ。この　衣　着　つる　人　は、もの思ひ　なく　なり　に　けれ　ば、車　に
係助　下二・用　助動・完・終　(代)　格助　上一・用　助動・完・体　係助　四・用　助動・完・用　助動・過・已　接助　格助
ことも消え失せてしまった。この衣を着てしまった人は、思い悩むこともなくなってしまったので、(空飛ぶ)車に

乗り　て、百人　ばかり　天人　具し　て、昇り　ぬ。
四・用　接助　副助　サ変・用　接助　四・用　助動・完・終
乗って、百人ほどの天人を従えて、天に昇っていってしまった。

語句の解説 4

教717 51ページ

12 **かくわづ《ズ》らは《ワ》しき身《み》にて侍《はべ》れば**　この部分は、すぐ前の「宮仕へつかうまつらずなりぬる」ことの理由を示している。

5 「心得ず」とは、何に対するものか。

答 かぐや姫が宮仕えをしなかったこと。

13 **心強《こころづよ》く**　強情に。「心強し」には、「我慢強い」の意味もある。

14 **なめげなるものに**　無礼な者であると。「無礼な者」はかぐや姫自身をさす。帝にそのように思われたま

まなのが心残りであると言っている。

教717 52ページ

学習の手引き

一 第一段落の天人の王と翁とのやりとりについて

1 天人の王の発言から、人間界に対するどのような意識が読み取れるか、説明してみよう。

2 天人の王に対する翁の抗弁を分析し、発言の意図をまとめてみよう。

解答例 1 居丈高な発言の様子から、人間界を天人界より下位にあるものと見なす意識。

2 王が「かた時」717 四九・5と言ったのをとらえて、王の言うかぐや姫は、ここにいるかぐや姫ではない、と反論する意図。

二 第二段落と第三段落のかぐや姫の手紙には、それぞれどのような心情が綴られているか、まとめてみよう。

解答例 ・第二段落の手紙…翁と別れるのは本心からではないことや、残してゆく衣を形見と思い、月の出る夜には見上げてほしいなど、翁との別れを悲しみ、つらく思う心情。

・第三段落の手紙…多くの警護の人を派遣してくれたことへの感謝の気持ちと、帰らざるを得ないことを申し訳なく思う心情。また、宮仕えできなかったことへのお詫《わ》びと、帝に無礼な者と思われるままになってしまうのを残念に思う心情。

5 もの思《おも》ひ《イ》なくなりにければ 「もの思ひ」は、「思い悩むこと」。天の羽衣を着ると、「もの思ひ」がなくなってしまうのである。

三 「天の羽衣」は、一般的には空を飛ぶための霊力があるとされるが、この話では別の力を付与することで、物語にどのような効果をもたらしているか。各自の考えを述べ合おう。

考え方 「別の力」は第三段落の後半に書かれている。天の羽衣を着ると、翁を思う気持ちも、悩みもなくなってしまう。つまり、人情がなくなってしまうのだから、羽衣の神秘的な力をいっそう強く感じさせ、物語の不思議さを強調する効果などが考えられる。地上界の人間の無力さの観点から考えてみてもよい。

言葉の手引き

一 次の古語の意味を調べよう。

1 清らなり 717 四九・1　2 具す 717 四九・1
3 そこら 717 四九・5　4 あたふ 717 四九・8
5 すなはち 717 四九・14　6 何しに 717 五〇・4
7 本意なし 717 五〇・9　8 聞こしめす 717 五〇・14
9 あし 717 五〇・15　10 心もとながる 717 五一・4
11 おほやけ 717 五一・6　12 心得 717 五一・13
13 なめげなり 717 五一・14　14 いとほし 717 五二・4
15 かなし 717 五二・4

解答例 1 美しい　2 伴う　3 たくさん。多く。
4 できる　5 すぐに　6 どうして…か(いや、～ない)。

7 不本意だ　8 召し上がる　9 悪い
10 じれったがる　11 帝　12 納得する　13 無礼だ
14 かわいそうだ　15 いとおしい

二 次の傍線部の語の意味・用法を答えよう。

1 壺なる御薬奉れ。(717 五〇・14)
2 おほやけに御文《ふみ》奉り給ふ。(717 五一・6)
3 ふと天の羽衣うち着せ奉りつれば、(717 五三・4)

解答例
1 動詞「奉る」の命令形。「食べる、飲む」などの意味の尊敬語。
2 動詞「奉る」の連用形。「差し上げる」の意味の謙譲語。
3 謙譲の補助動詞「奉る」の連用形。「お…申し上げる」。

言語活動　竹取の翁《おきな》と嫗《おうな》

※教719では、学習しません。

教717 P.53

活動の手引き

一 「五人の貴公子たち」の求婚譚の中で、竹取の翁がどのような発言や行動をしているかを調べ、そこから読み取れる翁の人物像についてまとめてみよう。

解答例
〔発言や行動〕竹取の翁は、貴公子たちの意向をかぐや姫に伝え、かぐや姫の意向を貴公子たちに伝える仲介的な役割を果たしている。かぐや姫は結婚の話には消極的で、翁もそのことはよく承知しているが、一方で結婚するのが世の中の道理だとさとし、ついにかぐや姫に、貴公子たちにそれぞれの宿題を出させるところまでこぎつける。それに応えて、貴公子たちが「ゆかしきもの」を持ってきたときも、まずは翁が受け取り、翁はそれを本物と信じてかぐや姫に見せている。しかし、かぐや姫が嘘《うそ》を見破ると、それ以上無理強いすることはしない。
〔翁の人物像〕かぐや姫の幸福を願う親心の持ち主で、貴公子たちの持参したにせものを本物と信じて疑わない、人のよい善良な人物。かぐや姫に結婚してほしいと願っているが、姫の気持ちも大事にする、誠実な人物である。

二 『竹取物語』全体を通して、嫗がどのような場面に登場し、どのような役割を果たしているかを調べて、わかったことを発表してみよう。

解答例
〔嫗の登場する場面〕嫗は確かに出番は少ないが、翁がかぐや姫を家に連れて帰ったときや、阿倍《あべ》のみむらじが皮衣《かわぎぬ》を持参したとき、かぐや姫が月を見てもの思いに沈んでいるとき、月から迎えが来たときなど、大事な場面には必ず登場している。ただし、ほとんどが翁といっしょで、ときには「親」という一括《ひとくく》りの名称で呼ばれている。唯一、独自の存在感を示しているのは、「帝の求婚」の場面で、帝の使いの内侍《ないし》中臣房子《なかとみのふさこ》が訪れた場面である。
〔役割〕嫗は翁の補助的な役割だが、結婚に関する使いとして内侍が訪れたときには、翁に代わって嫗が対応している。

言語活動　貴族の生活と年中行事

教717 P.54　教719 P.50

活動の手引き

一　平安時代にはどのような年中行事があったかを調べ、月ごとに一覧表にしてみよう。また、この中から現在も行われている行事を指摘してみよう。

（＊）は今も行われている行事。

一月
- 四方拝《しほうはい》（＊）
- 元日節会《がんじつのせちえ》
- 白馬節会《あおうまのせちえ》
- 人日《じんじつ》（七種《ななくさ》）（＊）
- 県召除目《あがためしのじもく》
- 粥《かゆ》の木《き》（粥杖）
- 射礼《じゃらい》
- 賭弓《のりゆみ》
- 子《ね》の日《ひ》の遊《あそ》び
- 初卯《はつう》

二月
- 祈年祭《としごいのまつ》り
- 涅槃会《ねはんえ》（＊）
- 彼岸会《ひがんえ》（＊）

三月
- 上巳《じょうし》（＊）
- 曲水《きょくすい》の宴《えん》

四月
- 更衣《ころもがえ》
- 灌仏会《かんぶつえ》（＊）
- 賀茂《かも》の祭《まつ》り（＊）

五月
- 端午《たんご》（＊）
- 賀茂競馬《かものくらべうま》（＊）

六月
- 大祓《おおはらえ》（＊）

七月
- 七夕《たなばた》（乞巧奠《きこうでん》）（＊）
- 盂蘭盆会《うらぼんえ》（＊）
- 相撲節《すまいのせち》

八月
- 仲秋観月《ちゅうしゅうかんげつ》（＊）
- 石清水放生会《いわしみずほうじょうえ》（＊）
- 彼岸会《ひがんえ》（＊）

九月
- 重陽《ちょうよう》
- 司召除目《つかさめしのじもく》

十月
- 更衣《ころもがえ》
- 亥《い》の子《こ》の祝《いわ》い（＊）

十一月
- 新嘗祭《にいなめまつ》り（＊）
- 豊明節会《とよのあかりのせちえ》
- 五節《ごせち》

十二月
- 御仏名《おぶつみょう》
- 荷前《のさき》
- 大祓《おおはらえ》
- 追儺《ついな》（鬼遣《おにや》らい）（＊）

★各行事の内容を調べ、簡単に説明してみよう。また、二についても図書館などで調べよう。

日記(一)

●日記文学

紀貫之《きのつらゆき》『土佐日記《とさにっき》』に始まる日記文学は、その後、藤原道綱母《ふじわらのみちつなのはは》『蜻蛉《かげろう》日記』、『和泉式部《いずみしきぶ》日記』、『紫式部《むらさきしきぶ》日記』、菅原孝標女《すがわらのたかすえのむすめ》『更《さら》級《しな》日記』と、女性の手によるものが続く。

日記文学は、過去を回想する形で自伝的に述べたものが多く、作者の心情や人生観が色濃く表れるのが特徴である。これらの作品のうち、『蜻蛉日記』は結婚生活、『和泉式部日記』は恋愛の模様、『紫式部日記』は宮廷生活を中心に述べており、それぞれの作者の心情や考えを克明に読み取ることができる。

『蜻蛉日記』は、藤原兼家《かねいえ》との二十一年間の結婚生活を回想した日記であり、一夫多妻社会で苦悩する作者の内面が細かく描かれている。藤原道綱母は、歌人としても有名である。

『和泉式部日記』は、作者和泉式部と、敦道《あつみち》親王との十か月の恋愛をつづった日記である。贈答歌が中心になっており、和歌が重要なはたらきを持っている。

蜻《かげ》蛉《ろふ》日記　藤原道綱《みちつな》母《はは》

※教719では、「言語活動　『源氏物語』と政治」(本書171ページ)の後に学習します。

教717 P.56～P.59
教719 P.80～P.83

うつろひたる菊

【大　意】 1　教717 56ページ1～6行　教719 80ページ1～6行

九月ごろ、作者は、兼家がほかの女に送ろうとした手紙を見つけた。あきれた作者は、手紙を見つけたことを兼家に悟らせる和歌を書きつけた。十月の末ごろ、兼家が三晩続けて姿を見せないときがあったが、兼家は、来ると素知らぬ様子で思わせぶりなことを言うのだった。

【品詞分解／現代語訳】

九月	ばかり	に	なり	て、	出で	に	たる	ほど	に、	箱	の	ある	を、	手まさぐり	に	開け	て
	副助	格助	四・用	接助	下二・用	助動・完・用	助動・完・体		格助		格助	ラ変・体	格助		格助	下二・用	接助

九月ごろになって、(兼家が)出ていった間に、(私は)文箱があるのを(見つけて)、何の気なしに開けて見ると、

見れ ば、人 1 の もと に やら む と し ける 文 あり。あさましさ に、見 て
（上一・已 接助 格助 格助 四・未 助動・意・終 格助 サ変・用 助動・過・体 ラ変・終 格助 上一・用 助動・強・用）
ほかの女の人のところに送ろうとした手紙がある。思いがけないことにあきれ、確かに見たのだ

けり と だに 知ら れ む と 思ひ て、書きつく。

（助動・詠・終 格助 副助 四・未 助動・受・未 助動・意・終 格助 四・用 接助 下二・終）

ということだけでも(兼家に)知られ(るようにし)ようと思って、書きつける。

うたがはし ほか に 渡せ る ふみ 見れ ば ここ や とだえ に なら む と す らむ
（シク・終 格助 四・已 助動・完・体 上一・已 接助 (代) 係助(係) 格助 四・未 助動・推・終 格助 サ変・終 助動・現推・体(結)）
疑わしい。ほかの女の人に渡した手紙を見ると、こちらへ来るのは途絶えようとしているのでしょうか。

など 思ふ ほど に、むべなう、十月 つごもり方 に、三夜 しきり て 見え ぬ とき あり。つれなう
（副助 四・体 格助 副 格助 四・用 接助 下二・未 助動・打・体 ラ変・終 ク・用(音)）
などと思う間に、予想したとおり、十月の末ごろに、三晩続けて(兼家が)姿を見せないときがある。(兼家は、来ると)素知らぬ

て、「しばし 試みる ほど に。」など、けしき あり。

（接助 副 上一・体 格助 副助 ラ変・終）

様子で、「しばらくあなたの気持ちを確かめているうちに(日が過ぎてしまった)。」などと、思わせぶりな態度である。

語句の解説 1

教717 56ページ　教719 80ページ

1 手《て》まさぐりに開《あ》けて見《み》れば　何の気なしに開けて見ると。
「手まさぐり」は、手先でいじること。

2 あさましさ　形容詞「あさまし」からできた名詞。「あさまし」は、意外で驚きあきれる感じを表す。

5 むべなう《ノウ》　予想したとおり。
「うたがはし」と思っていたら「三夜《みよ》しきりて見えぬとき」があった(三晩続けて通うと結婚が成立した)ので、思ったとおりだという気持ちを表している。「むべなう」は、『蜻蛉日記』に数例見られる特異語とされる。

1　「人」はどのような人をさすか。

答　ほかの女の人。

【大意】 2 教717 56ページ7行〜57ページ9行 教719 80ページ7行〜81ページ9行

兼家のあとをつけさせると、町小路《まちのこうじ》のある所で車を止めたと言ってきた。たいそうつらく思っているうち、夜明け前に、門をたたく音がした。兼家が来たと思うけれども、つらくて門を開けさせないでいると、兼家は例の家と思われる所へ行ってしまった。翌朝、独り寝を嘆く歌を、色の褪《あ》せ始めた菊にさして兼家のもとに贈った。その返事には、急用の役人が来合わせたなどと言い訳があった。素知らぬ顔をして女のもとに通っている兼家に対して、作者はこのうえなく不愉快な思いを抱くのだった。

【品詞分解／現代語訳】

(代) 格助 格助 下二・終 助動・不推・用 助動・詠・終 格助 下二・体 接助 下二・未 接助 格助 下二・用
これ より、夕さりつ方、「内裏 に 逃る まじかり けり。」とて 出づる に、心得 で、人 を つけ
ここ(この家)から、夕方、「宮中に行かざるを得ないのだったよ。」と(兼家が)言って出ていくので、納得がいかず、人にあとをつけさせ

接助 下二・已 接助 助動・存在・体 (代) 格助 係助(係) 四・用 補尊・四・用 助動・完・体(結) 格助 カ変・用 助動・完・終
て 見すれ ば、「町小路 なる そこそこ に なむ、とまり 給ひ ぬる。」とて 来 たり。
て(様子を)見させたところ、(その者が)「町小路にあるどこそこに、(兼家の車が)お止まりになりました。」と言って帰ってきた。

(連語) 格助 シク・用(音) ク・終 格助 四・已 接助 四・未 助動・婉・体 係助 四・未 接助 ラ変・体 格助
さればよ と、いみじう 心憂し と 思へ ども、言は む やう も 知ら で ある ほど に、二、
やっぱりと、たいそうつらいと思うけれども、どう言うかというようなすべもわからないでいるうちに、二、

副助 ラ変・用 接助 格助 格助 四・体 ラ変・終 副 助動・断・体(音) 助動・定・終 格助 四・体 接助 ク・用
三日 ばかり あり て、暁方 に、門 を たたく とき あり。さ な めり と 思ふ に、憂く
三日ほどあって、夜明け前に、門をたたくときがある。(兼家が)来たようだと(私は)思うけれども、つらく

接助 下二・未 助動・使・未 助動・打・已 接助 格助 格助 シク・体 格助 サ変・用 助動・完・終 副 係助 ラ変・未
て、開け させ ね ば、例 の 家 と おぼしき 所 に ものし たり。つとめて、なほ も あら
て、(門を)開けさせないでいると、(兼家は)例の(女の)家と思われる所へ行ってしまった。翌朝、このまま黙っても

助動・打意・終 格助 四・用 接助
じ と 思ひ て、
いられまいと思って、

四・用 接助 下二・体 格助 ② 下二・体 係助 副 シク・体 格助 係助(係) 四・体(結)
嘆き つつ ひとり 寝る 夜 の あくる 間 は いかに 久しき もの と かは 知る
嘆きながら一人寝る夜の明けるまでの間がどんなに長いものか、わかりますか(門を開ける間も待てないあなたにはわからないでしょう)。

と〔格助〕、例 より〔格助〕 は〔係助〕 ひきつくろひ〔四・用〕 て〔接助〕 書き〔四・用〕 て〔接助〕、うつろひ〔四・用〕 たる〔助動・存・体〕 菊 に〔格助〕 さし〔四・用〕 たり〔助動・完・終〕。返り事、

と、いつもよりは改まって書いて、色の褪せ始めている菊にさした(ものを兼家のもとへ持たせた)。(兼家の)返事は、

「あくる〔下二・体〕 まで〔副助〕 も〔係助〕 試み〔上一・未〕 む〔助動・意・終〕 と〔格助〕 し〔サ変・用〕 つれ〔助動・完・已〕 ど〔接助〕、とみなる〔ナリ・体〕 召し使ひ の〔格助〕 来合ひ〔四・用〕 たり〔助動・完・用〕 つれ〔助動・完・已〕 ば〔接助〕 なむ〔係助〕。いと〔副〕 ことわりなり〔ナリ・用〕 つる〔助動・完・体〕 は〔終助〕。

「夜が明けるまで様子を見ようとしたけれど、急用の役人が来合わせてしまったので。(あなたの言い分は)実にもっともだよ。

げに〔副〕 や〔間助〕 げに〔副〕 冬 の〔格助〕 夜 なら〔助動・断・未〕 ぬ〔助動・打・体〕 まき の〔格助〕 戸 も〔係助〕 遅く〔ク・用〕 あくる〔下二・体〕 は〔係助〕 わびしかり〔シク・用〕 けり〔助動・詠・終〕」

本当に本当に(あなたの言うとおり冬の夜はなかなか明けずつらいけれども)冬の夜ではないまきの戸もすぐに門を開けてくれないのはつらいものだよ。」

さても〔接〕、いと〔副〕 あやしかり〔シク・用〕 つる〔助動・完・体〕 ほど に〔格助〕、ことなしび〔上二・用〕 たる〔助動・存・体〕。しばし〔副〕 は〔係助〕、忍び〔上二・用〕 たる〔助動・存・体〕 さま に〔助動・断・用〕、

それにしても、(どういうつもりなのか)ひどく不思議に思うくらいに、何事もなかったようなふりをして(女のもとに通って)いたことだよ。しばらくは、

「内裏 に〔格助〕。」 など〔副助〕 言ひ〔四・用〕 つつ〔接助〕 ぞ〔係助〕 ある〔ラ変・体〕 べき〔助動・当・体〕 を〔接助〕、いとどしう〔シク・用(音)〕 心づきなく〔ク・用〕 思ふ〔四・体〕 こと ぞ〔係助(係)〕、限りなき〔ク・体(結)〕 や〔間助〕。

気づかれないようにしている様子で、「宮中に。」などと言っているのが当然なのに、いっそう不愉快に思うことは、このうえない。

語句の解説 2

教717 56ページ 教719 80ページ

7これより この場合の「これ」は、場所(作者の家)をさす。

9さればよ やっぱり。

ラ変動詞「然《さ》り」の已然形+接続助詞「ば」+間投助詞「よ」。

教717 57ページ 教719 81ページ

2ひとり寝《ぬ》る夜《よ》のあくる間《ま》 一人寝る夜の明けるまでの間。

2 「あくる間」に重ねられている意味は何か。

答 「(夜が)明ける」と「(戸を)開ける」。

4来合《きあ》ひたりつればなむ《ン》 来合わせてしまったので。

後に「帰りし」などの結びの語が省略されている。

6 遅《おそ》くあくるは　すぐに門を開けてくれないのは。

学習の手引き

一　作者の感情が表れている形容詞を本文中から抜き出し、どのような心情か説明してみよう。

解答例　・うたがはし 717五六・4 719八〇・4…兼家を疑う心情。
・心憂し 717五六・9 719八〇・9・憂く 717五六・11 719八〇・11…兼家がほかの女のもとに通うことをつらく思う心情。
・あやしかり 717五七・7 719八一・7…兼家の行動を不審に思う心情。
・心づきなく 717五七・8 719八一・8…兼家が嘘《うそ》を言って女のもとに通うのを不愉快に思う心情。

二　「げにやげに」の歌は、「嘆きつつ」の歌をどのように受けてよまれているか。表現と内容のそれぞれから説明してみよう。

解答例　〔表現〕・「いかに久しき（どんなに長いものか）」717五七・2 719八一・2を受けて、「げにやげに（本当に長かった）」717五七・6 719八一・6とよんでいる。・「あくる間」717五七・2 719八一・2（「あくる」は、夜が明ける意と門を開ける意の掛詞）を受けて、「遅くあくるは」717五七・6 719八一・6と返している。
〔内容〕作者がひとり寝の寂しさを訴えて兼家を非難しているのに対して、兼家は歌の言葉は受けながらも作者の思いには触れず、待たされた自分のつらさを言って、答えをはぐらかしている。

三　作者はどのような性質の女性と思われるか。本文中に表された言動を根拠にして、各自の考えを述べ合おう。

解答例　「見てけりとだに知られむ」717五六・2 719八〇・2には、自分

の気持ちを相手に伝え、相手の気持ちを確かめようとする意志的な人物像がうかがえる。また、「開けさせねば」717五六・11 719八〇・11、「なほもあらじと思ひて」717五七・1 719八一・1、「うつろひたる菊にさしたり」717五七・3 719八一・3からは、納得できないことには抗議の気持ちを行動で表すといった、強い気持ちの持ち主であることもうかがえる。それほど情愛の深い人だったということもできるだろう。

言葉の手引き

一　次の古語の意味を調べよう。

1あさましさ 717五六・2 719八〇・2　**2つれなし** 717五六・6 719八〇・6
3ものす 717五六・11 719八〇・11　**4とみなり** 717五七・4 719八一・4
5ことわりなり 717五七・5 719八一・5　**6げに** 717五七・6 719八一・6
7いとどし 717五七・8 719八一・8　**8心づきなし** 717五七・8 719八一・8

解答例　1　思いがけないさま。　2　素知らぬさま。
3　行く　4　急だ　5　もっともだ　6　本当に
7　いっそう。程度が強まる様子。　8　不愉快だ

二　「見てけりとだに知られむ」（717五六・2 719八〇・2）を、助詞「だに」の意味に注意して口語訳しよう。

考え方　「だに」は、最小限の限定の意を添える副助詞で、「せめて…だけでも」などと訳されることが多い。

解答例　（兼家が他の女に送ろうとした手紙を、私は）確かに見たのだということだけでも（兼家に）知られ（るようにし）よう。

泔《ゆする》坏《つき》の水

【大意】1　教717 58ページ1～7行　教719 82ページ1～7行

心穏やかに過ごす日、つまらないことの言い合いの末に、兼家《かねいえ》が「私はもう来ないつもりだ。」などと言い残して、出ていってしまった。道綱《みちつな》が激しく泣くので、作者はあれこれ機嫌をとった。そうして五、六日ほどになったのに、兼家からは音沙汰もない。

【品詞分解／現代語訳】

心のどかに　暮らす　日、　はかなき　こと　言ひ言ひ　の　果て　に、　我　も　人　も　あしう　言ひなり　て、
ナリ・用　四・体　ク・体　格助　格助　（代）係助　係助　シク・用（音）　四・用　接助
心穏やかに過ごす日、些細なことを互いに言い合ったあげくに、私もあの人（兼家）も相手を悪しざまに言う結果になってしまって、

うち怨じ　て　出づる　に　なり　ぬ。　端　の　方　に　歩み出で　て、　をさなき　人　を　呼び出で　て、　「我　は
サ変・用　接助　下二・体　格助　四・用　助動・完・終　格助　格助　下二・用　接助　ク・体　格助　下二・用　接助　（代）係助
（兼家が）恨み言を言って出ていくことになってしまった。（兼家が）縁のほうに歩み出て、幼い子（道綱）を呼び出して、「私は

今　は　来　じ　と　す。」　など　言ひ置き　て、　出で　に　ける　すなはち、　はひ入り　て、
副　係助　カ変・未　助動・打意・終　格助　サ変・終　副助　四・用　接助　下二・用　助動・完・用　助動・過・体　四・用　接助
もう来ないつもりだ。」などと言い残して、出ていってしまうとすぐに、（道綱が）はって入ってきて、

おどろおどろしう　泣く。　「こ　は　なぞ、　こ　は　なぞ。」　と　言へ　ど、　いらへ　も　せ　で、　論なう、
シク・用（音）　四・終　（代）　係助　（連語）　（代）　係助　（連語）　格助　四・已　接助　係助　サ変・未　接助　ク・用（音）
驚くほど激しく泣く。（私は）「いったいどうしたの、いったいどうしたの。」と言うけれども、（道綱は）返事もしないで（泣くので）、どうせ、

さやうに　ぞ　あら　む　と、　おしはから　るれ　ど、　人　の　聞か　む　も　うたて
ナリ・用　係助（係）　ラ変・未　助動・推・体（結）　格助　四・未　助動・自・已　接助　格助　四・未　助動・仮・体　係助　副
あの人が何か言ったのだろうと、察しはつくけれども、女房たちが聞くのもいやな感じで

ものぐるほしけれ　ば、　問ひさし　て、　とかう　こしらへ　て　ある　に、　五、六日　ばかり　に　なり　ぬる
シク・已　接助　四・用　接助　副　下二・用　接助　ラ変・体　接助　副助　格助　四・用　助動・完・体
正気を失っているようなので、尋ねるのをやめて、あれこれと（道綱の）機嫌をとっていたところ、（兼家が出ていって）五、六日ほどになったのに、

に、　音　も　せ　ず。
接助　係助　サ変・未　助動・打・終
（兼家からは）音沙汰もない。

語句の解説 1

教717 58ページ　教719 82ページ

3 今《いま》は来《こ》じとす　もう来ないつもりだ。

「今は」は、副詞「今」+係助詞「は」。これが最後だという気持ちを表す。

4 こはなぞ　「なぞ」は、代名詞「なに」+終助詞「ぞ」の「なにぞ」が変化した形。よくわからない事柄について、問いかける言葉。作者が道綱に、泣く理由を尋ねたのである。

【大　意】 2　教717 58ページ8行～59ページ4行　教719 82ページ8行～83ページ4行

作者は心細く思い、もの思いにふけっているうちに、兼家が出ていった日に使った泔坏の水にほこりが浮いているのを見つけた。作者がそれを題材に歌をよんだその日に、兼家が姿を見せた。作者は、このように少しも気が休まるときがないのが、やりきれないのだった。

【品詞分解／現代語訳】

1 例 なら〈助動・断・未〉 ぬ〈助動・打・体〉 ほど に〈格助〉 なり〈四・用〉 ぬれ〈助動・完・已〉 ば、〈接助〉 あな〈感〉 ものぐるほし、〈シク・終〉 たはぶれごと と〈格助〉 こそ〈係助(係)〉 我〈(代)〉 は〈係助〉 思ひ〈四・用〉

いつものようではないほどになったので、ああ狂気じみている、冗談と私は思っていたけれど、

しか、〈助動・過・已(結)〉 はかなき〈ク・体〉 仲 なれ〈助動・断・已〉 ば、〈接助〉 かくて〈副〉 やむ〈四・体〉 やう も〈係助〉 あり〈ラ変・用〉 な〈助動・強・未〉 む〈助動・推・終〉 かし〈終助〉 と〈格助〉 思へ〈四・已〉 ば、〈接助〉

頼りない仲なので、このようにして終わることもきっとあるだろうよと思うので、

心細う〈ク・用(音)〉 て〈接助〉 ながむる〈下二・体〉 ほど に、〈格助〉 出で〈下二・用〉 し〈助動・過・体〉 日 使ひ〈四・用〉 し〈助動・過・体〉 泔坏 の〈格助〉 水 は、〈係助〉 さながら〈副〉 あり〈ラ変・用〉 けり。〈助動・詠・終〉

心細くてもの思いにふけりながらぼんやり見ているうちに、(兼家が)出ていった日に使った泔坏の水は、そのままあるのだった。

上 に〈格助〉 塵 ゐ〈上一・用〉 て〈接助〉 あり。〈ラ変・終〉 かく〈副〉 まで〈副助〉 と、〈格助〉 あさましう、〈シク・用(音)〉

(水の)上にほこりが浮いている。このようになるまで(あの人は来ないのか)と、あきれて、

絶え〈下二・用〉 ぬる〈助動・完・体〉 か〈係助〉 影 だに〈副助〉 あら〈ラ変・未〉 ば〈接助〉 問ふ〈四・体〉 べき〈助動・可・体〉 を〈接助〉 かたみ の〈格助〉 水 は〈係助〉 2 水草 ゐ〈上一・用〉 に〈助動・完・用〉

けり〈助動・詠・終〉

(二人の仲は)絶えてしまったのだろうか。せめて(水面に兼家の)姿だけでも映っていたら尋ねることができるのに、(兼家の残した)形見の水は水草が浮いていたことだよ。

副助 四・用 助動・過・体 副助 下二・用 助動・完・終
など 思ひ し 日 しも、 見え たり。
などと思ったちょうどその日に、（あの人が）姿を見せた。

格助 助動・比（語幹） 助動・断・用 接助 四・用 助動・完・用 助動・詠・終 ナリ・用 シク・体 副助 ラ変・体 格助
例 の ごと に て、 やみ に けり。 かやうに 胸つぶらはしき 折 のみ ある が、
いつもの調子で、いさかいはうやむやになってしまった。このように心配で胸がどきどきするときばかりあるのが、

副 ク・体 係助（係） シク・用 助動・詠・体（結）
よに 心ゆるび なき なむ、 わびしかり ける。
少しも気の休まるときがなく、やりきれないのだよ。

語句の解説 2

教717 58ページ 教719 82ページ

8 **例《れい》ならぬ** いつものようではない。
名詞「例」＋助動詞「なり」の未然形＋助動詞「ず」の連体形。

1 「例ならぬほどになりぬれば」とは、どういう状況か。

答 夫がいつもとは違うほどに長く、通って来なくなった状況。

教717 59ページ 教719 83ページ

2 「水草」は何を言い換えたものか。

答 塵《ちり》。

3 **例《れい》のごとにて** 「ごと」は比況の助動詞「ごとし」の語幹相当部分。

3 **胸《むね》つぶらは《ワ》しき** 「胸つぶらはしき」は、名詞「胸」＋形容詞「つぶらはし」の連体形。「つぶらはし」は、不安や驚きなどで胸がつぶれそうになる様子を表す言葉である。

学習の手引き

一 作者の感情が表れている形容詞を本文中から抜き出し、どのような心情か説明してみよう。

解答例 ・ものぐるほしけれ 717五八・6 719八二・6、ものぐるほし 717五八・8 719八二・8…兼家が出て行ったことを、気がおかしくなるほどつらく思う心情。／・心細う 717五八・11 719八二・11…兼家との関係が終わってしまうことを心細く思う心情。／・あさましう 717五八・14 719八二・14…兼家が長く来ないことに驚きあきれる心情。／・胸つぶらはしき 717五九・3 719八三・3、心ゆるびなき 717五九・4 719八三・4、わびしかり 717五九・4 719八三・4…兼家との関係が不安定で心が安らぐときのないことを、やりきれなく思う心情。

二

「絶えぬるか」の歌を、「水草」が示す状況に留意して解釈してみよう。

解答例 〔水草が示す状況〕兼家が使った水に水草が生えるほど、長い時間がたっている。〔解釈〕このまま終わってしまうのか。(水に)姿だけでも映ってくれたら尋ねることができるのに、(残していった)水には水草が浮かぶほど訪問がとだえてしまったことだよ。

三

作者の苦悩や憂憤は何によってもたらされていると思われるか。本文から読み取れることを根拠にして、各自の考えを述べ合おう。

考え方 第一段落には、ささいな言い合いをして兼家が出ていったこと、子供が泣き騒ぐこと、家の女房たちに聞かれるのがいやなことなどが書かれている。第二段落には、日がたった後の不安な気持ちと、絶望的になって歌をよんだ日に、兼家が家にやってきたことが書かれている。それを受けて、第三段落では「少しも気の休まるときがないのが、やりきれない。」と書かれている。この最後の心情に注意して考えてみよう。

言葉の手引き

一

次の古語の意味を調べよう。

1 おどろおどろし 717 五八・4 719 八二・4
2 論なし 717 五八・5 719 八二・5
3 うたて 717 五八・6 719 八二・6
4 ながむ 717 五八・11 719 八二・11
5 さながら 717 五八・13 719 八二・13
6 あさまし 717 五八・14 719 八二・14
7 胸つぶらはし 717 五九・3 719 八三・3
8 よに 717 五九・3 719 八三・3
9 わびし 717 五九・4 719 八三・4

解答例 1 驚くほど騒々しいさま。 2 言うまでもない。 3 いやだと思うさま。 4 もの思いにふける。ぼんやり見る。 5 そのまま 6 驚きあきれるさま。 7 (心配で)胸がどきどきするさま。 8 少しも(…ない)。 9 やりきれない

二

本文中から形容詞のウ音便をすべて抜き出そう。

解答例 ・あしう 717 五八・1 719 八二・1 ・おどろおどろしう 717 五八・4 719 八二・4 ・論なう 717 五八・5 719 八二・5 ・心細う 717 五八・11 719 八二・11 ・あさましう 717 五八・14 719 八二・14

和泉式部日記《いづみしきぶにっき》

※教719では、学習しません。

和泉式部

教717 P.60～P.63

夢よりもはかなき世の中

【大意】 1 教717 60ページ1～4行

生い茂る木々を見て、亡き宮を思って悲しんでいたところに、宮様に仕えていた小舎人童《こどねりわらわ》がやって来た。

【品詞分解／現代語訳】

夢 より（格助） も（係助） はかなき（ク・体） 世の中 を、（格助） 嘆きわび（上二・用） つつ（接助） 明かし暮らす（四・体） ほど に、（格助） 四月 十余日 に（格助） も（係助） なり（四・用）

（はかないものとされる）夢よりもはかない男女の仲を、嘆き悲しみ続けて日々を過ごすうちに、四月十日過ぎにもなってしまったので、

ぬれ（助動・完・已） ば、（接助） 木の下 暗がり（四・用） もてゆく。（四・終） 築土 の（格助） 上 の（格助） 草 青やかなる（ナリ・体） も、（係助） 人 は（係助） ことに（副） 目 も（係助） とどめ（下二・未）

（生い茂る青葉が）木陰を濃くしていく。築土の上の草が青々としている様子も、（ほかの）人は特に目もとめないけれど、

ぬ（助動・打・体） を、（接助） あはれ（ナリ（語幹）） と（格助） ながむる（下二・体） ほど に、（格助） 近き（ク・体） 透垣 の（格助） もと に（格助） 人 の（格助） けはひ すれ（サ変・已） ば、（接助） たれ（代）

（私は）しみじみと感慨深いなあと思って眺めているときに、近くの透垣のところに人の気配がするので、誰で

なら（助動・断・未） む（助動・推・体） と（格助） 思ふ（四・体） ほど に、（格助） 故宮 に（格助） 候ひ（四・用） し（助動・過・体） 小舎人童 なり（助動・断・用） けり。（助動・詠・終）

あろうと思っていると、亡くなった為尊親王にお仕えしていた小舎人童であったよ。

語句の解説 1

教717 60ページ

1 **明《あ》かし暮《く》らすほどに**　夜を明かし、日を暮らすうちに。すなわち、日々を過ごすうちに。

2 **木《こ》の下暗《したくら》がりもてゆく**　木陰を濃くしていく。木の下が暗くなっていくのは、葉が生い茂り、影ができるからである。

2 **築土《ついひじ》の上《うえ》の草青《くさあお》やかなるも**　築土の上の草が青々としている様子も。「青やかなる」は連体形。「さま」などの名詞が省略されているので、補って訳す。

1　ここでの「あはれ」にこめられた心情はどのようなものか。

答　亡くなった為尊《ためたか》親王を思い、季節の移り変わりをしみじみと感慨深く思う心情。

4 **けは《ワ》ひ《イ》**　気配。「けはひ」は他に「様子」「雰囲気」「態度」「品位」「ゆかり」「化粧」などさまざまな意味を持つ。

【大意】 2 教717 60ページ5行～61ページ12行

小舎人童は、新しい主《あるじ》の帥《そち》の宮《みや》から橘《たちばな》の花をことづかってきた。橘の花を見た作者は、橘の花にかこつけるのではなく、帥の宮と直接話をしたいという歌をよんだ。その歌を受け取った帥の宮は、亡き兄宮と同じ思いを抱いているという返歌をよんだが、あまりに好色めいているという理由で、小舎人童に口止めをした。

【品詞分解／現代語訳】

ナリ・用　格助　下二・体　格助　カ変・用　助動・完・已　接助　副　シク・用　下二・未　助動・打・用　助動・完・体
あはれに もの の おぼゆる ほど に 来 たれ ば、「などか 久しく 見え ざり つる。
しみじみともの思いが感じられるときに来たので、「どうして長らく姿を見せなかったのか。

四・体　格助　格助　係助　四・体　接助　副助　四・未　助動・使・已　接助　(代)　格助　格助　四・未　接助　係助
遠ざかる 昔 の 名残 に も 思ふ を。」など 言は すれ ば、「そ の こと と 候は で は、
遠ざかる過去の(故宮との)ゆかりとも思っているのに。」などと(取り次ぎに)言わせたところ、「これといった用事がございませんでは、

シク・体　助動・断・用　係助　格助　シク・用(音)　補丁・四・体　格助　係助　格助　四・用
なれなれしき さま に や と、つつましう 候ふ うち に、日ごろ は 山寺 に まかりありき
(お伺いするのも)慣れ慣れしいことであろうかと、遠慮しておりますうちに、近ごろは山寺に出歩き申し上げておりました。

接助　係助　副　ク・用　ナリ・用　四・用　補謙・下二・未(音)　助動・自・已　接助　格助　係助　上一・用　補謙・四・未
て なむ。いと 頼りなく、つれづれに 思ひ 給う らるれ ば、御代はり に も 見 奉ら
全く頼みとするところもなく、所在なく思われ申し上げますので、(故宮様の)お身代わりとしてもお世話申し上げ

助動・意・終　格助　係助(係)　格助　四・用　接助　補丁・四・体(結)　格助　四・終　副　ク・体　助動・断・用　係助(係)
む とて なむ、帥の宮 に 参り て 候ふ。」と 語る。「いと よき こと に こそ
ようと思って、帥の宮様(敦道親王)のところに参上しております。」と話す。「たいそうよいことで

ラ変・体(音)　助動・定・已(結)　(代)　格助　係助　副　ナリ・用　シク・用(音)　補尊・四・終　助動・伝・体　終助　格助　助動・比・用
あ なれ。そ の 宮 は、いと あてに、けけしう おはします なる は。昔 の やうに
あるようだね。その宮様は、たいそう上品で、親しみにくくていらっしゃるそうだよ。昔のようには

係助　副　副助　ラ変・未　助動・打推・終　副助　四・已　接助　副　四・已　接助　副　ク・用　補尊・四・用　接助　副　四・終
は え しも あら じ。」など 言へ ば、「しか おはしませ ど、いと け近く おはしまし て、『常に 参る
必ずしもいかないだろう。」などと言うと、「そうではいらっしゃるけれど、たいそう親しみやすくていらっしゃって、『いつも

や。』と問はせおはしまして、『参り侍り。』と申し候ひつれば、『これ持て参りて、

（和泉式部のもとに）参上するのか。』とお尋ねになられて、『参上いたします。』と申し上げましたところ、『これを持参して、

いかが見給ふとて奉らせよ。』とのたまはせつる。」とて、橘の花を取り出で

どのように御覧になるかと言って（侍女を介して）差し上げさせよ。』とおっしゃった。」と言って、橘の花を取り出したので、

たれば、「昔の人の」と言はれて、「さらば参りなむ。いかが聞こえさす

「昔の人の」と思わず口ずさまれて、（そうこうしているうちに小舎人童が）「それでは（帥の宮様のところへ）参りましょう。

べき。」と言へば、言葉にて聞こえさせむもかたはらいたくて、「何かは。あだあだしく

（帥の宮様へのお返事は）どのように申し上げればよいでしょう。」と言うので、口伝えで返事を申し上げさせるのもきまりが悪くて、「いや、なに。浮気者だと

もまだ聞こえ給はぬを、はかなきことをも。」と思ひて、

いううわさもまだお立ちではないので、とりとめのないことを（申し上げてもよいだろう）。」と思って、

薫る香によそふるよりはほととぎす聞かばや同じ声やしたると

（昔の人を思い出させるという橘の花の）立ちこめる香りにかこつけるよりは、ほととぎす（の鳴く声）を聞きたいものです。（故宮様と）同じ声をしているかと。

と聞こえさせたり。

と申し上げた。

まだ端におはしましけるに、この童隠れの方にけしきばみけるけはひを、

（帥の宮様が）まだ縁側にいらっしゃったところ、この小舎人童が物陰のほうで何かを伝える素振りをした様子を、

御覧じつけて、「いかに。」と問はせ給ふに、御文をさし出でたれば、御覧じて、

お見つけになって、「どう（であったか）。」とお尋ねになられたので、小舎人童がお返事を差し出したところ、（帥の宮様はそれを）御覧になって、

シク・体　格助　四・用　接助　ラ変・用　助動・過・体　係助　四・未　助動・打・体　格助　四・未　助動・打・終　係助
同じ 枝 に 鳴き つつ をり し ほととぎす 声 は 変はら ぬ もの と 知ら ず や
（私と故宮は同母兄弟で）同じ枝で鳴きながらとまっていたほととぎすであるよ。（二人の）声は変わらないものだと知らないのだろうか。

格助　四・未　助動・尊・用　補尊・四・用　接助　四・終　格助　ラ変・体　副　格助　四・終　終助　シク・体　助動・様・終
と 書か せ 給ひ て、給ふ とて、「かかる こと、ゆめ 人 に 言ふ な。すきがましき やうなり。」
とお書きになって、（小舎人童に）お与えになろうとして、「このようなことを、決して他の人に言うな。好色めいているようだ。」

格助　四・未　助動・尊・用　補尊・四・用　助動・完・終
とて、入ら せ 給ひ ぬ。
と言って、（建物の奥に）お入りになった。

語句の解説　2

教717 60ページ

5 **などか久《ひさ》しく見《み》えざりつる**　どうして長らく姿を見せなかったのか。
「つる」は完了の助動詞「つ」の連体形。「などか」のように疑問や反語を表す副詞が文中にあるときは、連体形で結ぶ。

6 **など言《い》はすれば**　などと（取り次ぎに）言わせたところ。
「すれ」は使役の助動詞「す」の已然形。この当時、貴族の女性は直接相手に声を聞かせず、取り次ぎ役を介して言葉を伝えるのが普通であった。

6 **なれなれしきさまにやと**　「にや」は断定の助動詞「なり」の連用形＋係助詞「や」。結びが省略されているので、「あらむ」などを補って訳す。

7 **まかりありきてなむ《ン》**　出歩き申し上げておりました。
「なむ」は強意の係助詞。結びが省略されているので、「侍る」「候ふ」などを補って訳す。

8 **思《おも》ひ《イ》給《たま》うらるれば**　思われ申し上げますので。
「給う」は謙譲の補助動詞「給ふ」の未然形「給へ」のウ音便。謙譲の補助動詞「給ふ」は、尊敬の意味で用いるときは四段活用、謙譲の意味で用いるときは下二段活用なので注意する。

9 **いとよきことにこそあな《アン》れ**　「あなれ」は補助動詞「あり」の連体形「ある」の撥《はつ》音便無表記＋推定の助動詞「なり」の已然形。「あんなれ」と読む。

10 **えしもあらじ**　必ずしもいかないだろう。
「え」は呼応の副詞で、下に「ず」「で」「じ」「まじ」を伴って不可能の意味を表す。

教717 61ページ

1 **問《と》はせおは《ワ》しまして**　お尋ねになられて。
「せ」は尊敬の助動詞「す」の連用形、「おはしまし」は尊敬の補助動詞「おはします」の連用形。最高敬語で、帥の宮に対する敬意を表す。

4 **かたは《ワ》らいたくて**　「かたはらいたし」には①「はらはらする」、

②「気の毒である」、③「きまりが悪い」の意味がある。中世以降は、④「笑止である」の意味でも用いられる。ここは③の意味。

6よそふ《ウ》る　かこつける。

「よそふ」には「装ふ」と「比ふ」がある。「装ふ」は四段活用で「衣服を整える、用意をする」の意味、「比ふ」は下二段活用で「なぞらえる、かこつける」の意味。ここでは、連体形が「よそふる」であることから、「比ふ」である。

学習の手引き

一　帥の宮が贈った橘の花に対して、ほととぎすの歌で返したことにはどのような意図があるか、説明してみよう。

考え方　古歌をふまえていることに注意して考えよう。

解答例　橘の花には、「五月《さつき》待つ」(**717 六一・脚注8**)の歌をふまえて、亡くなった為尊親王を思い出すよすがにしてほしいという気持ちを伝える意図がある。これに対して、ほととぎすには、「いそのかみ」(**717 六一・語注12**)の歌と、橘の花との縁(**717 六六・脚注2**)をふまえて、昔の人よりも、橘の花をくれたあなた(＝帥の宮)の声を聞きたいという気持ちを伝える意図がある。

二　帥の宮の返歌は相手に何を伝えているか、説明してみよう。

解答例　亡くなった為尊親王と自分とは同母の兄弟であるから、声は変わらないということを、(あなた＝式部)はご存じないのですか、と問いかけて、声を聞かせよう(直接会って話をしましょう)という気持ちを伝えている。

言葉の手引き

一　次の古語の意味を調べよう。

1あてなり 717 六〇・10　　**2けけし 717 六〇・10**

3すきがまし 717 六一・11

解答例

1　上品だ　　2　親しみにくい

3　好色めいている。

二　本文中から、使役の助動詞を指摘しよう。

解答例　・言はすれば、**717 六〇・6**　・奉らせよ。**717 六一・2**

手《た》枕《まくら》の袖

【大　意】　1　教717 62ページ1行～63ページ1行

十月十日ごろに帥《そち》の宮《みや》がいらっしゃった。思い乱れている作者の様子に、帥の宮はいとしさを感じ、「手枕の袖」をよみこんだ歌を贈った。作者は「歌に出てきた手枕の袖の言葉を忘れませんよ」と冗談めかして言うのが精一杯であった。

【品詞分解／現代語訳】

十月 十日 ほど に（格助） おはし（サ変・用） たり。（助動・完・終） 奥 は（係助） 暗く（ク・用） て（接助） 恐ろしけれ（シク・已） ば、（接助） 端近く（ク・用） うち臥さ（四・未） せ（助動・尊・用） 給ひ（補尊・四・用）

十月十日ごろに（帥の宮が）いらっしゃった。（建物の）奥は暗くて気味が悪いので、端の近くに横におなりになって、

て、（接助） あはれなる（ナリ・体） こと の（格助） 限り のたまはする（下二・体） に、（接助） かひなく（ク・用） は（係助） あら（ラ変・未） ず。（助動・打・終） 月 は（係助） 曇り（四・用） 曇り、（四・用）

しみじみと心にしみ入るありったけの言葉をおっしゃるので、（作者の心に）効果がないわけではない。月は雲に隠れがちで、

しぐるる（下二・体） ほど なり。（助動・断・終） わざと（副） あはれなる（ナリ・体） こと の（格助） 限り を（格助） 作り出で（下二・用） たる（助動・存・体） やうなる（助動・比・体） に、（接助） 思ひ乱るる（下二・体）

時雨が降るころである。わざわざしみじみとした風情の限りをつくり出したようなので、思い乱れる

心地 は（係助） いと（副） 1 そぞろ寒き（ク・体） に、（接助） 宮 も（係助） 御覧じ（サ変・用） て、（接助） 「人 の（格助） 便なげに（ナリ・用） のみ（副助） 言ふ（四・体） を、（接助） あやしき（シク・体） わざ かな、（終助）

（私の）気持ちはたいそうぞっと寒気をおぼえるほどであるが、帥の宮も（その様子を）御覧になって、「（女のことを）いかにも人がけしからぬようにばかり言うが、

2 ここ（代） に、（格助） かくて（副） ある（ラ変・体） よ。」（終助） など（副助） おぼす。（四・終） あはれに（ナリ・用） おぼさ（四・未） れ（助動・自・用） て、（接助） 女 寝（下二・用） たる（助動・存・体） やうに（助動・比・用） て（接助）

おかしなことだよ、ここに、こうして（思い乱れた様子で）いるよ。」などとお思いになる。しみじみといとしく思われなさって、女が眠っているようにして

思ひ乱れ（下二・用） て（接助） 臥し（四・用） たる（助動・存・体） を、（格助） おしおどろかさ（四・未） せ（助動・尊・用） 給ひ（補尊・四・用） て、（接助）

思い乱れて横になっているのを、ゆり起こしなさって、

　しぐれ に（格助） も（係助） 露 に（格助） も（係助） あて（下二・未） で（接助） 寝（下二・用） たる（助動・存・体） 夜 を（格助） あやしく（シク・用） 濡るる（下二・体） 手枕 の（格助） 袖

　時雨にも露にも当てないで（ともに）寝ている夜なのに、不思議にも（あなたを恋しく思う涙で）濡れる手枕の袖よ。

と（格助） のたまへ（四・已） ど、（接助） よろづに（副） もの のみ（副助） わりなく（ク・用） おぼえ（下二・用） て、（接助） 御いらへ す（サ変・終） べき（助動・可・体） 心地 も（係助） せ（サ変・未）

とおっしゃるけれど、何事につけても物事がひどく耐えがたく思われて、お返事をすることができる気もしないので、

ねば、ものも聞こえで、ただ月影に涙の落つるを、あはれと御覧じて、「などいらへ
何も申し上げずに、ただ月の光の下で涙が落ちる（私の）姿を、（帥の宮は）しみじみといとしいと御覧になって、

もし給はぬ。はかなきこと聞こゆるも、心づきなげにこそおぼしたれ。
「どうして返事もなさらないのか。とりとめのないことを申し上げるのも、いやな感じに思われたのだね。

いとほしく。」とのたまはすれば、「いかに侍るにか、心地のかき乱る心地のみし
気の毒に。」とおっしゃるので、（私は）「どうしましたのでしょうか、気持ちが乱れる感じばかりがして。

て。耳にはとまらぬにしも侍らず。よし見給へ、手枕の袖忘れ
（宮様の歌が）耳に入らないのではございません。まあ見ていてください、手枕の袖（という言葉）を

侍る折や侍る。」と、たはぶれごとに言ひなして、あはれなりつる夜のけしき
忘れますときがございますかどうか。」と、冗談のようにとりつくろって言って、しみじみと風情があった夜の情景も、

も、かくのみ言ふほどにや。
このようにただ語らううちに（明けたのだろうか）。

語句の解説　1

教717　62ページ

1 **奥《おく》は暗《くら》くて恐《おそ》ろしければ**　活用語の已然形＋「ば」で順接の確定条件を表す。

2 **かひ《イ》なくはあらず**　効果がないわけではない。「かひなし」は漢字で表記すると「甲斐なし」で、①「効果がない」、②「しかたがない」、③「とるに足りない」の意味がある。ここでは①の意味。

1

「そぞろ寒き」は、女のどのような心情を表しているか。

答　いとしいことの限りを尽くす帥の宮の言葉と、二人が身を置く初冬のうすら寒い情景とがあいまって、ぞっと寒気をおぼえるような心情。

4 **便《びん》なげにのみ言《い》ふ《ウ》を**　けしからぬようにばかり言うが。「便なげなり」は形容詞「便なし」の語幹に接尾語「げ」がついて形容動詞化したもの。「便なし」には①「都合が悪い」、②「感

心しない」、③「気の毒である」の意味があり、ここは②の意味。

5**あやしきわざかな**　「あやし」は、「怪し・奇し」で①「不思議だ」、②「珍しい」、③「心配だ」、④「不都合だ」の意味。「賤し」で⑤「身分や地位が低い」、⑥「粗末だ」などの意味を持つ。ここでは④の意味。

5**ここに、かくてあるよ**　「かくて」は、作者の思い乱れた様子を示している。「作者のもとに多くの男性が通っているといううわさとは全く異なるなあ」という帥の宮の心情が表れている。

2　「ここに、かくてあるよ。」とは、どういうことを表しているか。

答　ここに、こうして思い乱れた様子でいるよ、ということ。

6**おしおどろかさせ給《たま》ひ《イ》て**　ゆり起こしなさって。
「おどろかす」には①「びっくりさせる」、②「気づかせる」、③「起こす」の意味がある。また、「せ」は尊敬の助動詞「す」の連用形、「給ひ」は尊敬の補助動詞「給ふ」の連用形で、作者から帥の宮への敬意を表す最高敬語である。

8**あやしく濡《ぬ》るる手枕《たまくら》の袖《そで》**　不思議にも濡れる手枕の袖よ。
結句が体言止めになっており、余情・余韻を深めている。ここでの「あやし」は前述の①の意味。

9**わりなく**　耐えがたく。
「わりなし」には①「道理に合わない」、②「どうしようもなくつらい」、③「やむを得ない」、④「程度がはなはだしい」、⑤「ことのほかすばらしい」の意味があり、ここでは②の意味。

10**月影《つきかげ》**　月の光。
「影」はもともと「光」をさす言葉で、転じて「光によって見えるものの形や姿」「水面や鏡にうつるものの姿」の意味でも使われるようになった。「光によってできる陰影」の意味で使われることもある。

10**などいらへ《エ》もし給《たま》は《ワ》ぬ**　どうして返事もなさらないのか。
「ぬ」は打消の助動詞「ず」の連体形。疑問の副詞「など」があるので、文を連体形で結んでいる。

11**はかなきこと**　とりとめのないこと。
「はかなし」は「果なし」で、①「頼りない」、②「あっけない」、③「取り立てていうほどのこともない」、④「とりとめがない」の意味がある。ここでは④の意味。

11**心《こころ》づきなげにこそ**　不愉快な感じに。
「心づきなげなり」は形容詞「心づきなし」の語幹に接尾語「げ」が付いて形容動詞化したもの。「心づきなし」は「気に入らない、不愉快だ」の意味。

12**いかに侍《はべ》るにか**　「にか」は断定の助動詞「なり」の連用形＋係助詞「か」。結びが省略されているので、「あらむ」などを補って訳す。

教717 63ページ

1**言《い》ふ《ウ》ほどにや**　言ううちに(明けたのだろうか)。
次の行の「頼もしき人」からは翌日、帥の宮が帰った後の話である。したがって、「明けぬらむ」などを補って訳す。

【大　意】 2　教717 63ページ2〜6行

翌日、自邸に戻った帥の宮が作者の様子を尋ねたところ、「手枕の袖」をよみ込んだ歌が返ってきた。趣があると感じた帥の宮は、作者に対するいとしい気持ちを、「手枕の袖」をよみ込んだ返歌に表した。

【品詞分解／現代語訳】

頼もしき	人	も	なき	な	めり	かし	と	心苦しく	おぼし	て、	「今	の	間	いかが。」	と
シク・体		係助	ク・体	助動・断・体（音）	助動・定・終	終助	格助	シク・用	四・用	接助		格助		副	格助

頼みにする（交際中の）男性もいないようであるよと（帥の宮は）気の毒にお思いになって、「今この瞬間はどう（なさっていますか）。」と

のたまはせ	たれ	ば、	御返り、
下二・用	助動・完・已	接助	

おっしゃったので、（私の）お返事は、

今朝	の	間	に	今	は	消	ぬ	らむ	夢	ばかり	ぬる	と	見え	つる	手枕	の	袖
	格助		格助		係助	下二・用（転）	助動・完・終	助動・現推・終		副助	下二・終	格助	下二・用	助動・完・体		格助	

今朝のうちにもう（袖を濡らした涙は乾いて）消えてしまっているでしょう。ほんのわずか濡れたと見えた（あなたの）手枕の袖は。

と	聞こえ	たり。	「忘れ	じ。」	と	言ひ	つる	を、	をかし	と	おぼし	て、
格助	下二・用	助動・完・終	下二・未	助動・打意・終	格助	四・用	助動・完・体	格助	シク・終	格助	四・用	接助

と申し上げた。「忘れまい。」と（私が昨夜）言ったのを、（帥の宮は）趣があるとお思いになって、

夢	ばかり	涙	に	ぬる	と	見	つ	らめ	ど	臥し	ぞ	わづらふ	手枕	の	袖
	副助		格助	下二・終	格助	上一・用	助動・完・終	助動・現推・已	接助	四・用	係助（係）	四・体（結）		格助	

ほんのわずか涙に濡れたと（あなたは）見たようだけれど横になるのに苦しむ（ほど濡れている）のだよ、（私の）手枕の袖は。

語句の解説 2

教717 63ページ

2 **なきな《ナン》めりかし**　いないようであるよ。

「なめり」は断定の助動詞「なり」の連体形「なる」の撥音《はつおん》便無表記＋推定の助動詞「めり」の終止形。「なんめり」と読む。

4 **今《いま》は消《け》ぬらむ《ン》**　もう消えてしまっているでしょう。

「消《け》」は下二段活用の動詞「消ゆ」の連用形「消《き》え」が縮まり、「け」に転じたものである。

5 **「忘《わす》れじ。」と言《い》ひ《イ》つるを**　「忘れまい。」と言ったのを。

「じ」は打消意志の助動詞「じ」の終止形。「よし見給へ、手枕の袖忘れ侍る折や侍る。」717 六三・13と作者が言ったことをさす。

学習の手引き

一

本文は、世評に惑わされていた帥の宮の、女（作者）に対する見方が大きく変化するさまが描かれた場面である。

1 女のどのような様子が宮の見方を変えたと思われるか、説明してみよう。

2 翌朝の記述に表れた宮の気持ちを、「心苦し」という形容詞に留意して説明してみよう。

考え方 1 直前に描かれた女の様子を見て、宮は、「人の便《び》なげにのみ言ふを…」717 六二・4と思ったのである。

2 「心苦しくおぼして」717 六三・2は、気の毒に思って、という意味。直前の「と」が受けている内容が、宮が思ったことである。

解答例 1 ぞっと寒気をおぼえるほどに、思い乱れる様子。

2 女には、頼みにできるような交際中の男性はいないということがわかって、気の毒に思う気持ち。

二

「しぐれにも」の歌の「手枕の袖」という言葉が、女の心に深くとどめられている。この言葉が、翌朝の二人のやりとりにどのように生かされているか、説明してみよう。

解答例 帥の宮がよんだ「しぐれにも」の歌に返事できなかった作者であるが、「歌に出てきた手枕の袖の言葉を忘れませんよ」と冗談めかして言っている。翌日の歌のやりとりでは、互いに「手枕の袖」を歌によみこんでおり、「手枕の袖」の濡れぐあいに愛情の深さを象徴させている。

言葉の手引き

一

次の古語の意味を調べよう。

1 限り 717 六二・2　2 わざと 717 六二・3　3 思ひ乱る 717 六二・4
4 そぞろ寒し 717 六二・4　5 あやし 717 六二・5
6 おどろかす 717 六二・6　7 わりなし 717 六二・9
8 月影 717 六二・10　9 はかなし 717 六二・11　10 いとほし 717 六二・12
11 心苦し 717 六三・2　12 夢ばかり 717 六三・4　13 をかし 717 六三・5
14 わづらふ 717 六三・6

解答例 1 ありったけ全部。　2 わざわざ　3 思い悩む
4 ぞっと寒気をおぼえる。　5 おかしい　6 起こす
7 耐えがたい　8 月の光。　9 とりとめがない。
10 気の毒だ　11 気の毒だ　12 ほんのわずか。
13 趣がある。　14 苦しむ

二

傍線部に注意して、次の文を口語訳しよう。

1 よろづにもののみわりなくおぼえて、（717 六二・9）

2 心地のかき乱る心地のみして。（717 六二・12）

考え方 「のみ」は、限定・強意を表す副助詞で、「…だけ」「…ばかり」などと訳されることが多い。1は強意、2は限定の意。

解答例 1 何事につけても物事がひどく耐えがたく思われて、

2 気持ちが乱れる感じばかりがして。

言語活動　平安朝の結婚

※教719では、「更級日記」（本書181～195ページ）の後に学習します。

教717 P.64
教719 P.92

活動の手引き

一　『蜻蛉《かげろう》日記』において、作者道綱母《みちつなのはは》が夫兼家《かねいえ》との結婚生活の中で抱いていた悩みや不満は、当時の結婚形態とどのように関係しているだろうか。教科書採録箇所の前後を読んで、考えをまとめてみよう。

解答例　道綱母が夫兼家と結婚したとき、兼家にはすでに時姫という正妻がおり、道隆という長男もいた。兼家の第二夫人という立場である。結婚当初は、兼家は道綱母のもとに頻繁に通って来ており、彼女も夫の愛情を勝ち得たと感じていた。しかし、道綱を産んだ後、夫の愛情は別の女性に向けられることになる。

当時の結婚形態では、一夫多妻が認められていたため、このようなことが起きた。しかも、夫婦はいっしょに住まないため、女性の立場では、夫が通って来てくれるのをひたすら待つしかない。他の女性の所に通っていてもそれをやめさせることもできないのである。

道綱母が夫兼家の愛情を勝ち得たのはつかの間で、その後長く、嫉妬と悲しみと苦悩に満ちた日々を送ることになる。夫の愛情がいつかは自分のところに帰って来ると信じて待っていたのに、結局はそうはならず、正妻の時姫のところに帰っていくというのも悲しい現実である。

枕《まくらの》草《さう》子《し》

清《せい》少《せう》納《な》言《ごん》

教717 P.66〜P.73　教719 P.52〜P.59

●枕草子とは

随筆。十一世紀初めごろの成立。作者は清少納言。清少納言は、一条天皇の中宮である定子《ていし》に仕えた。あるとき、定子の兄である内大臣の藤原伊周《ふじわらのこれちか》から、天皇と中宮に草子（綴《と》じ本）が献上された。その分厚い草子を中宮が清少納言に下賜する。その草子に書いたものが『枕草子』であると、跋文《ばつぶん》（あとがき）に記している。

三百前後の章段から成り、大きく三つの内容に分類される。

(1) 日記的章段……中宮定子に関する記録で、作者が直接見聞した内容から成る。「二月つごもりごろに」がこれに分類される。

(2) 類集《るいじゅう》的章段……「木の花は」（「…は」の型）、「すさまじきもの」（「…もの」の型）のような書き出しで、それぞれのものを列挙して短評を加える形式の章段。

(3) 随想的章段……(1)(2)以外のもの。(2)をふくらませたものとも考えられる。「野分《のわき》のまたの日こそ」はこれに分類される。

『枕草子』は、のちの『徒然草《つれづれぐさ》』の作者兼好《けんこう》法師にも影響を与えた。『源氏物語《げんじものがたり》』と並び称される平安女流文学の一つである。

木の花は

【大意】 1　教717 66ページ1〜7行　教719 52ページ1〜7行

木の花ですばらしいのは、紅梅。桜は花びらが大きく葉の色が濃いもの、藤は花房が長く垂れているのがよい。四月の下旬、五月の上旬のころの橘《たちばな》は、葉が色濃く、花が真っ白に咲き、雨の降った翌朝などは世にまたとないほど奥ゆかしい。こがねの玉かと見えるような実も明け方の桜にも劣らない。橘はほととぎすにゆかりが深いと思うからだろうか。

【品詞分解／現代語訳】

木	の	花	は、	濃き	も	薄き	も	紅梅。	桜	は、	花びら	大きに、	葉	の	色	濃き	が、	枝	細く	て	咲き
	格助		係助	ク・体	係助	ク・体	係助			係助		ナリ・用		格助		ク・体	格助		ク・用	接助	四・用

木の花は、（色が）濃いのも薄いのも紅梅（がすばらしい）。桜は、花びらが大きくて、葉の色の濃いのが、枝が細くて咲いている（のがよい）。

たる。藤の花は、しなひ長く、色濃く咲きたる、いとめでたし。
藤の花は、垂れ下がった花房が長く、色濃く咲いているのが、とてもすばらしい。

四月のつごもり、五月のついたちのころほひ、橘の葉の濃く青きに、花のいと白う
四月の下旬、五月の上旬のころ、橘の葉が濃く青々としている中に、花がたいそう白く

咲きたるが、雨うち降りたるつとめてなどは、世になう心あるさまにをかし。
咲いているのが、雨が降った翌朝などは、世にまたとない奥ゆかしい様子でおもしろい。

花の中より、1 こがねの玉かと見えて、いみじうあざやかに見えたるなど、朝露に
（その）花の中から、黄金の玉かと思えるように、（実が）とても色あざやかに見えているのなどは、朝露に

濡れたるあさぼらけの桜に劣らず。ほととぎすのよすがとさへ思へばにや、
濡れている明け方の桜（の美しさ）に劣らない。ほととぎすにとって縁の深いものとまでも思うからだろうか、

なほさらに言ふべうもあらず。
やはりあらためて言うまでもない（ほどすばらしい）。

語句の解説 1

教717 66ページ　教719 52ページ

2 **しなひ《イ》長《なが》く**　垂れ下がった花房が長く。
「しなひ」は、動詞「しなふ」の名詞形。

2 **いとめでたし**　とてもすばらしい。
「めでたし」は、①「立派だ、すばらしい」、②「祝う価値がある」などの意味。ここでは①。

4 **雨《あめ》うち降《ふ》りたるつとめて**　雨が降った翌朝。
「たる」を「完了」ではなく「存続」ととると、雨が降っている早朝。

1 「こがねの玉かと見え」るのは何か。

答 橘の実。

7 **言《い》ふ《ウ》べう《ビョウ》もあらず**　言うまでもないほどすばらしい。
「べう」は助動詞「べし」（当然）のウ音便。

【大　意】　2　教717 66ページ8行〜67ページ10行　教719 52ページ8行〜53ページ10行

梨《なし》の花は、全くつまらないものと思われているが、中国ではこのうえなくすばらしい花とされている。漢詩文にもよまれ、比類がないもののように思われる。桐《きり》の木の花なども、ほかの木とは別格である。中国では鳳凰《ほうおう》がこの木にだけとまり、弦楽器の材料になるなど、実にすばらしい。木の格好はみっともないが、楝《おうち》の花は枯れたように風変わりに咲き、五月五日の節句に咲き合わせるというのもおもしろい。

【品詞分解／現代語訳】

格助　副　シク・体　助動・断・用　接助　ク・用(音)　四・未　助動・打・用　ク・体　下二・用　副助　副助
梨 の 花、よに すさまじき もの に して、近う もてなさ ず、はかなき 文 つけ など だに
梨の花は、全くつまらないものだとして、身近に観賞することもなく、ちょっとした手紙を結びつけなどさえしな

サ変・未　助動・打・用　下二・用　助動・存・体　格助　副助　格助　上一・用　接助　係助　格助　四・体　係助　副　格助
せ ず、愛敬 おくれ たる 人 の 顔 など を 見 て は たとひ に 言ふ も、げに 葉 の
いで、かわいげのない（女の）人の顔などを見てはそのたとえに言うのも、なるほど葉の

格助　下二・用　接助　ク・用　下二・体　接助　格助　係助　ク・体　格助　格助　係助　四・体　副
色 より はじめ て あいなく 見ゆる を、唐土 に は 限りなき もの にて 文 に も 作る、なほ
色をはじめとしておもしろみがなく見えるけれども、中国ではこのうえなくすばらしい花として漢詩文にもよんでいる、やはり

副　ラ変・未　助動・推・終　格助　副　上一・已　接助　格助　格助　2 シク・体　係助(係)
さりとも やう あら む と、せめて 見れ ば、花びら の 端 に をかしき にほひ こそ、
そうは言っても（中国ですばらしいとされるのには）理由があるのだろうと、よくよく気をつけて見ると、花びらの端に美しい色つやが、

ク・用(音)　四・用　助動・存・体(音)　助動・婉・已(結)　格助　格助　格助　四・用　接助　四・用　助動・過・体　格助　下二・用　接助
心もとなう つき た めれ。楊貴妃 の、帝 の 御使ひ に 会ひ て、泣き ける 顔 に 似せ て、
ほんのりとついているようだ。楊貴妃が、玄宗皇帝の御使者（の方士）に会って、泣いた顔を形容して、

格助　上二・用　助動・存・終　副助　四・用　助動・存・体　係助　ナリ・未　助動・打推・終　格助　四・体　接助
「梨花 一枝 春 雨 を 帯び たり」など 言ひ たる は、おぼろけなら じ と 思ふ に、
「梨花一枝　春　雨を帯びたり」などと（白居易が詩＝「長恨歌」に）書いているのは、並たいてい（のほめ方）ではないだろうと思うと、

副　シク・用(音)　ク・体　係助　ラ変・未　助動・打推・終　格助　下二・用　助動・完・終
なほ いみじう めでたき こと は、たぐひ あら じ と おぼえ たり。
やはりとてもきわだったすばらしさは、ほかに類いがないのだろうと思われた。

桐 [格助] の 木 [格助] の 花、紫 [格助] に 咲き [四・用] たる [助動・存・体] は [係助] なほ [副] をかしき [シク・体] に [接助]、葉 [格助] の 広ごりざま [副] ぞ [係助(係)] うたて [副]

（桐の木の花が、紫に咲いているのは何と言ってもすばらしいが、葉が広がっている形は はなはだ）

こちたけれ [ク・已] ど [接助]、異木ども [格助] と ひとしう [シク・用(音)] 言ふ [四・終] べき [助動・当・体] に [助動・断・用] も [係助] あら [ラ変・未] ず [助動・打・終]。唐土 [格助] に ことごとしき [シク・体]

（大げさであるけれども、ほかの木々と同列に論ずべきではない。中国にたいそうな）

名 [格助] つき [四・用] たる [助動・存・体] 鳥 [格助] の、えり [四・用] て [接助] これ [(代)] に [格助] のみ [副助] ゐる [上一・終] らむ [助動・伝・体]、いみじう [シク・用(音)] 心ことなり [ナリ・終]。まいて [副] 琴 [格助] に 作り [四・用] て [接助]、

（名のついている（鳳凰という）鳥が、選んでこれ（＝桐の木）にばかりとまるとかいうのも、格別にすばらしい。まして（木の材は）弦楽器に作って、）

さまざまなる [ナリ・体] 音 [格助] の 出で来る [カ変・体] など [副助] は [係助]、をかし [シク・終] など [副助] 世 [格助] の 常 [格助] に 言ふ [四・終] べく [助動・可・用] やは [係助(係)] ある [ラ変・体(結)]。

（さまざまな楽の音が出てくるという点などは、おもしろいなどと世間並みに言ってすまされるであろうか（いや、すまされない）。）

いみじう [シク・用(音)] こそ [係助(係)] めでたけれ [ク・已(結)]。

（実にすばらしいことだ。）

木 [格助] の さま [格助] にくげなれ [ナリ・已] ど [接助]、楝 [格助] の 花、いと [副] をかし [シク・終]。かれがれに、さまことに 咲き [四・用] て [接助]、必ず 五月 [格助] 五日 [格助] に

（木の姿かたちはみにくいけれど、棟の花は、たいへん趣がある。枯れたように、風変わりに咲いて、必ず五月五日の節句に）

③ あふ [四・体] も [係助]、をかし [シク・終]。

（咲き合わせるというのも、おもしろい。）

（第三十四段）

語句の解説 ②

教717 66ページ 教719 52ページ

8 すさまじき つまらない。興ざめだ。
「すさまじ」は、不調和な感じから受ける不快な気持ちを表す形容詞。

8 はかなき ちょっとした。何ということもない。
「はかなし」の連体形。

11 さりとも そうは言っても。
副詞。ラ変の動詞「然り（さ）」＋接続助詞「とも」からできた語。

11 やうあらむ （すばらしいとされるのは）理由があるのだろう。
この「やう」は、「理由、事情、子細」の意味。ほかに「様式、形式」「姿、様子」「方法、手段」などの意味もある。

2 **「をかしきににほひ」とは、どのような意味か。**

答 美しい色つや。

11**にほひ《オイ》** 色つや。現代語とは違い、色彩の美を表す語。

教717 67ページ　教719 53ページ

1**心《こころ》もとなう《ノウ》つきため《タン》れ** ほんのりとついているようだ。

「ためれ」は、「たるめれ→たんめれ」と変化し、撥《はつ》音便の「ん」が表記されないもの。

2**おぼろけならじ** 並たいてい(のほめ方)ではないだろう。

形容動詞「おぼろけなり」は、「おおよそ、普通」などの意味だが、多くは下に打消の語を伴って使われる。

4**うたてこちたけれど** はなはだ大げさであるけれども。

「うたて」は、普通でない様子。「ひどく」などと訳す。「こちたし」は、「大げさだ、ぎょうぎょうしい」などの意味。

6**えりて** 選んで。

「えり」は、動詞「える」の連用形。漢字で表記すると「選る」。

8**やはある** …であろうか(いや、…ない)。

「やは」(係助詞・反語)→「ある」(補助動詞・ラ変・連体形)で係り結び。

9**かれがれに** 枯れたように。

棟の花は、開花して数日で色があせて散るため。すぐ後に「必ず五月五日にあふ」とあることから、「枯れ枯れ」に「離《か》れ離《が》れ」を掛ける意識があると思われる。

3 **「あふ」はどの語と対応しているか。**

答 「棟」(あふち)(「あふち」に「会ふ」を掛ける)と「かれがれ」(「離れ離れ」なのに「会ふ」)。

学習の手引き

一 **作者は、どのような基準で木に咲く花を取り上げていると思われるか。花の咲く時期や花の色など、さまざまな要素も考慮に入れて、各自の考えを述べ合おう。**

考え方 花びらの大きさや色、形、花の咲く時期などに注目しているほか、「葉」の色との取り合わせや、「ほととぎす」などの「鳥」との関係、「唐土《もろこし》」(中国)でどう扱われているか、にも注目して取り上げている。

二 **本文中に使われている評言のうち、「めでたし」と「をかし」の違いはどのような点にあると思うか。各自の考えを述べ合おう。**

考え方 「めでたし」は、「藤の花」の花房が長く色濃く咲いているさま、「梨の花」が楊貴妃の顔にもたとえられるほど美しいこと、「桐の木」が花だけでなく鳳凰に好まれたり琴に作られたりすることのすばらしさをいうのに用いられている。これに対し、「をかし」は、「橘の花」が前夜の雨に濡れている風情、「棟の花」が紫色に咲いているさま、「桐の花」が一風変わった風情で、しかも五月五日に咲くことをおもしろく思う文脈で用いられている。

また、「をかしなど世の常に言ふべくやはある。いみじうこそめでたけれ」717 六七・7 719 五三・7のように、一続きの二文の中で「をかし」と「いみじ」を使い分けている点から考える。

解答例 「めでたし」は、条件なしに優れているものを言い表し、「をかし」は、より一般的な美意識にもとづく美しさ、おもしろさを言い表している。

言葉の手引き

一 次の古語の意味を調べよう。

1 つごもり 717 六六・3 719 五二・3　2 ついたち 717 六六・3 719 五二・3
3 つとめて 717 六六・4 719 五二・4　4 心あり 717 六六・4 719 五二・4
5 あさぼらけ 717 六六・6 719 五二・6　6 よに 717 六六・8 719 五二・8
7 あいなし 717 六六・10 719 五二・10　8 限りなし 717 六六・10 719 五二・10
9 せめて 717 六六・11 719 五二・11　10 心もとなし 717 六七・1 719 五三・1
11 おぼろけなり 717 六七・2 719 五三・2　12 うたて 717 六七・4 719 五三・4
13 こちたし 717 六七・4 719 五三・4　14 心ことなり 717 六七・6 719 五三・6

解答例 1 月の下旬。 2 月の上旬。 3 翌朝。早朝。
4 奥ゆかしいさま。 5 明け方 6 全く
7 おもしろみがない。 8 このうえなくすばらしい。
9 よくよく。しいて。 10 ほのかであるさま。
11 (打消の語を伴って)並ひととおりで(ない)。
12 ひどく。普通でないさま。 13 大げさだ
14 きわだってすばらしい。

すさまじきもの

【大　意】 1 教717 68ページ1～2行 教719 54ページ1～2行

「ものづくし」の段。「興ざめするもの」という題で、時季はずれ、不調和などによる不快なものの具体例を挙げている。

【品詞分解／現代語訳】

すさまじき（シク・体） もの、昼 ほゆる（下二・体） 犬。春 の（格助） 網代。三、四月 の（格助） 紅梅 の（格助） 衣。牛 死に（ナ変・用） たる（助動・完・体） 牛飼ひ。

興ざめするもの、昼ほえる犬。春の網代。三、四月ごろの紅梅襲の着物。牛が死んだ牛飼い。

乳児 亡くなり（四・用） たる（助動・完・体） 産屋。

赤ん坊の死んだ産室。

語句の解説 1

教717 68ページ 教719 54ページ

1 すさまじきもの 興ざめするもの。

「すさまじ」は、不調和なもの、殺風景な状態、期待はずれから

生じる不快な気持ち、興ざめた心情をいう語。

2 紅梅《こうばい》の衣《きぬ》　紅梅襲《がさね》の着物。

紅梅襲は表が紅梅(紅とも)、裏が蘇芳《すおう》(紫とも)。十一月から二月に着るもので、三、四月のものではない。

2 牛死《うしし》にたる牛飼《うしか》ひ《イ》　牛が死んだ牛飼い。

「牛飼ひ」は牛飼童《わらわ》のこと。牛車《ぎっしゃ》の牛を使う者。

【大意】　2　教717 68ページ3〜14行　教719 54ページ3〜14行

除目《じもく》に任官できなかった人の家。かつての奉公人たちも大勢つめかけて大騒ぎしていたが、主人の任官が不首尾に終わったと知るや、そっと立ち去ってしまう。そうもできない者は、来年国司が任命される国々を数えたりしているのは、気の毒で興ざめである。

【品詞分解/現代語訳】

格助　下二・未　助動・打・体　格助　係助　副　格助　四・用　接助　副　ラ変・用　助動・過・体　格助
除目 に 司 得 ぬ 人 の 家。今年 は 必ず と 聞き て、はやう あり し 者ども の、
除目に任官できない人の家。今年は必ず(任官するだろう)と聞いて、以前この家に仕えていた者たちで、

ナリ・用　助動・完・体　四・用　助動・存・体　格助　四・体　副助　副　カ変・用　接助　四・体　格助
ほかほかなり つる、田舎だち たる 所 に 住む 者ども など、みな 集まり来 て、出で入る 車 の 轅
(今は)他家に行った者たちや、田舎めいた所に(引っこんで)住んでいる者たちなどが、ことごとく集まって来て、出入りする牛車の轅も

係助　ク・用　下二・用　サ変・体　格助　(代)　係助　(代)　係助　格助　四・用　四・用　四・用
も ひま なく 見え、もの詣で する 供 に 我 も 我 も と 参り つかうまつり、もの 食ひ 酒
すきまがないほど立て込んで見え、(任官祈願の)寺社詣でをするお供として我も我もと参上しお仕え申し上げ、ものを食べ酒を

四・用　四・已　助動・存・体　接助　下二・体　副助　四・体　係助　サ変・未　助動・打・用　シク・用(音)　副助
飲み ののしり合へ る に、果つる 暁 まで 門 たたく 音 も せ ず、あやしう など 耳
飲んでみなで騒ぎ合っているのに、(除目の)終わる明け方まで(任官を知らせる使いが)門をたたく音もせず、「おかしい」などと耳を

下二・用　接助　四・已　接助　四・体　副助　サ変・用　接助　副助　副　下二・用　補尊・四・用　助動・完・終　四・用
立て て 聞け ば、前駆 追ふ 声々 など し て、上達部 など みな 出で 給ひ ぬ。もの 聞き
澄まして聞くと、先払いをするいくつもの声などがして、(除目に参列した)公卿などが残らず(宮中から)退出なさってしまった。(除目の)情報

格助　格助　四・用　ラ変・用　助動・過・体　副　ナリ・用　カ変・体　格助　上一・体　係助　副
に、宵 より 寒がり わななきをり ける 下衆男、いと もの憂げに 歩み来る を、見る 者ども は、え
を聞きに、(前日の)宵のうちから(出かけて)寒がって震えていた下男が、とても憂うつそうに歩いて来るのを、見る人たちは、(結果を察して、どうだった

四・用 格助 副助 係助 四・未 助動・打・終 格助 カ変・用 助動・完・体 副助 係助 係助 (代) 格助 係助(係) 四・未

問ひ に だに も 問は ず。 ほか より 来 たる 者 など ぞ、「殿 は、何 に か なら

かと)尋ねることさえもできない。ほかからやって来た人などが、「(この家の)ご主人は、何におなりに

助動・尊・用 補尊・四・用 助動・完・体(結) 副助 四・体 接助 格助 係助 (代) 格助 格助 係助 係助 副助 係助(係) 副

せ 給ひ たる。」など 問ふ に、いらへ に は、「何 の 前司 に こそ は。」など ぞ、必ず

なりましたか。」などと尋ねると、(その)答えには、「どこそこの国の前の国司ですよ。」などと、必ず

3 下二・体(結) 副 四・用 助動・過・体 係助 副 シク・終 格助 四・已 助動・存・終 格助 四・用 接助 ク・用

いらふる。まことに 頼み ける 者 は、いと 嘆かし と 思へ り。 つとめて に なり て、ひま なく

答える。(主人の任官を)心底あてにしていた者は、ひどく嘆かわしいと思っている。翌朝になって、すきまもなく

ラ変・用 助動・完・体 下二・用 接助 ナ変・終 ク・体 格助 副 副 下二・終 助動・打推・体

をり つる 者ども、一人 二人 すべり出で て いぬ。古き 者ども の、さも え 行き離る まじき

詰めていた人たちも、一人二人とこっそり抜け出して帰ってしまう。古参の人たちで、そんなふうに(その家から)離れていけそうもない

係助 格助 格助 四・用 接助 下二・用 副助 サ変・用 接助 四・用 助動・存・体 係助 シク・用(音)

は、来年 の 国々、手 を 折り て うち数へ など し て、揺るぎありき たる も、いとほしう、

者は、来年(国司が交替するはず)の国々を、指を折って数えなどして、体を揺さぶって勇んで歩き回っているのも、気の毒で、

ナリ・終

すさまじげなり。

興ざめのする様子であることだ。

(第二十二段)

語句の解説 2

教717 68ページ 教719 54ページ

3 司《つかさ》 国司の官職。

「司得ぬ」で「官職を得られない」となる。

1 「必ず」どうするのか。

答 国司に任命される。

4 出《い》で入《い》る車《くるま》の轅《ながえ》もひまなく見《み》え 出入りする牛車の轅もすきまがないほど立て込んで見え。訪問客の多いさまをいう。「轅」は牛につけるための車の引き手。

2 「もの詣で」をするのは何のためか。

答 この家の主人の、任官成就祈願のため。

6 果《は》つる暁《あかつき》 (除目の)終わる明け方。

除目は通例三日続くが、新任者が決定するのは終わりの日の夜が普通で、会議は午後から始まって深夜に及ぶことが多かった。正月の中旬に行われた。

9 え問《と》ひ《イ》にだにも問《と》は《ワ》ず　尋ねることさえもできない。「え…ず(打消)」で、不可能の意を表す。「だに」は「…さえ」の意の副助詞。

10 何《なに》にかならせ給《たま》ひ《イ》たる　「か」は疑問の係助詞。「たる」は完了の助動詞「たり」の連体形で結びの語。「せ給ふ」は、地の文にあっては最高敬語だが、ここは会話文なので、その限りではない。

10 何《なに》の前司《ぜんじ》にこそは　下に「侍れ」などの語句が省略されている。「前司」は、前の国司。任官されなかった主人を気遣い、直接言わずにその場を取りつくろうためにこう言った。

3 答 **どうしてそのように「いらふる」のか。**

今年の任官がなかったので、答えようがなく、その場をとりつくろうしかないから。

11 まことに頼《たの》みける者《もの》　(主人が任官することを)心底あてにしていた者。

13 さもえ行《ゆ》き離《はな》るまじきは　そんなふうに(その家から)離れていけそうもない者は。「さ」は「ひまなくをりつる者ども、一人二人すべり出でていぬ」をさす。「え…(打消)」で、不可能の意を表す。

14 いとほしう《オシュウ》　気の毒で。「いとほしう」は、「いとほしく」のウ音便。

学習の手引き

一 第一段落であげられている事柄について調べ、どういう理由で「すさまじきもの」の例に当たるのか、それぞれについて説明してみよう。

解答例
・昼ほゆる犬…犬は番犬として夜にほえるのがふさわしいのに、明るいうちからほえるのは場違いであるから。
・春の網代《あじろ》…網代は冬に氷魚《ひお》をとるためのしかけであって、春に見るのは季節外れであるから。
・三、四月の紅梅の衣…紅梅がさね(表が紅色、裏が蘇芳《すおう》色)は十一月から二月にかけて着る衣で、三、四月は季節外れであるから。
・牛死にたる牛飼ひ…牛がいてこその牛飼いであるのに、牛が死んでは牛飼いの役割を果たせないから。
・乳児亡くなりたる産屋…産屋はお産のための部屋であるのに、子供が亡くなっては何の意味もないから。

二 最後に述べられている「すさまじげなり」は、どのようなことに対する評言か、説明してみよう。

解答例　こっそり帰ることもできない古参の者が、来年のことを期待するふりでその場をとりつくろっていることに対する評言。

言葉の手引き

一 次の古語の意味を調べよう。

1 すさまじ 717 六八・1 719 五四・1　2 ひま 717 六八・5 719 五四・5

3ののしる 717 六八・6 719 五四・6　4あやし 717 六八・6 719 五四・6
5わななく 717 六八・8 719 五四・8　6いとほし 717 六八・14 719 五四・14

解答例　1 興ざめだ　2 すきま　3 騒ぐ
4 おかしい。変だ。　5 ふるえる　6 気の毒だ

二 次の文を品詞に分け、口語訳しよう。

・え問ひにだにも問はず。(717 六八・9 719 五四・9)

解答例
・品詞…え(副詞)/問ひ(動詞)/に(助詞)/だに(助詞)/も(助詞)/問は(動詞)/ず(助動詞)。
・口語訳…尋ねることさえもできない。

言語活動　現代語との比較

教717 P.69　教719 P.55

活動の手引き

一 次の形容詞について、かっこ内の古語の意味を調べ、現代語の意味との違いを説明してみよう。

1うしろめたい(うしろめたし)

「うしろめたし」には、①「なりゆきが気がかりだ」、②「気がとがめる」などの意味がある。「後ろ辺《へ》痛し」または「後ろ目痛し」などが語源と考えられ、後方、つまり見えない所が気になって不安だ、という気持ちを表す。

現代語の「うしろめたい」は、「うしろめたし」の②の意味で使われている。「やましいところがあって気がとがめる」気持ちを表す。

2おとなしい(おとなし)

「おとなし」の意味は、①「大人びている」、②「年配でおもだっている」など。対義語は「をさなし」。

現代語の「おとなしい」は、①「態度や性質が温和である」、②「落ち着いていて派手でない」などの意味。

3かなしい(かなし)

「かなし」は、漢字で表記した場合、二系統が考えられる。

・「愛し」は、①「かわいい」、②「身にしみておもしろい」など。
・「悲し・哀し」は、①「かわいそうだ」、②「ひどい」など。

現代語の「かなしい」は、「つらくて心が痛むさま」。「かなし」の「悲し・哀し」に比較的近いようだが、使われ方がかなり違う。

4はしたない(はしたなし)

「はしたなし」は、①「中途半端だ」、②「みっともない」、③「無愛想だ」、④「はげしい」などの意味がある。

現代語の「はしたない」は、「下品で見苦しい様子」を表す。「はしたなし」の②に近い意味で使われている。

5はずかしい(はづかし)

「はづかし」は、①「こちらが気恥ずかしくなるほど相手が立派だ」、②「気づまりだ」という意味を表す。

現代語の「はずかしい」には、①「誤りや欠点などを意識してき

まりが悪くなる様子」、②「気おくれがする」の意味がある。現代語の②の意味が「はづかし」の①の意味に通じている。

6 やさしい(やさし)

「やさし」は本来、「痩せる」という意味の「痩す」からきているため、「身が痩せるほどたえがたい」の意味を持つ。そのほかにも「恥ずかしい」「優美だ」などの意味がある。

現代語の「やさしい」は、「思いやりがある」という意味でよく使われるが、「やさし」と同じように「優美だ」という意味もある。

このように、複数の意味を持っていた古語が、現代になって、ある一つの意味だけを受け継いでいることもある。

野分《のわき》のまたの日こそ

【大　意】 1 教717 70ページ1～5行　教719 56ページ1～5行

野分の吹いた翌日は、しみじみと趣深いものである。庭も風に荒らされているが、格子のます目に木の葉が吹き込んでいるのは、荒々しい風のしわざとも思えないような光景である。

【品詞分解／現代語訳】

野分 の(格助) **また**(副) の(格助) **日** こそ(係助(係))、**いみじう**(シク・用(音)) **あはれに**(ナリ・用) **をかしけれ**(シク・已(結))。**立蔀・透垣** など(副助) の(格助) **乱れ**(下二・用) たる(助動・存・体)

野分の(吹いた)翌日は、たいそうしみじみとしていて心ひかれる。立蔀や透垣などが乱れ(倒れ)ているうえに、

に(接助)、**前栽ども** **いと**(副) **心苦しげなり**(ナリ・終)。**大きなる**(ナリ・体) **木ども** も(係助) **倒れ**(下二・用)、**枝** など(副助) **吹き折ら**(四・未) れ(助動・受・用)

庭の植え込みもたいそう痛々しい様子である。大きな木々も倒れ、枝などの吹き折られたのが、

たる(助動・完・体) が(格助)、**萩・をみなへし** など(副助) の(格助) **上** に(格助) **よころばひ**(四・用) **伏せ**(四・已) る(助動・存・体)、**いと**(1 副) **思はずなり**(ナリ・終)。

萩やおみなえしなどの上に横倒しになって覆いかぶさっているのは、たいそう思いがけない。

格子 の(格助) **壺** など(副助) に(格助)、**木の葉** を(格助)、**ことさらに**(ナリ・用) **し**(サ変・用) たら(助動・完・未) む(助動・婉・体) やうに(助動・比・用)、**こまごまと**(副)

格子の一こま一こまなどに、木の葉を、わざわざしたように、こまごまと

吹き入れ(下二・用) たる(助動・存・体) こそ(係助(係))、**荒かり**(ク・用) つる(助動・完・体) **風** の(格助) **しわざ** と(格助) は(係助) **おぼえ**(下二・未) ね(助動・打・已(結))。

吹き入れているのは、強く激しかった風のしわざとは思われない。

語句の解説 1

教717 70ページ　教719 56ページ

1 野分《のわき》のまたの日《ひ》　野分の(吹いた)翌日。
「野分」は「秋に吹く強い風・台風」のこと。

1 「いと思はずなり。」とは、どのような気持ちか。

答　予想を超えたありさまを痛々しく思う気持ち。

【大　意】 2　教717 70ページ6行～71ページ3行　教719 56ページ6行～57ページ3行

小袿《こうちき》姿の美しい女性が髪の毛を風で乱されている様子もすばらしい。また、十七、八歳くらいの女が、庭の片づけをしている子供たちや若い人々の様子を、簾《すだれ》を押し張ってうらやましそうに眺めている姿も趣深い。

【品詞分解／現代語訳】

いと[副] 濃き[ク・体] 衣 の[格助] 上曇り[四・用] たる[助動・存・体] に、[格助] 黄朽葉 の[格助] 織物、薄物 など[副助] の[格助] 小袿 着[上一・用] て、[接助]

(紫、または紅の)とても濃い色の着物で表面の艶があせているのに、黄朽葉(縦糸が紅、横糸が黄)の織物や、薄く織った絹織物などの小袿を着て、

まことしう[シク・用(音)] 清げなる[ナリ・体] 人 の、[格助] 夜 は[係助] 風 の[格助] さわぎ に[格助] 寝[下二・未] られ[助動・可・未] ざり[助動・打・用] けれ[助動・過・已] ば、[接助]

実直そうで美しい人が、　夜は風の騒がしさに寝られなかったので、

久しう[シク・用(音)] 寝起き[上二・用] たる[助動・完・体] まま に、[格助] 母屋 より[格助] 少し[副] ゐざり出で[下二・用] たる、[助動・存・体] 髪 は[係助] 風 に[格助]

朝遅くまで寝ていて起き出した姿のままで、　母屋から少し座ったまますべり出ている(状態で)、　髪は風に

吹きまよはさ[四・未] れ[助動・受・用] て[接助] 少し[副] うちふくだみ[四・用] たる[助動・存・体] が、[格助] 肩 に[格助] かかれ[四・已] る[助動・存・体] ほど、

吹き乱されて少しそそけ立っているのが、　肩にかかっている様子は、

まことに[副] めでたし。[ク・終]

本当にすばらしい。

ものあはれなる[ナリ・体] けしき に[格助] 見出だし[四・用] て、[接助] 「むべ[副] 山風 を」[格助] など[副助] 言ひ[四・用] たる[助動・存・体] も、[係助] 心 あら[ラ変・未]

(その人が)なんとなくしみじみとした様子で外を見やって、　「むべ山風を」などと言っているのも、　情趣を理解す

助動・推・終 格助 下二・体 接助 副助 助動・断・用 係助(係) ラ変・未 助動・推・体(結) ク・用(音) 係助 ラ変・未
むと見ゆるに、十七、八ばかりにやあらむ、小さうはあら
る(人な)のだろうと見えるが、十七、八歳くらいであるだろうか、小さくはないけれど、

助動・打・已 接助 副 格助 係助 下二・未 助動・打・体 格助 格助 格助 シク・用(音) 下二・用
ねど、わざと大人とは見えぬが、生絹の単のいみじうほころび絶え、
特に大人とは見えない人が、生絹の単衣で縫い合わせずにおく開きの部分(の糸)がひどく切れ、

係助 四・用 下二・用 副助 サ変・用 助動・存・体 格助 格助 上一・用 接助 ナリ・用 副
花もかへり濡れなどしたる、薄色の宿直物を着て、髪、色に、こまごまと
縹色(薄い藍色)も色あせてしっとりしているのに、薄紫色の夜着を着て、髪は、美しくつややかで、こまやかに

シク・用(音) 係助 格助 助動・比・用 接助 副助 助動・断・用 助動・過・已 接助 格助 格助
うるはしう、末も尾花のやうにて、丈ばかりなりければ、衣の裾に
きちんと整っていて、髪の末も尾花のようで(ふさふさとして)、(長さは)背丈くらいであったので、着物の裾をはみ出して

下二・用 接助 格助 格助 下二・体 接助 ク・体 格助 格助 四・未 助動・受・用
はづれて袴のそばそばより見ゆるに、童べ、若き人々の、根ごめに吹き折られ
袴の左右から(髪が)見えているが、召し使いの少女や、若い女房たちが、根こそぎ吹き折られた(花や木を)、

助動・完・体 (代) 格助 下二・用 下二・用 副助 サ変・体 格助 ナリ・用 四・用 接助
たる、ここかしこに取り集め、起こし立てなどするを、うらやましげに押し張りて、
あちらこちらに取り集めて、起こし立てたりなどするのを、うらやましそうに手で簾を外に押し張って、

格助 四・用 助動・存・体 係助 ク・終
簾に添ひたる後ろ手も、をかし。
簾に寄り添って(眺めて)いる後ろ姿も、心ひかれる。

(第百八十八段)

語句の解説 2

教717 70ページ 教719 56ページ

6 **まことしう《シュウ》清《きよ》げなる人《ひと》** 実直そうで美しい人。
「まことしう」は形容詞「まことし」の連用形「まことしく」のウ音便。「真面目で実直そうだ」という意味。「清げなり」は、さっぱりとして美しいさまをいう。

8 **ゐ《イ》ざり出《い》でたる** 座ったまますべり出ている(状態で)。
「ゐざり出づ」は、座ったまま膝で進み出ること。

10 **心《こころ》あらむ《ン》** 情趣を理解する(人な)のだろう。
「心あり」は「情趣を理解する」という意味。

12 **見《み》えぬが** 見えない人が。
「が」は、主格の格助詞。

学習の手引き

一 冒頭に「野分のまたの日こそ、いみじうあはれにをかしけれ。」とあるが、第一段落に描かれた記述で、「あはれなり」「をかし」と評価されているのはそれぞれどのような情景か、説明してみよう。

解答例　・「あはれなり」（しみじみと心打たれる）…「立蔀《たてじとみ》・透垣《すいがい》などの乱れたる（立蔀や透垣などが乱れ倒れている）」717 七〇・1 719 五六・1「前栽《せんざい》どもいと心苦しげなり（庭の植え込みもたいそう痛々しい様子である）」717 七〇・2 719 五六・2「大きなる木どもも倒れ、枝など吹き折られたるが、萩・をみなへしなどの上によころばひ伏せる（大きな木々も倒れ、枝などの吹き折られたのが、萩やおみなえしなどの上に横倒しになっている）」717 七〇・2 719 五六・2

・「をかし」（心ひかれる）…「格子の壺などに、木の葉を、ことさらにしたらむやうに、こまごまと吹き入れたる（格子の一こま一こまなどに、木の葉を、わざわざしたように、こまごまと吹き入れている）」717 七〇・4 719 五六・4

二 第二段落と第三段落に描かれている二人の女性は、どのような点が台風の翌日の風情として評価されているのか。衣服と髪以外の記述からそれぞれまとめてみよう。

解答例　・第二段落の女性…野分のせいで眠れなかった実直そうで美しい女性が、朝寝をした後、母屋からいざり出て、「むべ山風を」などと口ずさむ様子。

・第三段落の女性…十七、八歳くらいの若い女性が、野分の風のせいで乱れた庭を人々が片づけている様子を、身を乗り出してうらやましそうに眺めている後ろ姿。

言葉の手引き

一 次の古語の意味を調べよう。

1 心苦しげなり 717 七〇・2 719 五六・2
2 思はずなり 717 七〇・3 719 五六・3
3 ことさらなり 717 七〇・4 719 五六・4　4 まことし 717 七〇・6 719 五六・6
5 清げなり 717 七〇・7 719 五六・7　6 ゐざる 717 七〇・8 719 五六・8
7 わざと 717 七〇・11 719 五六・11　8 色なり 717 七〇・13 719 五六・13
9 うるはし 717 七〇・13 719 五六・13　10 後ろ手 717 七一・2 719 五七・2

解答例　1 痛々しい　2 思いがけない
3 わざわざするさま。　4 真面目で実直そうなさま。
5 さっぱりと美しい。　6 座ったまま進む。
7 特に　8 美しくつややかなさま。
9 きちんと整っているさま。　10 後ろ姿

二 本文中から、同格のはたらきをしている格助詞「の」を指摘してみよう。

解答例　・いと濃き衣の上曇りたる 717 七〇・6 719 五六・6
・生絹《すずし》の単《ひとへ》のいみじうほころび絶え 717 七〇・12 719 五六・12

二月つごもりごろに

【大意】 1 教717 72ページ1〜12行 教719 58ページ1〜12行

二月の下旬のころ、雪が舞い散る日に、公任《きんとう》の宰相《さいしょう》からのお使いが来て和歌の下の句を書いた手紙を差し出す。なんと返事をしていいか悩むが、遅いよりはと思い、上の句を作って急ぎお使いの者に渡した。

【品詞分解／現代語訳】

二月 つごもりごろ に〔格助〕、風 いたう〔ク・用(音)〕 吹き〔四・用〕 て〔接助〕、空 いみじう〔シク・用(音)〕 黒き〔ク・体〕 に〔格助〕、雪 少し〔副〕 うち散り〔四・用〕 たる〔助動・存・体〕 ほど、

二月下旬のころに、風がひどく吹いて、空がたいへん黒くなったうえに、雪が少し散っているとき、

黒戸 に〔格助〕 主殿寮 来〔カ変・用〕 て〔接助〕、「かうて〔副〕 候ふ〔四・終〕。」 と〔格助〕 言へ〔四・已〕 ば〔接助〕、寄り〔四・用〕 たる〔助動・完・体〕 に〔接助〕、「これ〔代〕、公任 の〔格助〕 宰相殿 の〔格助〕。」

(清涼殿の北廂の)黒戸(の部屋)に主殿寮の役人が来て、「ごめんください。」と言うので、近寄ったところ、「これは、(藤原)公任の宰相様からの

とて〔格助〕 ある〔ラ変・体〕 を〔格助〕 見れ〔上一・已〕 ば〔接助〕、懐紙 に〔格助〕、

(お手紙です)。」と言って差し出すのを見ると、懐紙に、

少し〔副〕 春 ある〔ラ変・体〕 心地 こそ〔係助(係)〕 すれ〔サ変・已(結)〕

わずかに春が来た気配がするよ。

と〔格助〕 ある〔ラ変・体〕 は〔係助〕、げに〔副〕 今日 の〔格助〕 けしき に〔格助〕 いと〔副〕 よう〔ク・用(音)〕 合ひ〔四・用〕 たる〔助動・存・体〕 を〔接助〕、これ〔代〕 が〔格助〕 本 は〔係助〕 いかで〔副〕 か〔係助(係)〕

と書いてあるのは、本当に今日の天候にとてもよく合っている(下の句である)が、これの上の句はどのように

付く〔下二・終〕 べから〔助動・適・未〕 む〔助動・推・体(結)〕 と〔格助〕、思ひわづらひ〔四・用〕 ぬ〔助動・完・終〕。「たれたれ〔代〕 か〔係助〕。」 と〔格助〕 問へ〔四・已〕 ば〔接助〕、「それそれ〔代〕。」 と〔格助〕 言ふ〔四・終〕。

付けたらよいのだろうと、思い悩んでしまった。「誰々が(殿上に)いらっしゃるのか。」と尋ねると、「だれそれ。」と言う。

1 みな いと〔副〕 はづかしき〔シク・体〕 中 に〔格助〕、宰相 の〔格助〕 御いらへ を〔格助〕、いかで〔副〕 か〔係助(係)〕 ことなしび に〔格助〕 言ひ出で〔下二・未〕 む〔助動・推・体(結)〕

どなたもみなとても恥ずかしくなるほどの立派な方々の中に、宰相へのお返事を、どうしてなんでもないふうに言ってやれようか(いや、言っては

格助 格助 シク・体 接助 格助 サ変・未 助動・使・未 助動・意・終 格助 サ変・已 接助 格助 四・用 接助
と、心一つ に 苦しき を、御前 に 御覧ぜ させ む と すれ ど、上 の おはしまし て
やれない)と、心の中で(悩んで)つらいので、中宮様にお目にかけようとするが、帝がおいでになって

四・用 助動・存・終 係助 ク・用 ク・用 格助 四・終 副 ク・用(音) 副助 ラ変・未 助動・仮・体 係助 副
大殿籠り たり。主殿寮 は、「とく、とく。」と 言ふ。げに、おそう さへ あら む は、いと
お休みになってしまっている。主殿寮の役人は、「早く、早く。」と言う。本当に、(歌も下手なうえに返事が)遅いとあっては、何の

ク・已 接助 感 格助
とりどころ なけれ ば、さはれ とて、
取り柄もないので、どうにでもなれと(思って)、

ク(語幹) 格助 下二・用 接助 四・体 格助
空 寒み 花 に まがへ て 散る 雪 に
空が寒いので、梅の花と見まちがえるかのように散る雪には

格助 副 四・用 接助 下二・用 接助 副 四・終 助動・現推・体 格助 シク・終
と、わななくわななく 書き て 取らせ て、いかに 思ふ らむ と、わびし。
と、(寒さと緊張で)震え震えしながら書いて持たせて、(殿上の方々は)どのように思っているだろうと(思うと)、つらい。

語句の解説 1

教717 72ページ　教719 58ページ

5 **今日《きょう》のけしきにいとよう合《あ》ひ《い》たる** 公任の宰相の下の句に対する作者の感想。『白氏文集《はくしぶんしゅう》』の漢詩をふまえていることに気づき、今日の日にぴったりだという。

5 **これが本《もと》はいかでか付《つ》くべからむ《ン》** これの上の句はどのように付けたらよいのだろう。

「本」は歌の上の句。下の句のことは「末」という。手紙には、下の句だけがあり、これに合った上の句を考えなければならない。

1 「みないとはづかしき中に」とは、どういう意味か。

答 どなたも、みな、とてもこちらが恥ずかしくなるほど立派な方々の中に。

9 **げに、おそうさへ《エ》あらむ《ン》は** 本当に、(歌も下手なうえに返事が)遅いとあっては。

10 **さは《ワ》れ** どうにでもなれ。
本来は、副詞「さ」＋係助詞「は」＋ラ変動詞「あり」の命令形。

11 **空寒《そらさむ》み花《はな》にまがへ《エ》て散《ち》る雪《ゆき》に** 作者が返事をした上の句。公任の宰相の下の句が白居易《はくきょい》の詩の第四句をふまえたものなので、その第三句「三時雲冷ややかにして多く雪を飛ばし(春・夏・秋の三時も冷たい雲から雪が多く降り)」をふまえた上の句を作った。白居易の詩をふまえたものだと気づいている、と暗に示している。

「寒み」は「寒いので」の意。「み」は接尾語で、形容詞などの語幹に付いて、原因・理由を示す。

【大意】 2 教717 72ページ13行～73ページ1行 教719 58ページ13行～59ページ1行

御殿に和歌の上の句を書いて贈ったが、その贈った後の反応を知りたいし、よくない評判だったら聞きたくないとも思ったが、「内侍《ないし》に推薦してはどうか」と評定した、ということを聞いた。

【品詞分解／現代語訳】

これ(代) が(格助) こと を(格助) 聞か(四・未) ばや(終助) と(格助) 思ふ(四・体) に、(接助) そしら(四・未) れ(助動・受・用) たら(助動・存・未) ば(接助) 聞か(四・未) じ(助動・打意・終) と(格助) おぼゆる(下二・体)

これ(歌)についての評判を聞きたいと思うのだが、けなされていたら聞きたくないと思っていると、

を、(接助)「俊賢 の(格助) 宰相 など、(副助)『なほ(副) 内侍 に(格助) 奏し(サ変・用) て(接助) なさ(四・未) む。(助動・意・終)』 と(格助) なむ、(係助(係)) 定め(下二・用) 給ひ(補尊・四・用) し。(助動・過・体(結))」

「(源)俊賢の宰相様などが、『やはり(清少納言を)内侍に(任命するように)と帝に申し上げよう。』と、評定なさった。」

と(格助) ばかり(副助) ぞ、(係助(係)) 左兵衛督 の(格助) 中将 に(助動・断・用) おはせ(補尊・サ変・未) し、(助動・過・体) 語り(四・用) 給ひ(補尊・四・用) し。(助動・過・体(結))

とだけは、左兵衛督で、(当時)中将でいらっしゃった人が、話してくださった。

(第百二段)

語句の解説 2

教717 72ページ 教719 58ページ

13 これがこと 「これ」は、作者が返した和歌の上の句をさす。その和歌を見た御殿の方々の評価が気になっているのである。

14 「なほ《オ》内侍《ないし》に奏《そう》してなさむ《ン》。」となむ《ン》、定《さだ》め給《たま》ひ《イ》し 「なむ」の結びは、過去の助動詞「き」の連体形「し」。内侍は天皇付きの女官。「奏す」は「言ふ」の謙譲語で、天皇・上皇に対してのみ用いる。中宮の女房である清少納言が内侍になることはないので、冗談でしかないが、内侍に推薦してもおかしくない才媛《さいえん》だ、と褒めたたえている。

学習の手引き

一 公任の手紙を受け取ってから返事をするまでの作者の心情を、場面の展開を追いながらまとめてみよう。

解答例 ① 公任の宰相からの和歌の下の句を見たとき

・「げに今日のけしきにいとよう合ひたる」 717 七二・5 719 五八・5→天候によく合っていると感心する。

・「これが本はいかでか付くべからむと、思ひわづらひぬ」 717 七二・5 719 五八・5→どんな上の句がよいかと困って思案する。

② 公任の宰相のほかにも誰かいるかと尋ねたとき
・「いかでかことなしびに言ひ出でむと、心一つに苦しきを」717七三・7 719五八・7→どうしたらよいだろうとさらに心配になる。
・「御前《おまへ》に御覧ぜさせむと……大殿籠りたり」717七三・8 719五八・8→中宮様にも相談できないので、困り、思い悩む。
③ お使いの者に「早く、早く。」と言われたとき
・「おそうさへあらむは、……さはれとて」717七三・9 719五八・9→どうにでもなれと意を決する。
④ 上の句を書いて返事をしたとき
・「わななくわななく書きて取らせ」717七三・12 719五八・12→緊張で震える。
・「いかに思ふらむと、わびし」717七三・12 719五八・12→どのように思われるか不安で、つらくなる。

二 作者の返事について

1 公任から出されたお題(下の句)のもととなった白居易の詩句(脚注5)と比べながら、作者が返した上の句を評価してみよう。
2 公任たちの評価はどのようであったのか、根拠となる言葉を示しながら、説明してみよう。

解答例 1 公任の下の句が白居易の詩の第四句を典拠にしているのに対して、上の句は同じ詩の第三句を典拠にしてつくられている。もとになる作品を即座に理解し、つながりを意識して答えているところに、作者の学識と機知がうかがえる。さらに、白居易の詩の「雪を飛ばし」717七三脚注5 719五八・脚注5に「花(梅)」の匂いを添えているところが、「二月」という季節にも合い、内容的にもすばらしい返歌となっている。
2 「なほ内侍に奏してなさむ。」717七三・14 719五八・14という言葉には、内侍(天皇付きの最高位の女官)にしてもよいほどすばらしい、という賞賛の意味がこめられている。

言葉の手引き

一 次の古語の意味を調べよう。

1思ひわづらふ717七三・6 719五八・6　3いらへ717七三・7 719五八・7
2はづかし717七三・7 719五八・7
4大殿籠る717七三・9 719五八・9
5とりどころ717七三・10 719五八・10
6さはれ717七三・10 719五八・10　7まがふ717七三・11 719五八・11
8わななく717七三・12 719五八・12　9わびし717七三・12 719五八・12
10そしる717七三・13 719五八・13　11奏す717七三・14 719五八・14

解答例 1 思い悩む　2 こちらが恥ずかしくなるほど立派だ。
3 返事　4 お休みになる。　5 取り柄
6 どうにでもなれ。　7 見まちがえる　8 震える
9 つらい　10 けなす　11 (帝に)申し上げる。

二 「おそうさへあらむは、いととりどころなければ、」(717七三・9 719五八・9)を、「さへ」によって何に何を添加しているかがわかるように口語訳しよう。

解答例 (歌も下手なうえに返事が)遅いとあっては、何の取り柄もないので。

言語活動　清少納言と漢文

教717 P.74　教719 P.60

活動の手引き

一 「夜《よ》をこめて」の歌をめぐるやりとりは、『枕草子《まくらのそうし》』の第百二十九段に記されている。このほか、漢詩や中国の逸話を話題としている第七十八段や第百八十五段などについても調べ、もととなった漢詩や逸話が話の中でどのように用いられているか、わかったことを報告し合おう。

解答例 第百二十九段には、頭弁《とうのべん》(＝藤原行成《ふじわらのゆきなり》)とのやりとりの中で、孟嘗君《もうしょうくん》の故事をふまえた和歌の応答が記されている。孟嘗君の故事とは、中国の戦国時代、斉《せい》の孟嘗君が秦《しん》の追っ手を逃れるために、早朝、食客の一人に鶏の鳴きまねをさせることで門を早く開けさせ、函谷関《かんこくかん》を脱出することに成功したという「鶏鳴狗盗《けいめいくとう》」の逸話のことである。行成が深夜早く帰った翌朝の手紙に「鶏の声にうながされて」と書いてきたので、「それは孟嘗君の鶏か」(清少納言)、「いや、函谷関ではなく、逢坂《おうさか》の関(男女の逢《あ》い引きの関所)のことだよ」(行成)と言い合った後、清少納言が、「夜をこめて鳥のそら音《ね》ははかるともよに逢坂の関はゆるさじ」(夜通し鶏の鳴きまねをしても逢坂の関は越えられませんよ。)と歌を贈り、結局、行成に褒められて清少納言の歌が評判になったというのである。

第七十八段・第百八十五段についても、ウェブ資料を読んで調べ、報告してみよう。

物語(二)

源《げん》氏《じ》物語

紫《むらさき》式《しき》部《ぶ》

教717 P.76~P.83 教719 P.62~P.69

●源氏物語とは

『源氏物語』は、成立年は未詳だが、一〇〇八年ごろには宮中で読まれ、評判になっていた。五十四帖《じょう》から成る。作者は紫式部。

『源氏物語』の構成は三つに分けるのが一般的である。

(1) 第一部(桐壺《きりつぼ》~藤裏葉《ふじのうらば》)
光源氏《ひかるげんじ》の出生から、不遇のときを経て栄華を極めるまでの前半生が描かれる。

(2) 第二部(若菜上《わかな》~幻《まぼろし》)
光源氏の後半生が描かれる。女三《おんなさん》の宮《みや》の輿《こし》入れ。女三の宮と柏《かしわ》木《ぎ》の不義。紫の上の病気と死。光源氏は、紫の上の死の悲しみに、出家を考える。

(3) 第三部(匂宮《におうみや》~夢浮橋《ゆめのうきはし》)
源氏の死後、薫《かおる》(光源氏と女三の宮との間の子だが、実父は柏木)や匂宮(母は明石《あかし》の中宮で、光源氏の孫)と、大《おお》い君《ぎみ》、中《なか》の君《きみ》、浮舟《うきふね》らとの恋が描かれる。

『竹取《たけとり》物語』などの伝奇性、『伊勢《いせ》物語』などの歌物語の性格、藤《ふじ》原道綱母《わらのみちつなのはは》の『蜻蛉《かげろう》日記』などの内省的な性格を総合した、平安文学の完成形とも言われる。後の物語や日記、歴史物語などにも大きな影響を与えた。

与謝野晶子《よさのあきこ》や谷崎潤一郎《たにざきじゅんいちろう》などをはじめとした作家によるさまざまな現代語訳があり、現在も訳され続けている。

光る君誕生

【大 意】 1 教717 76ページ1行~77ページ1行 教719 62ページ1行~63ページ1行

どの帝《みかど》の御代《みよ》であったか、さほど高貴な身分でもない方で帝の寵愛《ちょうあい》を一身に集めた更衣《こうい》がいた。他の女御《にょうご》や更衣などのねたみや恨みを買い、病がちになるが、帝はますます更衣を離そうとせず、人々のうわさにもなりつつあった。世の乱れる例も中国にあり、それを心配する人々もいて、更衣はいたたまれない気持ちでお仕えしていた。

【品詞分解／現代語訳】

（代） 格助 助動・断・用 係助 副 四・用 補尊・四・用 助動・過・体 格助 副 ク・体
いづれ の 御時 に か、女御・更衣 あまた 候ひ 給ひ ける 中 に、いと やむごとなき きは
どの（帝の）御代であったろうか、女御・更衣が大勢お仕え申し上げなさっていた中に、それほど高貴な身分

助動・断・用 係助 ラ変・未 助動・打・体 [1]格助 副 四・用 補尊・四・体 ラ変・用 助動・過・終 格助 （代） 係助 格助
に は あら ぬ が、すぐれて 時めき 給ふ あり けり。初め より 我 は と
ではない方で、特にきわだって帝のご寵愛を受けていらっしゃる方がいた。（宮仕えの）最初から自分こそはと

四・用 補尊・四・已 助動・完・体 シク・体 格助 下二・用 四・用 補尊・四・終 シク・体 （代）
思ひあがり 給へ る 御方々、めざましき もの に、おとしめ、そねみ 給ふ。同じ ほど、それ
自負しておられた（女御の）方々は、（この方のことを）目に余るものとして、さげすみ、ねたみなさる。（この方と）同じ身分か、

格助 格助 係助 副 ク・未 助動・打・終 格助 格助 下二・用 接助 係助 格助 格助
より 下臈 の 更衣たち は、まして やすから ず。朝夕 の 宮仕へ に つけ て も、人 の 心 を
それより身分の低い更衣たちは、（女御の方々よりも）まして心穏やかでない。朝夕の宮仕えにつけても、他の女性たちの（嫉妬の）心を

副助 四・用 格助 四・体 助動・断・用 係助（係） ラ変・用 助動・過原・体（結） 副 シク・用 四・用
のみ 動かし、恨み を 負ふ 積もり に や あり けむ、いと あつしく なりゆき、
ひたすらかきたて、恨みを受けることが積もったのだろうか、たいへん病気がちになってゆき、

ナリ・用 ナリ・体 格助 副 四・未 助動・打・用 ナリ・体 格助 四・用 接助 格助 格助
もの心細げに 里がちなる を、いよいよ 飽か ず あはれなる もの に 思ほし て、人 の そしり を
何となく心細そうに実家に戻りがちになるのを、（帝は）ますますたまらなく不憫なものにお思いになって、人々の非難をも

係助 副 四・未 助動・尊・用 補尊・四・未 助動・打・用 格助 格助 係助 四・用 助動・強・終 助動・当・体
も え はばから せ 給は ず、世 の ためし に も なり ぬ べき 御もてなし
はばかることがおできにならず、世の話の種にもなってしまいそうなご待遇である。

助動・断・終 副助 係助 ク・用 格助 下二・用 接助 副 ク・体 格助 助動・断・終
なり。上達部・上人 など も、あいなく 目 を そばめ つつ、いと まばゆき 人 の 御おぼえ なり。
公卿や殿上人なども、困ったことだとそれぞれ目をそむけて、まことに見ていられないほどの更衣のご寵愛の受けようである。

唐土 に も、かかる ことの起こり に こそ、世 も 乱れ あしかり けれ と、やうやう 天の下 に
（格助 係助 ラ変・体 (連語) 格助 係助(係) 係助 下二・用 シク・用 助動・過・已(結) 格助 副 格助）
中国にも、このような原因によって、世も乱れ悪いことになったものだと、だんだん世間でも、

も、あぢきなう、人 の もて悩みぐさ に なり て、楊貴妃 の ためし も 引き出で つ べく
（係助 ク・用(音) 格助 格助 四・用 接助 格助 係助 下二・用 助動・強・終 助動・当・用）
苦々しく、人々の悩みの種になって、楊貴妃の例も引き合いに出してしまいそうになってゆくので、

なりゆく に、いと はしたなき こと 多かれ ど、かたじけなき 御心ばへ の たぐひなき を 頼み にて、
（四・体 接助 副 ク・体 ク・已 接助 ク・体 格助 ク・体 格助 格助）
(更衣は)とてもいたたまれないことが多いのだが、もったいない(帝の)ご寵愛が比類のないことを頼りにして、

まじらひ 給ふ。
（四・用 補尊・四・終）
(他の女性に)まじって(宮仕えをして)いらっしゃる。

語句の解説 1

教717 76ページ 教719 62ページ

1 いづ《ズ》れの御時《おおんとき》にか 中古では、「御時」の「御」は、「おほん《オオン》」と読むのが一般的。「いづれの御時にか」の後に「ありけむ」を補って考える。

1 「が」の意味は何か。

答 …で。(「が」は同格の格助詞。すぐ後の「すぐれて時めき給ふ」と同格になっているので「…で」と訳す。)

2 すぐれて時《とき》めき給ふ《たまう》 特にきわだって帝のご寵愛を受けていらっしゃる。

「時めく」は、本来「時を得て栄える」の意。

5 恨《うら》みを負《お》ふ《ウ》積《つ》もりにやありけむ《ン》 恨みを受けることが積もったのだろうか。

「に」は断定の助動詞「なり」の連用形、「や」は疑問を表す係助詞、「けむ」は過去の原因推量の助動詞の連体形。「や…けむ」は係り結び。

7 えはばからせ給《たま》は《ワ》ず はばかることがおできにならず。帝が主語。副詞「え」は、打消の語を伴って、「…できない」の意。「せ」は尊敬の助動詞「す」の連用形、「給は」は尊敬の補助動詞「給ふ」の未然形。「せ給ふ」は尊敬語が二重に重なった表現で、地の文では、天皇・上皇などに対する最高敬語。

7 世《よ》のためしにもなりぬべき 世の話の種にもなってしまいそうな。

「ぬべき」は、強意の助動詞「ぬ」の終止形＋当然の助動詞「べし」の連体形。「…してしまいそうだ、…にちがいない」の意。

8 いとまばゆき人《ひと》の御《おおん》おぼえなり まことに見ていられないほどの

更衣のご寵愛の受けようである。「人」は、更衣をさす。「まばゆき」は「人」を修飾しているのではなく、「御おぼえ」を修飾している。

9 ことの起《お》こり　名詞「こと」＋格助詞「の」＋名詞「起こり」。

11 引《ひ》き出《い》でつべく　引き合いに出してしまいそうに。「つ」は、強意の助動詞「つ」の終止形。「べく」は当然の助動詞「べし」の連用形。

【大　意】 2　教717 77ページ2〜5行　教719 63ページ2〜5行

更衣の父親の大納言が亡くなり、母である北の方がさまざまなことを取りはからっていたが、更衣には取り立てて後見人もいないので、心細げである。

【品詞分解／現代語訳】

父 の(格助) 大納言 は(係助) 亡くなり(四・用) て(接助)、母 北の方 なむ(係助)、いにしへ の(格助) 人 の(格助)、よし ある(ラ変・体) に(助動・断・用) て(接助)、親

(更衣の)父の大納言が亡くなって、母の北の方は、古い家柄の出の人で、教養ある人であって、両親が

うち具し(サ変・用)、さしあたり(四・用) て(接助) 世 の(格助) おぼえ はなやかなる(ナリ・体) 御方々 に(格助) も(係助) いたう(ク・用(音)) 劣ら(四・未) ず(助動・打・用)、何事 の(格助)

そろっていて、当面は世間の評判が華やかな方々にもさほど劣らないで、どのような

儀式 を(格助) も(係助) もてなし(四・用) 給ひ(補尊・四・用) けれ(助動・過・已) ど(接助)、とりたて(下二・用) て(接助) はかばかしき(シク・体) 後見 し(副助) なけれ(ク・已) ば(接助)、こと ある(ラ変・体)

儀式でも取りはからっていらっしゃったが、(更衣には)これといってしっかりした後見人などはいないので、何か事があると

とき は(係助)、なほ(副) よりどころ なく(ク・用)、心細げなり(ナリ・終)。

きは、やはり頼りとするところもなく、心細そうな様子である。

語句の解説 2

教717 77ページ　教719 63ページ

2 北《きた》の方《かた》　高貴な身分の人の妻の尊称。寝殿《しんでん》造りの北の対《たい》に住むところからきた言葉。

2 いにしへ《エ》の人《ひと》の、よしあるにて　「いにしへの人の、」の「の、」は、同格を表す格助詞で「…で」の意。「よし(由)あり」は、「教養がある」。

3 いたう《トウ》　「いたう」は、形容詞「いたし」の連用形「いたく」のウ音便。本来は「甚だしい」などの意味だが、下に打消の語を伴い、「さほど、たいして」の意味となる。

4もてなし給《たま》ひ《イ》けれど　取りはからっていらっしゃったが。

―「もてなす」には、「世話をする、待遇する」の意味もある。

【大意】3　教717 77ページ6〜11行　教719 63ページ6〜11行

前世での宿縁の深さだろうか、美しい玉のような皇子が生まれた。第一皇子の母親は右大臣の娘なので、第一皇子が疑いなく皇太子であるが、この第二皇子の美しさとは比べるべくもない。帝の、第二皇子をかわいがるさまも、並たいていではない。

【品詞分解／現代語訳】

格助　係助　係助(係)　ク・用　助動・過原・体(結)　格助　ク・用　ナリ・体　格助　副助　下二・用
前の世 に も、御契り や 深かり けむ、世 に なく 清らなる 玉 の 男皇子 さへ 生まれ
前世でのご宿縁が深かったからであろうか、またとないほど清らかで美しい玉のような皇子までもお生まれになった。

補尊・四・用　助動・完・終　副　格助　四・未　助動・尊・用　補尊・四・用　接助　四・用　四・未　助動・使・用　接助　サ変・体　接助
給ひ ぬ。いつしか と 心もとながら せ 給ひ て、急ぎ 参ら せ て 御覧ずる に、
(帝は)早く(会いたい)と待ち遠しくお思いになって、急いで参内させて御覧になると、

ナリ・体　格助　助動・断・終　係助　格助　格助　助動・断・用　接助　ク・用
めづらかなる ちご の 御かたち なり。一の皇子 は、右大臣 の 女御 の 御腹 に て、よせ 重く、
めったにないような(美しい)幼子のお顔だちである。第一皇子は、右大臣の(娘である)女御の御腹(よりお生まれ)であり、後見がしっかりし、

ク・体　格助　格助　四・用　補謙・下二・已　接助　(代)　格助　格助　係助　四・用　補尊・四・終
疑ひ なき まうけの君 と、世 に もてかしづき 聞こゆれ ど、こ の 御にほひ に は 並び 給ふ
疑いようもない皇太子であると、世間でも大切にお世話申し上げているが、この(第二皇子の)照り映えるお美しさにはお並びになりよ

助動・可・用　係助　ラ変・未　助動・打・用　助動・過・已　接助　格助　2　ク・体　助動・断・用　接助　(代)　格助　格助
べく も あら ざり けれ ば、おほかた の やむごとなき 御思ひ に て、こ の 君 を
うもなかったので、(第一皇子に対しては、帝は)通りいっぺんの大切な方というおぼしめしで、この(第二皇子の)君を、

係助　格助　四・用　四・用　補尊・四・体　ク・終
ば、私物 に 思ほし かしづき 給ふ こと 限りなし。
かわいい秘蔵っ子とお思いになり大切にお世話なさることはこのうえない。

語句の解説 3

教717 77ページ　教719 63ページ

7いつしかと心《こころ》もとながらせ給《たま》ひ《イ》て　早く(会いたい)と待ち遠しくお思いになって。

「いつしか」は「いつ」（代名詞）＋「し」（強意の副助詞）＋「か」（疑問の係助詞）からできた言葉で、「早く」の意味。

7 **めづ《ズ》らかなる**　めったにない。
形容動詞「めづらかなり」は、普通と違っている様子を表す。良いことにも悪いことにも用いる。

9 **世《よ》にもてかしづ《ズ》き聞《き》こゆれど**　世間でも大切にお世話申し上げているが。
「もてかしづく」は「大切に世話をする」の意。「もて」は接頭語。

2　「やむごとなき御思ひ」とは、誰の誰に対する思いか。

答　帝の第一皇子に対する思い。

【大　意】 **4**　**教717** **77ページ12行～78ページ8行**　**教719** **63ページ12行～64ページ8行**

更衣は、世間なみに帝のそばでお世話をするような低い身分ではなかったが、帝がたびたびそばに呼び、無理やりそばから下がらせないので、軽い身分のように見えていた。しかし、皇子が生まれてからは、格別に厚遇しようとするので、第一皇子の母である女御は、皇太子に、第二皇子をつけるのではないかと疑うのだが、帝もこの女御のいさめは気遣わしく思っている。更衣は、さげすみ、あら探しをする人々に囲まれて心細く感じ、かえって帝の寵愛がなかったら、と思い悩む。

【品詞分解／現代語訳】

初め　より（格助）　おしなべて（副）　の（格助）　上宮仕へ　し（サ変・用）　給ふ（補尊・四・終）　べき（助動・当・体）　きは　に（助動・断・用）　は（係助）　あら（ラ変・未）　ざり（助動・打・用）　き（助動・過・終）。
（更衣は）最初から並みの女官のような天皇のそば勤めをなさるような（低い）身分ではなかった。

おぼえ　いと（副）　やむごとなく（ク・用）、上衆めかしけれ（シク・已）　ど（接助）、わりなく（ク・用）　まつはさ（四・未）　せ（助動・尊・用）　給ふ（補尊・四・体）　あまり　に（格助）、さるべき（連語）
世間の評判もとても並々でなく、身分の高い人らしく見えたが、（帝が）無理におそばにつき添わせなさるあまりに、しかるべき

御遊び　の（格助）　折々、何事　に（格助）　も（係助）　ゆゑ　ある（ラ変・体）　こと　の（格助）　ふしぶし　に（格助）　は（係助）、まづ（副）　まう上ら（四・未）　せ（助動・使・用）　給ふ（補尊・四・終）、
管弦の御遊びの折々や、何事でも由緒ある行事の折々には、まっ先に参上させなさる、

ある（連）　とき　に（格助）　は（係助）　大殿籠り過ぐし（四・用）　て（接助）、やがて（副）　候は（四・未）　せ（助動・使・用）　給ひ（補尊・四・用）　など（副助）、あながちに（副）　御前　去ら（四・未）　ず（助動・打・用）
またあるときにはお寝過ごしなさって、そのまま（翌日も）おそばにお仕え申し上げさせなさるなど、無理やりに御前から下がらないよう

四・未　助動・尊・用　補尊・四・用　助動・過・体　格助　副　ク・体　格助　係助　下二・用　助動・過・体　接助　(代)　格助
もてなさ せ 給ひ し ほど に、おのづから 軽き 方 に も 見え し を、こ の 皇子
待遇なさっていたうちに、自然と身分の軽い方にも見えたのだが、この皇子が

下二・用　補尊・四・用　接助　係助　副　ナリ・用　下二・用　助動・完・已　接助　格助　係助　ク・用(音)　サ変・未　助動・打・未
生まれ 給ひ て のち は、いと 心ことに 思ほしおきて たれ ば、坊 に も、よう せ ず
お生まれになってのちは、たいそう格別に待遇しようとお心づもりなさっていたので、皇太子にも、悪くすると、

接助　(代)　格助　格助　上一・用　補尊・四・終　助動・当・体　助動・断・体(音)　助動・定・終　格助　格助　係助　四・已
は、こ の 皇子 の ゐ 給ふ べき な めり と、一の皇子 の 女御 は おぼし疑へ
この皇子がおつきになるはずであるように見えると、第一皇子の(母である)女御はお疑いになった。

助動・完・終　格助　格助　四・用　補尊・四・用　接助　ク・体　副　助動・断・未　助動・打・用　副助
り。人 より 先 に 参り 給ひ て、やむごとなき 御思ひ なべて なら ず、皇女たち など
(この女御は、他の)人より先に入内なさって、(帝の)大切にお思いになるお気持ちは並々でなく、皇女たちなど

係助　四・已　接助　(代)　格助　格助　格助　副助　係助(係)　副　シク・用(音)　シク・用(音)　四・用
も おはしませ ば、こ の 御方 の 御いさめ を のみ ぞ、なほ わづらはしう、心苦しう 思ひ
もいらっしゃるので、この女御のおいさめだけを、やはり気遣わしく、気の毒なこととお思い

補謙・下二・未　助動・尊・用　補尊・四・用　助動・過・体(結)
聞こえ させ 給ひ ける。
申し上げなさった。

ク・体　格助　係助　四・用　補謙・下二・用　接助　下二・用　格助　下二・用　補尊・四・体　係助　ク・用　(代)　格助
かしこき 御かげ を ば 頼み 聞こえ ながら、おとしめ、疵 を 求め 給ふ 人 は 多く、わ が
(更衣は帝の)恐れ多いご庇護をお頼み申し上げるのだが、(その一方で)さげすみ、欠点を探し求めなさる人は多く、自分の

係助　ク・用　ク・体　助動・断・用　接助　ナリ・体　格助　係助(係)　サ変・用　補尊・四・体(結)
身 は か弱く ものはかなき ありさま に て、なかなかなる もの思ひ を ぞ し 給ふ。
身はか弱くはかないありさまであって、かえって(ご寵愛がなかったらとの)思い悩みをなさる。

係助　助動・断・終
御局 は 桐壺 なり。
お部屋は　桐壺である。

(桐壺)

語句の解説 4

教717 77ページ　教719 63ページ

13 **わりなくまつは《ワ》させ給《たまウ》ふ**　「わりなし」は「むやみだ、道理に合わない」の意。「まつはさ」は、四段活用の動詞「まつはす」の未然形で、「かたわらにつき添わせる」の意。

14 **まう上《モウのぼ》らせ給《たまウ》ふ**　参上させなさる。
動詞「まう上る」は「まゐ上る」のウ音便で「参上する」の意。「せ」は使役の助動詞「す」の連用形。

15 **大殿籠《おおとのごも》り過《す》ぐして**　お寝過ごしなさって。
「大殿籠る」は「寝《ぬ》」「寝《い》ぬ」の尊敬語。

15 **やがて候《さぶらワ》はせ給《たまイ》ひ**　そのままおそばにお仕え申し上げさせなさる。
「やがて」は、「そのまま」の意。「候は」は動詞「候ふ」の未然形、「せ」は使役の助動詞「す」の連用形。

教717 78ページ　教719 64ページ

1 **心《こころ》ことに思《おもオ》ほしおきてたれば**　「思ほしおきて」は、動詞「思ほしおきつ」の連用形。「思ひおきつ」(前もって思い定める)の尊敬語。

2 **ゐ給《イたまウ》ふべきなめり《ナン》**　おつきになるはずであるように見える。
「ゐ」は、動詞「ゐる(居る)」の連用形で、「(地位に)つく」の意。「べき」は、当然の助動詞「べし」の連体形。「…はずだ」の意。「な」は、断定の助動詞「なり」の連体形「なる」の撥《はつ》音便「なん」の「ん」が表記されなかったもの。「めり」は、推定の助動詞。「なるめり」→「なんめり」→「なめり」と変化した。

3 **人《ひと》より先《さき》に参《まい》り給《たまイ》ひて**　(他の)人より先に入内なさって。
「参り」は謙譲語。帝に対する敬意を表す。「給ひ」は尊敬の補助動詞。女御に対する敬意を表す。

3 **なべてならず**　並々でなく。
「なべて」は「普通」の意。その打消で、「並々でなく」の意。

4 **この御方《おおんかた》**　一の皇子の母である弘徽殿《こきでん》の女御をさす。

4 **心苦しう《こころぐるシュウ》**　気の毒なことと。
形容詞「心苦し」の連用形「心苦しく」のウ音便。

5 **思《おもイ》ひ聞《き》こえさせ給《たまイ》ひける**　お思い申し上げなさった。
主語は帝。「聞こえ」は謙譲の補助動詞「聞こゆ」の未然形で、その行為の対象である一の皇子の(母の)女御への敬意を表したもの。「させ給ふ」は、最高敬語で、帝に対する敬意を表す。

7 **なかなかなるもの思《おもイ》ひ**　かえって(ご寵愛がなかったらよかったのにという)思い悩み。
形容動詞「なかなかなり」は、「なまじっかな、かえって」の意。

学習の手引き

一 「一の皇子」と「この君」(光る君)に対する、帝の思いの違いを、本文中の表現を根拠に説明してみよう。

考え方　第三段落に着目しよう。

解答例　〔一の皇子〕「おほかたの……御思ひ」教717 七七・10 教719 六三・10とあるように、大切には思っているが、普通の、一般的な思い方である。／〔この君〕「いつしかと……御覧ずる」教717 七七・7 教719 六三・7、「この君をば、……限りなし」教717 七七・11 教719 六三・11とあるように、生まれる前から期待が大きく、生まれてからはいっそうかわいい秘蔵っ子として大切にした。

二　光る君が誕生する前と後とで、帝と弘徽殿の女御の、桐壺の更衣に対する心情がどのように変わったか、説明してみよう。

解答例　①　帝の桐壺の更衣に対する心情

（誕生前）病気がちな更衣を不憫《ふびん》に思いつつも、周囲の目など構わず、身分の軽い女房に見えるほどそばにはべらせ、溺愛している。（誕生後）第一皇子の母として配慮し、特別に思っている。

②　弘徽殿の女御の桐壺の更衣に対する心情

（誕生前）帝に寵愛される桐壺の更衣をさげすみ、ねたんでいる。（誕生後）光る君が東宮（皇太子）になるのではとの危惧を抱き、母である桐壺の更衣への嫉妬心が強まっている。

三　桐壺の更衣が置かれている状況を整理し、「なかなかなるもの思ひ」（教717 七六・7 教719 六四・7）という表現に表れた心情を説明してみよう。

考え方　段落ごとに状況を整理し、更衣の心情を想像しよう。

解答例　〔状況〕第一段落…身分不相応に帝に寵愛されるので、女性たちに恨まれたり、世間から苦々しく思われたりしている。／第二段落…しっかりした後見人がいないので、宮仕えをするにも心細い状況。／第三段落…皇子が生まれ、帝に特別にかわいがられる。／第四段落…皇子までも生まれたので、人々の不安が高まり、第一夫人の女御にもうとんじられている。

〔心情〕心細い状況の中で帝の寵愛を受け、皇子まで授かったことで、かえって苦しみが深まってゆくことをつらく思う心情。

言葉の手引き

一　次の古語の意味を調べよう。

1やむごとなし 717 七六・1 719 六二・1　2時めく 717 七六・2 719 六二・2
3やすし 717 七六・4 719 六二・4　4あつし 717 七六・5 719 六二・5
5まばゆし 717 七六・8 719 六二・8　6あぢきなし 717 七六・10 719 六二・10
7たぐひなし 717 七七・1 719 六三・1　8はかばかし 717 七七・4 719 六三・4
9清らなり 717 七七・6 719 六三・6　10いつしか 717 七七・7 719 六三・7
11心苦し 717 七八・4 719 六四・4　12なかなかなり 717 七八・7 719 六四・7

解答例　1　高貴である。　2　寵愛を受けて栄える。
3　心が穏やかだ。　4　病気がちだ。　5　見ていられない。
6　苦々しい　7　比べるものがない。　8　しっかりしている。
9　清らかで美しい。　10　早く　11　気の毒だ
12　なまじっかだ。かえって…ほうがよい。

二　本文中から、帝の動作を示す表現を抜き出し、そこに使われている敬語表現を指摘してみよう。

解答例　①思ほし 717 七六・6 719 六二・6／②えはばからせ給はず 717 七六・7 719 六二・7／③心もとながらせ給ひ 717 七七・7 719 六三・7／④御覧ずる 717 七七・7 719 六三・7／⑤思ほし 717 七七・11 719 六三・11／⑥かしづき給ふ 717 七七・11 719 六三・11／⑦まつはさせ給ふ 717 七七・13 719 六三・13／⑧まう上らせ給ふ 717 七七・14 719 六三・14／⑨大殿籠り過ぐし 717 七七・15 719 六三・15／⑩候はせ給ひ 717 七七・15 719 六三・15／⑪もてなさせ給ひし 717 七七・16 719 六三・16／⑫心ことに思ほしおきて 717 七八・1 719 六四・1／⑬思ひ聞こえさせ給ひける 717 七八・5 719 六四・5

〔敬語表現〕
①・⑤・⑫の「思ほす」「思ほしおきつ」は尊敬動詞。
②・③・⑦・⑪の「せ給ふ」は二重敬語で、「せ」(尊敬の助動詞「す」)+「給ふ」(尊敬の補助動詞)。
④「御覧ずる」は、尊敬動詞「御覧ず」。
⑥・⑧・⑩「給ふ」は、尊敬の補助動詞。
⑨「大殿籠り過ぐし」は、尊敬動詞。
⑬「聞こえさせ給ひ」は、謙譲の補助動詞「聞こゆ」+尊敬の助動詞「さす」+尊敬の補助動詞「給ふ」。

若紫

【大意】1 教717 79ページ8行~80ページ1行 教719 65ページ8行~66ページ1行

病を得た光源氏《ひかるげんじ》は、祈禱《きとう》のために北山の聖のもとを訪れた。祈禱が終わった後、所在なさに、惟光《これみつ》の朝臣《あそん》と、近くの小柴垣《こしばがき》からのぞき見をすると、大儀そうに読経する、普通の身分とは思えない尼君が見えた。四十過ぎくらいで、色が白く気品があり、髪も美しく切りそろえている。

【品詞分解/現代語訳】

日 も いと 長き に、つれづれなれ ば、夕暮れ の いたう 霞み たる に 紛れ て、か の 小柴垣 の もと に 立ち出で 給ふ。

係助 副 ク・体 接助 ナリ・已 接助 格助 ク・用(音) 四・用 助動・存・体 格助 下二・用 接助 (代) 格助 格助 格助 下二・用 補尊・四・終

(春のこととて)日もたいそう長いうえに、手持ちぶさたなので、(光源氏は)夕暮れのたいそう霞んでいるのに紛れて、例の小柴垣のもとにお出かけになる。

人々 は 帰し 給ひ て、惟光 の 朝臣 と のぞき 給へ ば、ただ こ の 西面 に しも、持仏 据ゑ 奉り て 行ふ 尼 なり けり。

係助 四・用 補尊・四・用 接助 格助 格助 四・用 補尊・四・已 接助 副 (代) 格助 格助 副助 下二・用 補謙・四・用 接助 四・体 助動・断・用 助動・詠・終

供の人々はお帰しになって、惟光の朝臣とおのぞきになると、(見えたのは)ちょうど目の前の西向きの部屋に、持仏をお据え申し上げて勤行をしている尼であった。

簾 少し 上げ て、花 奉る めり。

副 下二・用 接助 四・終 助動・定・終

簾を少し巻き上げて、(女房が)花をお供えしているようである。

中の柱 に 寄りゐ て、脇息 の 上 に 経 を 置き て、いと なやましげに 読みゐ たる 尼君、

格助 上一・用 接助 格助 格助 格助 四・用 接助 副 ナリ・用 上一・用 助動・存・体

中の柱に寄りかかって座って、脇息の上にお経を置いて、たいそう大儀そうに(お経を)読んでいる尼君は、

ただ人 と 見え ず。 四十余 ばかり に て、 いと 白う あてに、 痩せ たれ ど、 つらつき
（格助／下二・未／助動・打・終／副助／助動・断・用／接助／副／ク・用（音）／ナリ・用／下二・用／助動・存・已／接助）
普通の身分の人とも見えない。 四十を過ぎたぐらいの年で、 とても色が白くて上品で、 痩せているけれども、 頬のあたりが

ふくらかに、 まみ の ほど、 髪 の うつくしげに そが れ たる 末 も、 なかなか 長き より も、
（ナリ・用／格助／格助／ナリ・用／四・未／助動・受・用／助動・存・体／係助／副／ク・体／格助／係助）
ふっくらとして、 目もとのあたりや、 髪がいかにも美しい様子に切りそろえられている末も、 かえって長いよりも、

こよなう 今めかしき もの かな と、 あはれに 見 給ふ。
（ク・用（音）／シク・体／終助／格助／ナリ・用／上一・用／補尊・四・終）
格別に目新しくてすばらしいものだなあと、 感じ入って御覧になる。

語句の解説 1

教717 79ページ　教719 65ページ

8 日《ひ》もいと長《なが》きに、つれづれなれば　（春のこととて）日もたいそう長いうえに、手持ちぶさたなので。

「つれづれなり」は、「手持ちぶさただ、退屈だ」の意。

8 いたう《トウ》　形容詞「いたし」の連用形「いたく」のウ音便。

10 持仏《じぶつ》据《す》ゑ《エ》奉《たてまつ》りて　持仏をお据え申し上げて。

「奉る」は謙譲の意味の補助動詞で、作者の仏に対する敬意を表している。

12 あてに　上品で。

「あてに」は形容動詞「あてなり」の連用形。身分が高いことによって、その人物の人品やふるまいが上品であることを表す言葉。

14 なかなか　かえって。

「なかなか」は形容動詞・副詞・感動詞の場合がある。ここでは副詞。

14 こよなう《ノウ》今《いま》めかしきものかな　格別に目新しくてすばらしいものだなあ。

「こよなう」は、形容詞「こよなし」の連用形「こよなく」のウ音便。「今めかし」は、「目新しくてすばらしい」という意味を表す。「かな」は、詠嘆の終助詞。

1 「見給ふ」の主語は誰か。

答 光源氏。

【大　意】 2　教717 80ページ2～13行　教719 66ページ2～13行

十歳くらいの少女が、「雀《すずめ》の子を犬君《いぬき》（遊び相手の少女の名）が逃がした。」と言って、尼君のところに走ってくる。成人したときの美しさが想像されるほど、かわいらしい顔つきである。乳母《めのと》らしい女房が雀の子を探しに立っていく。

【品詞分解／現代語訳】

清げなる 大人 二人 ばかり、さては 童べ ぞ、出で入り 遊ぶ。中 に、十 ばかり に や
（ナリ・体／副助／接／係助(係)／四・用／四・体(結)／格助／副助／助動・断・用／係助(係)）
こぎれいな年輩の女房が二人ほど、そのほかには子供たちが、出たり入ったりして遊んでいる。その中に、十歳ぐらいであろうかと見受けられて、

あら む と 見え て、白き 衣、山吹 など の なえ たる 着 て、走り来 たる
（ラ変・未／助動・推・体(結)／格助／下二・用／接助／ク・体／副助／格助／下二・用／助動・存・体／上一・用／接助／カ変・用／助動・完・体）
白い下着に、山吹襲などの糊が落ちた着物を着て、走って来た

女子、あまた 見え つる 子ども に 似る べう も あら ず、いみじく 生ひ先 見え
（副／下二・用／助動・完・体／格助／上一・終／助動・当・用(音)／係助／ラ変・未／助動・打・用／シク・用／下二・用）
少女は、(その器量は)大勢見えていた子供たちとは似ているはずもなく(比べものにならず)、たいそう成長していく先の美しさが今から想像されて、

て、うつくしげなる かたち なり。髪 は、扇 を 広げ たる やうに ゆらゆらと し て、顔 は、

（接助／ナリ・体／助動・断・終／係助／格助／下二・用／助動・完・体／助動・比・用／副／サ変・用／接助／係助）

かわいらしい顔だちである。髪は、扇を広げたようにゆらゆらとして、顔は、

いと 赤く すりなし て 立て り。「何事 ぞ や。童べ と 腹立ち 給へ る か。」とて、尼君
（副／ク・用／四・用／接助／四・已／助動・存・終／終助／係助／格助／四・用／補尊・四・已／助動・完・体／係助／格助）
(涙を拭くために)真っ赤になるほどこすって立っている。(尼君が)「どうしたのです。子供たちとけんかをなさったのか。」と言って、その尼

の 見上げ たる に、少し おぼえ たる ところ あれ ば、子 な めり と 見 給ふ。

（格助／下二・用／助動・存・体／格助／副／下二・用／助動・存・体／ラ変・已／接助／助動・断・体(音)／助動・定・終／格助／上一・用／補尊・四・終）

君が(座ったまま)見上げている(顔だち)に、少し似ているところがあるので、(尼君の)子であるようだと(光源氏は)御覧になる。

「雀 の 子 を、犬君 が 逃がし つる。伏籠 の 内 に こめ たり つる ものを。」とて、いと
（格助／格助／格助／四・用／助動・完・体／格助／格助／下二・用／助動・存・用／助動・完・体／終助／格助／副）
「雀の子を、犬君が逃がしてしまったの。伏籠の中に入れておいたのに。」と言って、とても

くちをし と 思へ り。この ゐ たる 大人、「例 の、心なし の、かかる わざ を し て
（シク・終／格助／四・已／助動・存・終／(代)／格助／上一・用／助動・完・体／格助／格助／ラ変・体／格助／サ変・用／接助）
残念がっている。先ほどの座っていた年輩の女房が、「いつものように、うっかり者(犬君)が、こんないたずらをして

さいなま るる こそ、いと 心づきなけれ。いづ方 へ か まかり ぬる。いと をかしう、

（四・未／助動・受・体／係助(係)／副／ク・已(結)／2 (代)／格助／係助(係)／四・用／助動・完・体(結)／副／シク・用(音)）

叱られるなんて、本当に気にくわないことです。(雀の子は)どこへ行ってしまったのでしょうか。とてもかわいらしく、

やうやう（副） なり（四・用） つる（助動・完・体） ものを。（終助） 烏 など（副助） もこそ（（連語）（係）） 見つくれ。」（下二・已（結）） とて、（格助） 立ち（四・用） て（接助） 行く。（四・終） 髪 ゆるるかに（ナリ・用） いと（副）
だんだんなりましたのに。 烏などが見つけたらたいへんです。」と言って、 立ってゆく。 髪もゆったりととても

長く、（ク・用） めやすき（ク・体） 人 な（助動・断・体（音）） めり。（助動・定・終） 少納言の乳母 と（格助） ぞ（係助） 人 言ふ（四・終） める（助動・婉・体） は、（係助） こ（（代）） の（格助） 子 の（格助） 後見
長く、感じのよい女房のようである。 少納言の乳母と人が呼ぶようなこの女房は、 この子の養育係なのだろう。

なる（助動・断・体） べし。（助動・推・終）

語句の解説 2

教717 80ページ　教719 66ページ

2 **清《きよ》げなる大人《おとな》**　こぎれいな年輩の女房。
「清げなる」は、ナリ活用の形容動詞「清げなり」の連体形。「大人」は、ここでは「年輩の女房」の意。

2 **さては**　そのほかには。
「さては」には「そのような状態では」という意味の副詞もある。

3 **白《しろ》き衣《きぬ》**　白い下着。
「衣」は着物のこと。ここでは、表着《うわぎ》の下に重ねて着る単衣《ひとえ》の下着をさす。

4 **似《に》るべう《ビョウ》もあらず**　似ているはずもなく。
「べう」は、当然の助動詞「べし」の連用形「べく」のウ音便。ほかの子供たちと比べて格段にかわいらしいことを表している。

7 **おぼえたるところあれば**　似ているところがあるので。
「おぼゆ」は「思ほゆ」から変化した動詞で、ここでは「似る」の意。

2　「いづ方へかまかりぬる」は、何について言っているのか。

答　逃げた雀について。

11 **烏《からす》などもこそ見《み》つくれ**　烏などが見つけたらたいへんです。
「もこそ」は、将来に起こり得る悪い事態を予測し、そうなってはたいへんだという気持ちを表す。

13 **後見《うしろみ》**　養育係。
「公の場で補佐すること」「後見人」の意味もある。

【大　意】　3　教717 80ページ14行～81ページ8行　教719 66ページ14行～67ページ8行

尼君は少女に小言を言い、それを膝をついて聞く少女のしぐさや顔つきのかわいらしさに、光源氏は感嘆する。成長していく様子を見てみたいと思う。それというのも、少女は、光源氏がひそかに思慕するお方（藤壺《ふじつぼ》の宮）とよく似ていたのだ。

【品詞分解／現代語訳】

感／感／ク(語幹)／間助／ク・用(音)／サ変・用／補尊・四・体／終助／(代)／格助／副／格助

尼君、「いで、あな をさな や。言ふかひなう ものし 給ふ かな。おの が、かく 今日 明日 に

尼君は、「なんと、まあ子供っぽいことでしょう。しかたなくていらっしゃること。私の、このように今日、明日にも

下二・体／格助／係助／(代)／格助／係助／四・用／助動・完・未／接助／四・用／補尊・四・体／終助／下二・体／終助／格助

おぼゆる 命 を ば、何 と も おぼし たら で、雀 慕ひ 給ふ ほど よ。罪 得る こと ぞ と、

(終わろうかと)思われる命などは、何ともお思いにならないで、雀に心ひかれていらっしゃるとは。(生き物をとらえるのは)生き物をいじめる罪を犯すことで

副／下二・体／接助／ク・用／格助／(代)／間助／格助／四・已／接助／上一・用／助動・完・終／副／ナリ・用

常に 聞こゆる を、心憂く。」とて、「こち や。」と 言へ ば、ついゐ たり。つらつき いと らうたげに

すよと、いつも申し上げているのに、困ったこと。」と言って、「こちらへいらっしゃい。」と言うと、(少女は)膝をついて座った。顔の様子はたいそう

接助／格助／四・用／ク・用／四・用／助動・完・体／シク・用(音)／シク・終

て、まゆ の わたり うちけぶり、いはけなく かいやり たる 額つき、髪ざし、いみじう うつくし。

かわいらしげで、(剃られていない)眉のあたりがほんのりと美しく見えて、あどけなく髪をかきあげた額ぎわ、髪の生え具合が、たいそうかわいらしい。

3 四・未／助動・婉・体／シク・体／終助／格助／四・用／補尊・四・終／接／ク・用(音)／格助／四・用

ねびゆか む さま ゆかしき 人 かな と、目 とまり 給ふ。さるは、限りなう 心 を 尽くし

成長していくような様子を見てみたい人であるなあと、(源氏は)目がとまりなさる。それというのも、ひたすらお慕い申し上げている人

補謙・下二・体／格助／副／ク・用(音)／上一・用／補謙・四・已／助動・存・体／格助／四・未／助動・自・体／助動・断・用／助動・詠・終／格助／四・体／格助

聞こゆる 人 に、いと よう 似 奉れ る が、まもら るる なり けり と、思ふ に

(＝藤壺の宮)に、とてもよく似申し上げているのが、(心がひかれ)おのずとじっと見つめられるのだなあと、思うにつけても

係助／係助(係)／上二・体(結)

も 涙 ぞ 落つる。

涙が落ちるのだった。

語句の解説 3

教717 80ページ　教719 66ページ

14 言《い》ふ《ウ》かひ《イ》なう《ノウ》ものし給《たま》ふ《ウ》かな　しかたなくていらっしゃること。

「言ふかひなし」は、「言ってもしかたがない」「たわいない」などの意。「ものす」はさまざまな動詞の代わりに用いられる語。

14 おのが、かく今日《きょう》明日《あす》におぼゆる命《いのち》をば　「おのが」は「私の」の意。「が」は連体修飾格で、「命」にかかる。「ば」は、係助詞「は」(強意)が濁音化したもの。

教717 81ページ　教719 67ページ

2 いは《ワ》けなく　「いはけなし」には、類義語として「いとけなし」が

あるが、こちらは実際に年齢が幼いさまを表すのに対して、「いはけなし」は精神的に子供っぽくて頼りないことを表す。

3 髪《かん》ざし　「髪ざし」の「ざし」は、「まなざし」などの「ざし」と同じで、ものの状態や様子を表す。

4 ねびゆかむ《ン》さまゆかしき人《ひと》かな　「ねびゆかむ」の「ねぶ」は、「大人びる、年をとる」の意味。「ゆかし」は、「見たい、聞きたい、知りたい」の意。

3　「ねびゆかむさまゆかしき人かな」と同じ意味の表現は、前のどこにあったか。

答　「いみじく生ひ先見えて、うつくしげなるかたちなり。」717 八〇・4 719 六六・4

6 似《に》奉《たてまつ》れる　「奉る」は謙譲の補助動詞。「似る」という行為の対象である「限りなう心を尽くし聞こゆる人」に対する敬意を表す。

7 まもらるるなりけり　おのずとじっと見つめられるのだなあ。「まもる」は「じっと見つめる」の意。「るる」は自発の助動詞「る」の連体形。「けり」は詠嘆の助動詞の終止形。

【大　意】 4 教717 81ページ9行〜82ページ3行　教719 67ページ9行〜68ページ3行

尼君は、少女の髪の美しさをほめながらも、子供っぽすぎると小言を言う。少女の母親が十歳ぐらいで父親を失ったころは、もっとしっかりしていたこと、私が死んだらどうやって暮らしていくのかということを言い聞かせては泣く。光源氏はそれを聞き悲しい気持ちになる。

【品詞分解／現代語訳】

格助　下二・用　接助　四・体　格助　四・用　補尊・四・已　接助　シク・終　格助　間助　副
尼君、髪　を　かきなで　つつ、「けづる　こと　を　うるさがり　給へ　ど、をかし　の　御髪　や。いと
尼君は、少女の髪をなでながら、「櫛でとかすことをいやがりなさるけれども、きれいな御髪ですこと。たいそう

ク・用(音)　サ変・用　補尊・四・体　係助(係)　ナリ・用　ク・已(結)　4 副　格助　四・已　接助　副　ラ変・未　助動・打・体
はかなう　ものし　給ふ　こそ、あはれに　うしろめたけれ。かばかり　に　なれ　ば、いと　かから　ぬ
他愛なくていらっしゃるのが、不憫で気がかりです。これぐらいの年ごろになると、ほんとうにこんなふうでない

係助　ラ変・体　終助　係助　副助　格助　格助　下二・用　補尊・四・用　助動・過・体　シク・用(音)
人　も　ある　ものを。故姫君　は、十　ばかり　にて　殿　に　おくれ　給ひ　し　ほど、いみじう　もの
(子供っぽくない)人もありますのに。亡くなった姫君(尼君の娘)は、十歳ぐらいのときに父君に先立たれなさったとき、たいそう物事は

係助　四・用　補尊・四・已　助動・完・用　助動・過・体　終助　終助　副　(代)　下二・用　補謙・四・未　接助　副　格助
は　思ひ知り　給へ　り　し　ぞ　かし。ただ今、おのれ　見捨て　奉ら　ば、いかで　世　に
わかっていらっしゃったのですよ。たった今、私がお見捨て申し上げ(て死んでしまっ)たら、どうやって

おはせ　む　と　す　らむ。」　とて、　いみじく　泣く　を　見　給ふ　も、　すずろに　悲し。

（サ変・未／助動・意・終／格助／サ変・終／助動・現原・体／格助／シク・用／四・体／格助／上一・用／補尊・四・体／係助／ナリ・用／シク・終）

暮らしていこうとなさるのでしょう。」と言って、ひどく泣くのを御覧になると、（光源氏は）わけもなく悲しい。

をさな心地　に　も、　さすがに　うちまもり　て、　伏し目　に　なり　て　うつぶし　たる　に、　こぼれかかり
（格助／係助／副／四・用／接助／格助／四・用／接助／四・用／助動・完・体／格助／四・用）
（少女は）幼心にも、やはり（尼君を）じっと見つめて、伏し目になってうつむいたところに、こぼれかかっている

たる　髪、　つやつやと　めでたう　見ゆ。

（助動・存・体／副／ク・用（音）／下二・終）

髪の毛が、つやつやとしてたいそう美しく見える。

語句の解説 4

教717 81ページ　教719 67ページ

10 **を《オ》かしの御髪《みぐし》や**　「をかしの」は、形容詞「をかし」の終止形に、格助詞「の」がついて連体修飾句になったもの。「や」は詠嘆の間投助詞。

11 **いとはかなう《ノウ》ものし給ふ《たまう》**　「はかなう」は、「はかなし」の連用形「はかなく」のウ音便。「給ふ」は少女への敬意を表す。

4　「かばかり」の具体的な内容は何か。

答　少女の年齢のこと。

14 **おくれ給ひ《たまイ》しほど**　先立たれなさったとき。「おくる」はここでは、「死別する、先立たれる」の意。

14 **いみじう《ジュウ》ものは思《おも》ひ《イ》知《し》り給へ《たまエ》りしぞかし**　たいそう物事はわかっていらっしゃったのですよ。

「思ひ知り」は、動詞「思ひ知る」の連用形で、「深く理解する、悟る」の意味。「ぞかし」は、「ぞ」＋「かし」で、いずれも強く念押しするときに用いる終助詞。

16 **おのれ見《み》捨《す》て奉《たてまつ》らば**　私がお見捨て申し上げ（て死んでしまっ）たら。

教717 82ページ　教719 68ページ

1 **すずろに悲《かな》し**　わけもなく悲しい。

「すずろに」は形容動詞「すずろなり」の連用形。「わけもなくそうなる」「むやみやたらである」などの意味がある。

【大　意】　5　教717 82ページ4～15行　教719 68ページ4～15行

尼君は、少女の行く末を案じて歌をよみ、それに女房が返しているところに、尼君の兄の僧都《そうず》が「この北山に源氏の中将が祈禱のためおいでになっていると聞いた。」と報告に来る。簾《すだれ》が下ろされ、「ご挨拶申し上げましょう。」と言って僧都が席を立つ音が聞こえたので、光

源氏は、のぞくのをやめて帰った。

【品詞分解／現代語訳】

生ひ立た〔四・未〕 む〔助動・婉・体〕 ありか も〔係助〕 知ら〔四・未〕 ぬ〔助動・打・体〕 若草 を〔格助〕 おくらす〔四・体〕 露 ぞ〔係助(係)〕 消え〔下二・未〕 む〔助動・婉・体〕 そら なき〔ク・体(結)〕

これから生い育ってゆくような境遇もわからない若草（この子）を残して消えてゆく（死んでゆく）露（の身の私）は、消えようにも消えゆく空がありません（死ぬにも死にきれない気持ちです）。

また〔副〕 ゐ〔上一・用〕 たる〔助動・存・体〕 大人、「げに。」〔副〕 と〔格助〕 うち泣き〔四・用〕 て、〔接助〕

またそこに座っている年配の女房が、「ごもっとも。」と泣いて、

はつ草 の〔格助〕 生ひゆく〔四・体〕 末 も〔係助〕 知ら〔四・未〕 ぬ〔助動・打・体〕 ま に〔格助〕 いかで〔副〕 か〔係助(係)〕 露 の〔格助〕 消え〔下二・未〕 む〔助動・意・終〕 と〔格助〕 す〔サ変・終〕 らむ〔助動・現原・体(結)〕

若草（幼いこの姫君）が生い育ってゆく行き先も知らないうちに、どうして露が先に消えようとするのでしょうか（あなたか先立つことなどお考えになってはいけません）。

と〔格助〕 聞こゆる〔下二・体〕 ほど に、〔格助〕 僧都 あなた〔代〕 より〔格助〕 来〔カ変・用〕 て、〔接助〕 「こなた〔代〕 は〔係助〕 あらはに〔S ナリ・用〕 や〔係助(係)〕 侍ら〔補丁・ラ変・未〕 む。〔助動・推・体(結)〕

と申し上げているところに、僧都（＝尼君の兄）が向こうからやって来て、「こちらは外から丸見えではございませんか。

今日 しも、〔副助〕 端 に〔格助〕 おはしまし〔四・用〕 ける〔助動・詠・体〕 かな。〔終助〕 こ〔代〕 の〔格助〕 上 の〔格助〕 聖 の〔格助〕 方 に、〔格助〕 源氏の中将 の、〔格助〕 わらはやみ

今日に限って、端においでだったのですね。ここの上の聖のところに、源氏の中将が、わらわやみを

まじなひ〔四・用〕 に〔格助〕 ものし〔サ変・用〕 給ひ〔補尊・四・用〕 ける〔助動・過・体〕 を、〔格助〕 ただ今〔副〕 なむ〔係助(係)〕 聞きつけ〔下二・用〕 侍る。〔補丁・ラ変・体(結)〕 いみじう〔シク・用(音)〕 忍び〔四・用〕 給ひ〔補尊・四・用〕

ご祈禱においでになられたことを、たった今聞きつけました。たいそう人目につかないようにい

助動・過・已 接助 四・用 補丁・ラ変・未 接助 (代) 格助 ラ変・用 接助 格助 係助 下二・未 助動・打・用 助動・詠・体 格助
けれ ば、知り 侍ら で、ここ に 侍り ながら、御とぶらひ に も まうで ざり ける。」と
らっしゃったので、存じませんで、ここにおりながら、お見舞いにも参上しませんでしたよ。」と

四・已 接助 感 シク・終 間助 副 シク・体 格助 係助(係) 上一・用 助動・完・終 助動・現推・体(結) 格助
のたまへ ば、「あな いみじ や。いと あやしき さま を、人 や 見 つ らむ。」とて、簾
おっしゃるので、「まあ、たいへん。とても見苦しい様子を、どなたか人が見てしまったかしら。」と言って、簾を

四・用 助動・完・終 (代) 格助 格助 四・用 補尊・四・体 ラ変・体 格助 上一・用 補謙・四・用 補尊・四・未
下ろし つ。「こ の 世 に ののしり 給ふ 光源氏、かかる ついで に 見 奉り 給は
下ろしてしまった。「世間で評判が高くていらっしゃる光源氏を、このような折に拝見なさってはいかがですか。

助動・勧・終 係助 格助 下二・用 助動・完・体 格助 格助 係助 シク・用(音) 格助 下二・用 上二・体
む や。世 を 捨て たる 法師 の 心地 に も、いみじう 世 の 憂へ 忘れ、よはひ 延ぶる 人
世を捨ててしまった法師の気持ちにも、全くこの世の悩みも忘れ、寿命が延びるようなあの方のご様子です。

格助 助動・断・終 感 下二・未 助動・意・終 格助 四・体 サ変・已 接助 四・用 補尊・四・用 助動・完・終
の 御ありさま なり。いで、御消息 聞こえ む。」とて 立つ 音 すれ ば、帰り 給ひ ぬ。（若紫）
さて、ご挨拶を申し上げましょう。」と言って座を立つ音がするので、(光源氏は)お帰りになった。

語句の解説 5

教717 82ページ 教719 68ページ

7 聞《き》こゆるほどに　申し上げているところに。

「聞こゆる」は申し上げる。作者の尼君に対する敬意を表す。

5 「あらは」とは、どのような状態か。

答 外から丸見えである状態。

学習の手引き

一 幼い少女はどのような人物として描かれているか。源氏の視点からの描写と、周りの大人たちの発言とからわかる範囲で、境遇・容貌・行動などに注意してまとめてみよう。

解答例
・境遇…母とは死別し、祖母の尼君に育てられている。少納言の乳母がつき、犬君など、いっしょに遊ぶ子供たちが周囲にいる。祖母は健康がすぐれない。
・容貌…年齢は十歳ぐらいだが、成人後の美しさもさぞかしと思わせるほどにかわいらしい顔立ちである。まゆのあたりがほんのりとしていて、髪の生え際や生え具合もまことに愛らしい。髪は豊

かでつやつやして美しい。
・行動…活発である。子供らしい感情を率直に表す。尼君の言葉には素直に応じる。

二 源氏は、少女のどこに最もひかれているか、説明してみよう。

解答例 成長したときの美しさが今から想像されるほどかわいらしく「限りなう心を尽くし聞こゆる人」にとてもよく似ているところ。

三 「生ひ立たむ」の歌を、「若草」と「露」が何を表しているかに留意して解釈し、さらに「はつ草の」の歌を、前の歌をどのように受けているかに留意して解釈してみよう。

考え方 「生ひ立たむ」の歌は尼君、「はつ草の」の歌はその場にいっしょにいた「大人」（年配の女房）がよんだものである。

解答例 ・「生ひ立たむ」の歌…「若草」は「少女（若紫）」、「露」は「尼君」を表している。歌の解釈は「現代語訳」参照。
・「はつ草の」の歌…「若草」を「はつ草」で、「ありかも知らぬ」を「生ひゆく末も知らぬ」で、「露ぞ消えむそらなき」を「いかでか露の消えむとすらむ」で受けている。歌の解釈は「現代語訳」参照。

言葉の手引き

一 次の古語の意味を調べよう。

1あてなり 717 七九・12 719 六五・12　2こよなし 717 七九・14 719 六五・14
3今めかし 717 七九・14 719 六五・14　4心づきなし 717 八〇・10 719 六六・10
5めやすし 717 八〇・12 719 六六・12　6ものす 717 八〇・14 719 六六・14
7いはけなし 717 八一・2 719 六七・2　8ゆかし 717 八一・4 719 六七・4
9おくる 717 八一・14 719 六七・14　10すずろなり 717 八二・1 719 六八・1
11ののしる 717 八二・12 719 六八・12　12よはひ 717 八二・13 719 六八・13

解答例 1 上品だ　2 格別だ　3 目新しい
4 気にいらない。　5 感じがよい。　6 いらっしゃる
7 あどけない　8 見たい。　9 先立たれる。
10 わけもなくそうなるさま。　11 評判が高い。
12 寿命

二 僧都《そうず》の会話文中に使われている敬語表現を抜き出し、敬語の種類と敬意の対象を説明してみよう。

解答例
・あらはにや侍らむ 717 八二・7 719 六八・7…丁寧・尼君
・おはしましけるかな 717 八二・8 719 六八・8…尊敬・尼君
・ものし給ひけるを 717 八二・9 719 六八・9…尊敬・源氏
・聞きつけ侍る 717 八二・9 719 六八・9…丁寧・尼君
・忍び給ひければ 717 八二・9 719 六八・9…尊敬・源氏
・知り侍らで 717 八二・10 719 六八・10…丁寧・尼君
・侍りながら 717 八二・10 719 六八・10…丁寧・尼君
・まうでざりける 717 八二・10 719 六八・10…謙譲・源氏
・ののしり給ふ 717 八二・12 719 六八・12…尊敬・源氏
・見奉り給はむや 717 八二・12 719 六八・12…「奉り」は謙譲・源氏。「給は」は尊敬・尼君。
・聞こえむ 717 八二・14 719 六八・14…謙譲・源氏

大《おほ》鏡《かがみ》

教717 P.84〜P.91　教719 P.70〜P.77

●大鏡とは

『大鏡』は歴史物語。作者は未詳。成立時期も未詳だが、平安時代後期の成立かと推定される。

文徳《もんとく》天皇から後一条《ごいちじょう》天皇までの十四代(八五〇〜一〇二五)一七六年間の歴史を、重要人物の伝記を中心に物語形式で記している。

雲林院《うりんいん》の菩提講《ぼだいこう》に居合わせた百九十歳の大宅世継《おおやけのよつぎ》と百八十歳ぐらいの夏山繁樹《なつやまのしげき》とその妻が昔語りをする。居合わせた若侍《わかざむらい》が聞き、作者が筆録するという形式で進行する。

藤原道長《ふじわらのみちなが》の優れた人物像と、道長が成し遂げた栄華を語ることが主たる目的となっている。十四代にわたる天皇の説話を記した「天皇紀(本紀)」、摂政・関白であった藤原氏の主要人物を記した「列伝」を通して、人間の歴史の真実に迫ろうとしている。

弓争ひ

【大　意】 教717 84ページ1行〜85ページ8行　教719 70ページ1行〜71ページ8行

帥殿《そちどの》(藤原伊周《これちか》)が、中の関白殿(藤原道隆《みちたか》)の二条邸の南の院で弓の競射を行った際、道長が来た。道長が帥殿に二本勝った。延長が提案されたが、道長は「道長の家から、天皇や后が出るなら、この矢が当たれ。」と言って真ん中に当てた。帥殿は気おくれして失敗した。さらに道長は、「私が摂政・関白になるはずのものなら、この矢が当たれ。」と言い、これも見事に射通した。中の関白殿は、二本目を射ようとする帥殿を「射るな、射るな。」と言って止め、興がさめてしまった。

【品詞分解／現代語訳】

帥殿　の(格助)、南の院　にて(格助)、人々　集め(下二・用)　て(接助)　弓　あそばし(四・用)　し(助動・過・体)　に(格助)、こ(代)　の(格助)　殿　渡ら(四・未)　せ(助動・尊・用)　給へ(補尊・四・已)

帥殿(＝藤原伊周)が、南の院で、人々を集めて弓の競射をなさったときに、この殿(＝藤原道長)がおいでになったので、

れ(助動・完・已)　ば(接助)、思ひかけ(下二・未)　ず(助動・打・用)　あやし(シク・終)　と(格助)、中の関白殿　おぼし驚き(四・用)　て(接助)、いみじう(シク・用(音))　饗応し(サ変・用)　申さ(補謙・四・未)　せ(助動・尊・用)

思いがけなく不審なことだと、中の関白殿(藤原道隆)は驚きなさって、たいそう機嫌をとり、もてなし申し上げ

補尊・四・用(音) 接助 助動・断・用 補尊・四・已 接助 格助 下二・用 補謙・四・用 接助 副 上一・未 助動・使・用 補謙・四・未
給う て、下臈 に おはしませ ど、前 に 立て 奉り て、まづ 射 させ 奉ら
なさって、(道長は伊周より)官位が低い者でいらっしゃったのに、(道長を)先(の順番)にお立て申し上げて、先に射させ申し上げなさった

助動・尊・用 補尊・四・用 助動・過・体 接助 格助 副 四・用 補尊・四・用 助動・完・終 接 格助
せ 給ひ ける に、帥殿 の 矢数 いま 二つ 劣り 給ひ ぬ。中の関白殿、また、御前 に
ところ、帥殿の(射当てた)矢の数がもう二本だけ(道長より)負けておしまいになりました。(そこで)中の関白殿、そして、

四・体 係助 副 下二・未 助動・尊・用 補尊・四・命 格助 四・用 接助 下二・未 助動・尊・用 補尊・四・用 助動・過・体 接助
候ふ 人々 も、「いま ふたたび 延べ させ 給へ。」と 申し て、延べ させ 給ひ ける を、
御前に伺候している人々も、「もう二回(試合を)お延ばしなさいませ。」と申し上げて、お延ばしになったので、

1 ク・未 助動・打・用 四・用 接助 接 下二・未 助動・尊・用 補尊・四・命 格助 下二・未 助動・尊・用 接助 副 上一・未
やすから ず おぼしなり て、「さらば、延べ させ 給へ。」と 仰せ られ て、また 射
(道長は)心穏やかではなくお思いになって、「それならば、延長なさいませ。」と仰せになられて、また射なさろう

助動・尊・用 補尊・四・終 格助 下二・未 助動・尊・体 格助 格助 四・用 補尊・四・終 助動・当・体
させ 給ふ とて、仰せ らるる やう、「道長 が 家 より、帝・后 立ち 給ふ べき もの
として、おっしゃるには、「道長の家から、天皇や后がお立ちなさるはずのものであるならば、

助動・断・未 接助 (代) 格助 四・命 格助 下二・未 助動・尊・体 接助 シク・体 接助 格助 係助 四・体 終助
なら ば、こ の 矢 当たれ。」と 仰せ らるる に、同じ ものを、中心 に は 当たる ものかは。
この矢が(的に)当たれ。」とおっしゃ(って射)ると、同じ当たるにしても、的の真ん中に当たるではないか。

格助 上一・用 補尊・四・体 接助 シク・用(音) サ変・用 補尊・四・用 接助 係助 四・体 助動・断・用 係助 格助
次 に、帥殿 射 給ふ に、いみじう 臆し 給ひ て、御手 も わななく 故 に や、的 の
次に、帥殿が射なさるが、たいそう気おくれなさって、お手も震えるためでしょうか、的の

格助 副助 ク・用 四・未 助動・打・用 格助 上一・用 補尊・四・已 助動・完・体 接助 ク・用 四・用
あたり に だに 近く 寄ら ず、無辺世界 を 射 給へ る に、関白殿、色 青く なり
周辺にさえ近く寄らず、とんでもない的外れの所を射なさったので、関白殿は、顔色がまっ青になって

助動・完・終 接 上一・用 補尊・四・終 格助 サ変・終 助動・当・体 助動・断・未 接助 (代) 格助
ぬ。また 入道殿 射 給ふ とて、「摂政・関白 す べき もの なら ば、こ の 矢
しまいました。また入道殿が射なさろうとして、「(私が)摂政・関白をするはずのものであるならば、この矢が(的に)

当たれ。」と 仰せ らるる に、初め の 同じ やうに、的 の 破る ばかり、同じ ところ に 射
（四・命／格助／下二・未／助動・尊・体／接助／格助／シク・体／助動・比・用／格助／下二・終／副助／シク・体／格助／上一・未）
当たれ。」とおっしゃ（って射）ると、前と同様に、的が割れるほど、同じところを射通しなさいました。

させ 給ひ つ。饗応し、もてはやし 聞こえ させ 給ひ つる 興 も さめ て、こと
（助動・尊・用／補尊・四・用／助動・完・終／サ変・用／四・用／補謙・下二・未／助動・尊・用／補尊・四・用／助動・完・体／係助／下二・用／接助）
（中の関白殿は）調子を合わせ、ちやほやととりもち申し上げていらっしゃった興もさめて、

苦う なり ぬ。父大臣、帥殿 に、「何 か 射る。な 射 そ、な 射 そ。」と 制し
（ク・用(音)／四・用／助動・完・終／格助／副／係助(係)／上一・体(結)／副／上一・用／終助／副／上一・用／終助／格助／サ変・用）
気まずくなってしまった。父の大臣（道隆）は、帥殿に、「どうして射るのか。射るな、射るな。」とお止めなさって、

給ひ て、ことさめ に けり。
（補尊・四・用／接助／下二・用／助動・完・用／助動・過・終）
（その場は）興がさめてしまいました。

（太政大臣道長）

語句の解説

教717 84ページ　教719 70ページ

1 **弓《ゆみ》あそばししに** 弓の競射をなさったときに。
「あそばす」は「あそぶ（遊ぶ）」の尊敬語で、動作主を尊敬していう語。「なさる」と訳す。「し」は過去の助動詞「き」の連体形。「に」は時を表す格助詞。

3 **あやし** 不審なことだ。
「あやし」は、普通ではない理解できないことに対していう語。伊周の競争相手であるはずの道長が来たのが意外で、不審に思ったのである。

4 **饗応《きょうよう》し申《もう》させ給《たも》うて** 機嫌をとり、もてなし申し上げなさって。
「饗応す」は、「調子を合わせ機嫌をとること」。「申さ」は謙譲の補助動詞「申す」の未然形、「せ」は尊敬の助動詞「す」の連用形で、尊敬の補助動詞「給ふ」と尊敬の意味の語を重ねることで、中の関白殿に対する最高敬語表現になっている。

4 **下﨟《げろう》** 「修行を少ししか積んでいない僧」「身分の卑しい下賤《げせん》の者」の意味もある。この場合は、道長と帥殿を比べて、道長のほうが官位が低いということを表している。

4 **おは《ワ》しませど** いらっしゃったのに。
「おはしませ」は尊敬の補助動詞「おはします」の已然形。「おはします」は「あり」の尊敬語で「おはす」より強い敬意を表す。

5 **前《まえ》に立《た》て奉《たてまつ》りて** （道長を）先（の順番）にお立て申し上げて。
「奉り」は謙譲の補助動詞「奉る」の連用形で、「…申し上げる」の意。当時は、このような競技の場合、身分が高い者が先に行うのが普通であった。

5 **射《い》させ奉《たてまつ》らせ給《たま》ひ《イ》けるに** 「させ」は使役の助動詞「さす」の連

用形。「奉ら」は謙譲の補助動詞で、中の関白殿の動作につけることによって、その動作を受ける道長に対する語り手の敬意を表す。「せ給ひ」は最高敬語の表現で、中の関白殿に対する敬意を表す。

7ふたたび延《の》べさせ給《たま》へ《エ》　二回(試合を)お延ばしなさいませ。
「ふたたび」は、名詞。「二回」の意味。競射一回で二本の矢を射る。帥殿は道長に二本劣っているため、「ふたたび(＝二回)」(二本×二回＝四本)射て、帥殿が的中し、道長が失敗すれば、帥殿が勝てる。中の関白殿、そして伺候している周囲の人々は、このように言うことで、暗に、わざと射誤って勝ちを譲るように道長に言ったのである。

1　**「やすからずおぼしなりて」の主語は誰か。**

答　道長。(道長は、競射の勝負はついているのに、さらに二回延長戦をしろという提案を不愉快に思ったのである。)

教717 85ページ　教719 71ページ

2中心《なから》には当《あ》たるものかは　「ものかは」は詠嘆の終助詞。「驚いたことに、ちょうどいいことに」などの気持ちを表すときに用いる。

学習の手引き

一　**道長と伊周の対照が最も際立って描かれているのはどこか、指摘してみよう。**

解答例　・道長が、伊周や道隆の前で、自分が外戚となり、摂政・関白になるなら当たれ、と言って豪胆に矢を射、真ん中を射通す。

ここでは反語ではない。

2いみじう《ジュウ》臆《おく》し給《たま》ひ《イ》て　たいそう気おくれなさって。
道長が的に当てたことも、帥殿が気おくれした理由だが、それ以上に道長が言った内容に驚愕《きょうがく》したことがうかがわれる。

3わななく故《け》にや　震えるためでしょうか。
「わななく」は「震える」の意。「故」は、理由を表す名詞。「や」は疑問の係助詞で、係り結びの結びにあたる「ありけむ」などの語が省略されている。

6もてはやし聞《き》こえさせ給《たま》ひ《イ》つる　「聞こえ」は謙譲の補助動詞で、「…申し上げる」の意。中の関白殿の動作につけることで、その動作を受ける道長に対する語り手の敬意を表す。「つる」は、完了の助動詞「つ」の連体形。

7こと苦《にが》うなりぬ　気まずくなってしまった。
「こと苦し」で「気まずい、不愉快だ」などの意。「苦う」は、ク活用の形容詞「苦し」の連用形「苦く」のウ音便。

7何《なに》か射《い》る　どうして射るのか(射る必要はない)。

7な射《い》そ　射るな。
「な」は副詞で「そ」と呼応して禁止の意を表す。

それと対照的に、気おされた伊周は萎縮し、「いみじう臆し給ひて、御手もわなな」き、あらぬ方向に射てしまう。この場面の二人の様子がきわめて対照的に描かれている。
・道長が射るところでは、「射させ給ふとて」と最高敬語が用いられているのに対し、伊周が射るところでは、単に「射給ふ」という尊敬語が用いられているのも描写のうえで対照的である。

二 **「関白殿、色青くなりぬ。」(717 八五・4 719 七一・4)とあるが、道隆のこのときの心理はどのようなものだったか、説明してみよう。**

解答例 関白である自分の目の前で、道長は「自分の家から帝や后がお立ちになるはずなら、当たれ。」と言いながら見事に矢を的に射通す。それに対して、わが子の伊周は萎縮し、無残に失敗する。関白家としての面目は丸つぶれである。わが子伊周に対するふがいない思い、豪胆な道長に比して、伊周の器量の小ささを見せつけられた思いもしたであろう。自分の家の今後の行く末に対する不吉な予感も感じて、狼狽《ろうばい》したものと思われる。

競射の延長をさせてまで、伊周に勝たせようとしたのに、道長がその意を汲《く》まないばかりか、逆に恥をかかせられるような結果になり、道隆は、意気消沈したとも考えられる。

三 **道長の振る舞いやせりふ、中の関白家の反応などから、『大鏡』の作者は道長をどのような存在として描こうとしていると思われるか。各自の考えを述べ合おう。**

考え方 道長は、呼ばれてもいない場に乗りこんで、延長戦のときには、「道長が家より、帝・后立ち給ふべきものならば、」717 八四・11 719 七〇・11、「摂政・関白すべきものならば、」717 八五・4 719 七一・4など挑戦的なことを言ったりして、道隆や伊周に対し、自信たっぷりの態度をとっている。

一方、中の関白家のほうは、突然やってきた道長に対して、自分たちより下位の者であるのに、相手の機嫌をとってもてなしたり、弓を先に射させたりして、遠慮がちで小心な態度をとっている。

このような点から作者は、のちに最高権力者となる道長を、権力の座にふさわしい豪胆で比類のない存在として、強調して描こうとしているのではないか、などのことが考えられる。

言葉の手引き

一 **次の古語の意味を調べよう。**

1 あそばす 717 八四・1 719 七〇・1　**2 あやし 717 八四・3 719 七〇・3**
3 饗応す 717 八四・4 719 七〇・4　**4 下臈 717 八四・4 719 七〇・4**
5 やすし 717 八四・9 719 七〇・9　**6 仰す 717 八四・11 719 七〇・11**
7 故 717 八五・3 719 七一・3　**8 もてはやす 717 八五・6 719 七一・6**
9 苦し 717 八五・7 719 七一・7　**10 ことさむ 717 八五・11 719 七一・11**

解答例 1 なさる　2 不審だ
3 相手の機嫌をとってもてなす。　4 官位が低い者。
5 心穏やかだ　6 おっしゃる　7 ため
8 ちやほやする　9 気まずい　10 興がさめる。

二 **「まづ射させ奉らせ給ひけるに、」(717 八四・10 719 七〇・10)と「また射させ給ふとて、」(717 八四・5 719 七〇・5)の「させ」の違いを説明してみよう。**

解答例
・まづ射させ奉らせ給ひけるに、…使役(道隆が道長に「射させ」るの意味で使役。)
・また射させ給ふ…尊敬(「させ給ふ」で、道長に対する最高敬語の表現。)

道長の豪胆

【大　意】　1　教717 86ページ1～12行　教719 72ページ1～12行

花山院《かざんいん》ご在位のとき、五月下旬の闇夜に帝《みかど》が「こんな不気味な夜、遠く離れた所に一人で行けるだろうか。」と言うと、道長《みちなが》は「どこであってもきっと参りましょう。」と答えた。帝は、「道隆《みちたか》は豊楽院《ぶらくいん》、道兼《みちかね》は仁寿殿《じじゅうでん》の塗籠《ぬりごめ》、道長は大極殿に行け。」と命じられた。

【品詞分解／現代語訳】

さるべき（連語）　人　は（係助）、とう（ク・用（音））　より（格助）　御心魂　の（格助）　猛く（ク・用）、御守り　も（係助）　こはき（ク・体）　な（助動・断・体（音））　めり（助動・婉・終）　と（格助）　おぼえ（下二・用）

将来立派になるはずの人は、若いときからご胆力が強く、神仏のご加護も強いものであるようだと思われますよ。

侍る（補丁・ラ変・体）　は（終助）。花山院　の（格助）　御時　に（格助）、五月　下　つ（格助）　闇　に（格助）、五月雨　も（係助）　過ぎ（上二・用）　て（接助）、いと（副）　おどろおどろしく（シク・用）

花山院がご在位のころに、五月下旬の闇の夜に、五月雨の季節も過ぎたのに、たいそう不気味にざあざあ雨が降

かきたれ（下二・用）　雨　の（格助）　降る（四・体）　夜、帝、さうざうし（シク・終）　と（格助）　や（係助（係））　おぼしめし（四・用）　けむ（助動・過推・体（結））、殿上　に（格助）　出で（下二・未）　させ（助動・尊・用）

る夜、帝は、なんとなく物足りず心寂しくお思いになったのだろうか、殿上の間にお出ましになられて、

おはしまし（補尊・四・用）　て（接助）、遊び（四・用）　おはしまし（補尊・四・用）　ける（助動・過・体）　に（接助）、人々、物語　申し（四・用）　など（副助）　し（サ変・用）　給う（補尊・四・用（音））　て（接助）、昔　恐ろしかり（シク・用）

（殿上人たちと）お遊びなさっていたが、人々が、（さまざまな）お話を申し上げなどなさって、（いつしかその話題が）

ける（助動・過・体）　ことども　など（副助）　に（格助）　申しなり（四・用）　給へ（補尊・四・已）　る（助動・完・体）　に（格助）、「今宵　こそ（係助（係））　いと（副）　むつかしげなる（ナリ・体）　夜

昔の恐ろしかったことなどにお移り申し上げなさったときに、（帝は、）「今夜はたいそう気味の悪い感じがする夜であるようだ。

な（助動・断・体（音））　めれ（助動・婉・已（結））。かく（副）　人がちなる（ナリ・体）　だに（副助）、けしき　おぼゆ（下二・終）。まして（副）、もの離れ（下二・用）　たる（助動・存・体）　所　など（副助）、

このように人が多くいてさえ、不気味な感じがする。まして、遠く離れている所などは、

いかなら（ナリ・未）　む（助動・推・体）。さ（副）　あら（ラ変・未）　む（助動・婉・体）　所　に（格助）　一人　いな（ナ変・未）　む（助動・推・終）　や（係助）。」と（格助）　仰せ（下二・未）　られ（助動・尊・用）　ける（助動・過・体）　に（接助）、「え（副）

どんなものだろう。そのような所に一人で行く（ことができる）だろうか。」とおっしゃったので、（みな）「とても

四・未　助動・打推・終　格助　副助　四・用　補尊・四・用　助動・過・体　接助　係助　(代)　助動・断・終　接助　四・用　助動・強・未
まから じ。」 と のみ 申し 給ひ ける を、 入道殿 は、「いづく なり とも まかり な
参ることはできないでしょう。」とだけお答え申し上げなさったけれど、入道殿(＝道長)は、「どこであってもきっと参りましょう。」

助動・意・終　格助　四・用　補尊・四・用　助動・過・已　接助　連　四・体　助動・断・用　接助　副　ラ変・体
む。」 と 申し 給ひ けれ ば、 さる ところ おはします 帝 に て、「いと 興 ある こと
と申し上げなさったので、そうした(風変わりなことをおもしろがられる)ところがおありになる帝であるので、「まことに

助動・断・終　接　四・命　係助　係助　格助　係助　格助　四・命　格助
なり。 さらば、 行け。 道隆 は 豊楽院、 道兼 は 仁寿殿 の 塗籠、 道長 は 大極殿 へ 行け。」 と
おもしろいことだ。それなら、行け。道隆は豊楽院、道兼は仁寿殿の塗籠、道長は大極殿へ行け。」とお命じになったので、

下二・未　助動・尊・用　助動・過・已　接助　格助　係助　ク・体　格助　係助　サ変・用　助動・完・用　助動・詠・体　終助　格助　四・終
仰せ られ けれ ば、 よそ の 君達 は、 便なき こと を も 奏し て ける かな と 思ふ。
ほかの(行くことを命じられなかった)方々は、(入道殿は)不都合なことを奏上してしまったなあと思っている。

語句の解説 1

教717 86ページ　教719 72ページ

1**さるべき人《ひと》**　将来立派になるはずの人。「さるべき」はラ変動詞「さり」の連体形＋当然の助動詞「べし」の連体形。「そうなる宿命の」「そうなるのが当然な」の意味で、ここでは、藤原道長が栄華を極めたことをふまえて言っている。

1**心魂《こころだましい》**　胆力。「心魂」は、もともと「精神、正気」などの意味。「思慮才覚」の意味もある。

1**こは《ワ》きな《ナン》めり**　強いものであるようだ。「こはき」の終止形は「こはし」(強し)。「なめり」は「なんめり」と読む。「なるめり」の撥《はつ》音便「なんめり」の「ん」が表記されない形。

1**おぼえ侍《はべ》るは**　「おぼゆ」(覚ゆ)は「思われる」「感じる」の意。「侍り」は丁寧の補助動詞(「…でございます、…ております」)。「は」は詠嘆を表す。語り手の世継の感慨を表している。

2**五月下《さつきしも》つ闇《やみ》に**　五月下旬の闇の夜に。「つ」は上代語の格助詞で、連体修飾語を作る。「…の」の意。

3**さうざ《ソウゾウ》うしとやおぼしめしけむ《ン》**　形容詞「さうざうし」は、「物足りない、心寂しい」の意。「や↓けむ」で係り結び。

5**申《もう》しなり給《たま》へ《エ》るに**　(話題が)お移り申し上げなさったときに。「申しなる」は「言ひなる」の謙譲語で、「申し上げるうちに話がその方面に及ぶ」という意味。「申しなり給へ」は、謙譲語(申しなり)＋尊敬語(給へ)の形で、「申しなり」は天皇に対する敬意を表し、尊敬の補助動詞「給へ」は申す人(殿上人《てんじょうびと》)に対する敬意を示す。敬意を表しているのは、この話の語り手である。

5 **むつかしげなる**　「むつかしげなる」は、「気味の悪い感じがする、不安な感じがする」の意。

6 **人《ひと》がちなるだに、けしきおぼゆ**　人が多くいてさえ、不気味な感じがする。

「人がちなる」は人が大勢いる様子。「だに」は程度の軽いほうを示して重いほうを暗示する副助詞で、重いほうは直後の「まして、もの離れたる所」をさす。「けしきおぼゆ」（気色覚ゆ）は、「趣があると感じる」「不気味に感じる」の意で、ここは後者の意。

7 **いなむ《ン》や**　行く（ことができる）だろうか。

「いな」はナ変動詞「いぬ」（往ぬ）の未然形。「む」は推量の助動詞で可能の意を含む。「や」は疑問を表す係助詞。

8 **いづ《ズ》くなりともまかりなむ《ン》**　どこであってもきっと参りましょう。

「な」は、強意の助動詞「ぬ」の未然形。「む」は意志の助動詞。

11 **よその君達《きんだち》**　ほかの（行くことを命じられなかった）方々。

「君達」（「公達」とも書く）は貴族の子弟のこと。

11 **便《びん》なきことをも奏《そう》してけるかな**　不都合なことを奏上してしまったなあ。

「奏す」は、（天皇または院に）申し上げるという意味の謙譲語。

【大　意】　2　教717 86ページ13行～87ページ5行　教719 72ページ13行～73ページ5行

道隆・道兼は困ったと思ったが、道長にはそんな様子はない。道長は、帝に「本当に行ったのかどうか、証拠がない。」と言われ、小刀を借りて、出かけた。道隆、道兼もいやいやながら出発した。深夜の二時ごろだった。

【品詞分解／現代語訳】


また、承ら せ 給へ る 殿ばら は、御けしき 変はり て、益なし と おぼし たる に、

（接　1四・未　助動・尊・用　補尊・四・已　助動・完・体　係助　四・用　接助　ク・終　格助　四・用　助動・完・体　接助）

また、勅命をお受けになった殿たち（道隆・道兼）は、お顔の色が変わって、困ったとお思いになったが、

入道殿 は、つゆ さる 御けしき も なく て、「私 の 従者 を ば 具し 候は じ。この 陣
（係助　副　連　係助　ク・用　接助　格助　格助　係助　サ変・用　補丁・四・未　助動・打意・終　（代）　格助）
入道殿（＝道長）は、少しもそんなご様子もなくて、「自分の家来は連れて行かないようにしましょう。この近衛府の

の 吉上 まれ、滝口 まれ、一人 を、『昭慶門 まで 送れ。』と 仰せ言 給べ。それ より 内 に は、一人
（格助　（連語）　（連語）　格助　副助　四・命　格助　四・命　（代）　格助　格助　係助）
詰め所の下級役人であれ、滝口の武士であれ、誰か一人に、『昭慶門まで送れ。』とご命令をお下しください。そこから内には、一人で

入り 侍ら む。」と 申し 給へ ば、「証 なき こと。」と 仰せ らるる に、「げに。」とて、

（四・用　補丁・ラ変・未　助動・意・終　格助　四・用　補尊・四・已　接助　ク・体　格助　下二・未　助動・尊・体　接助　副　格助）

入りましょう。」と申し上げなさったところ、（帝が）「（それでは）証拠がないことだ。」と仰せになるので、「（その仰せは）ごもっともです。」

御手箱 に〔格助〕 置か〔四・未〕 せ〔助動・尊・用〕 給へ〔補尊・四・已〕 る〔助動・存・体〕 小刀 申し〔四・用〕 て〔接助〕 立ち〔四・用〕 給ひ〔補尊・四・用〕 ぬ。〔助動・完・終〕 いま〔副〕 二所 も、〔係助〕 苦む苦む〔副〕

と言って、(帝が)お手箱に入れておいでになる小刀を申し受けてお出かけになった。ほかのお二人も、しぶしぶ

おのおの〔(代)〕 おはさうじ〔サ変・用〕 ぬ。〔助動・完・終〕 「子 四つ。」2 と〔格助〕 奏し〔サ変・用〕 て、〔接助〕 かく〔副〕 仰せ〔下二・未〕 られ〔助動・尊・用〕 議する〔サ変・体〕 ほど に、〔格助〕 丑 に〔格助〕 も〔係助〕

それぞれお出かけになった。「子四つ(午前零時半ごろ)。」と時を奏上してから、このように仰せになって相談しているうちに、(出発は)丑の

なり〔四・用〕 に〔助動・完・用〕 けむ。〔助動・過推・終〕

刻(午前二時ごろ)にもなっていたでしょう。

語句の解説 2

教717 86ページ 教719 72ページ

13 **承《うけたまわ》らせ給《たま》へ《エ》る殿《との》ばら** 「承る」は「受く」の謙譲語。「せ給へ」は尊敬の助動詞「せ」＋尊敬の補助動詞「給へ」で、語り手が道隆・道兼に最高敬語を用いている。「る」は完了の助動詞「り」の連体形。「ばら」は人を表す体言に付いて複数を表す接尾語。

1 「承らせ給へる殿ばら」は、誰をさすか。

答 (勅命をお受けになった)道隆と道兼。

14 **私《わたくし》の従者《ずさ》** 「私」は「公」に対する言葉。家来を連れて行かないというのは、ずるをしないという意思表示の意味で言ったもの。

教717 87ページ 教719 73ページ

1 **まれ** 係助詞「も」＋ラ変動詞「あり」の命令形「あれ」＝「もあれ」の転。「…まれ、…まれ」の形で使うことが多い。

1 **仰《おお》せ言《ごと》給《た》べ** ご命令をお下しください。「給べ」はバ行四段活用の動詞「給ぶ」の命令形。「与ふ」「授く」の尊敬語。

2 **証《そう》なきこと** 道長が昭慶門からは一人で入ると言ったことに対し、帝が「それでは(一人では)証拠がない。」と言ったのである。

2 「『子《ね》四つ。』と奏して、…丑《うし》にもなりにけむ。」から、何がわかるか。

答 決めごとをしたり道隆と道兼がためらったりしていたため、出発するまでに時間がかかったこと。

【大意】 3 教717 87ページ6行～88ページ4行 教719 73ページ6行～74ページ4行

道隆は、途中得体の知れない声が聞こえるので恐ろしくなって帰った。道兼も途中で、軒と同じくらいの巨人と出くわしたと思い、戻った。帝は扇をたたいて笑った。道長は長く戻ってこなかった。どうしたのかと思ったころ、何でもないような様子で戻ってきた。

【品詞分解／現代語訳】

係助　格助　格助　下二・命　係助　格助　下二・命　格助　(代)　格助　副助　四・未
「道隆 は 右衛門 の 陣 より 出でよ。 道長 は 承明門 より 出でよ。」 と、 それ を さへ 分かた
「道隆は右衛門の詰め所から出よ。道長は承明門から出よ。」と、道筋までもお分けになられたので、

助動・尊・用　補尊・四・已　接助　副　四・已　助動・完・体　接助　副助　サ変・用　接助　四・用
せ 給へ ば、 しか おはしまし合へ る に、 中の関白殿、 陣 まで 念じ て おはしまし
(どなたも)そのようにお出かけになったが、中の関白殿(道隆)は、右衛門の詰め所まで我慢していらっしゃったが、

助動・完・体　接助　格助　格助　(代)　格助　格助　係助　ク・体　格助　下二・体　接助　ク・用　接助
たる に、 宴の松原 の ほど に、 そ の もの と も なき 声ども の 聞こゆる に、 ずちなく て
宴の松原のあたりで、得体の知れない声々が聞こえるので、どうしていいか

四・用　補尊・四・終　係助　格助　副助　副　サ変・用　助動・完・体　接助　格助　格助
帰り 給ふ。 粟田殿 は、 露台 の 外 まで、 わななくわななく おはし たる に、 仁寿殿 の 東面 の
わからなくてお帰りになる。粟田殿(＝道兼)は、露台の外まで、ぶるぶる震えながらいらっしゃったが、仁寿殿の東面の軒下の石畳の

格助　格助　格助　シク・体　格助　ラ変・体　助動・比・用　下二・用　補尊・四・用　助動・過・已　接助　係助　下二・未　接助
みぎり の ほど に、 軒 と 等しき 人 の ある やうに 見え 給ひ けれ ば、 もの も おぼえ で、
あたりに、軒と同じくらいの高さの人がいるようにお見えになったので、無我夢中で、

格助　四・未　接助　係助(係)　係助　四・未　助動・推・已(結)　格助　副　四・用　補尊・四・已　助動・完・已　接助
「身 の 候は ば こそ、 仰せ言 も 承ら め。」 とて、 おのおの 立ち帰り参り 給へ れ ば、
「命がございましてこそ、(帝の)ご命令も承りましょう。」と言って、おのおの引き返してこられましたので、

格助　四・用　接助　四・未　助動・尊・用　補尊・四・体　接助　係助　副　シク・用　下二・未　助動・尊・用　補尊・四・未　助動・打・体
御扇 を たたき て 笑は せ 給ふ に、 入道殿 は いと 久しく 見え させ 給は ぬ
(帝は)扇をたたいてお笑いになりましたが、入道殿(道長)はたいそう長い間お見えにならないので、

接助　副　格助　四・体　格助　係助(係)　副　ク・用　ナリ・用　接助　四・未　助動・尊・用
を、 いかが と おぼしめす ほど に ぞ、 いと さりげなく、 ことにもあらずげに て、 参ら せ
どうしたのかと思っていらっしゃるときに、全く平然と、何でもないというようなご様子で、お帰りになった。

補尊・四・已　助動・完・体(結)
給へ る。

語句の解説 3

教717 87ページ　教719 73ページ

8 それをさへ《エ》分《わ》かたせ給《たま》へ《エ》ば　道筋までもお分けになられたので。「それ」は、前の帝の言葉から「道筋、行き方」の意味であるとわかる。

9 しかおは《ワ》しまし合《あ》へ《エ》るに　そのようにお出かけになったが。「しか」は副詞。「そのように、そのとおりに」。「おはします」は「行く・来《く》」の尊敬語。「おはす」よりも敬意の度が強い。

13 ずちなくて　「ずちなし」(術なし)は、「手の打ちようがない、なすべき方法がない」という意味。恐ろしさでどうしていいかわからないという心理状態。

教717 88ページ　教719 74ページ

1 身《み》の候《さぶら》は《ワ》ばこそ、仰《おお》せ言《ごと》も承《うけたまわ》らめ　命がございましてこそ、(帝の)ご命令も承りましょう。「仰せ言も承らめ」は、「ご奉公もできるというものだ」としてもよい。恐ろしさのあまり、逃げる言い訳をしている心理。

4 ことにもあらずげに　「ことにもあらず」(「何でもない」の意)という慣用表現に「げ」が付いて形容動詞化した言葉。

【大　意】　4　教717 88ページ5〜15行　教719 74ページ5〜15行

どうであったかと言う帝に、道長は小刀で削り取ったものを差し上げた。大極殿にある柱を削ったものという。人々が口々にほめるなか、道隆・道兼は口も開かず控えていた。翌朝、帝は削りくずを蔵人《くろうど》に命じて確かめさせた。道長の言うとおり、柱から削り取ったものだった。

【品詞分解／現代語訳】

「いかに(副)　いかに(副)。」　と(格助)　問は(四・未)　せ(助動・尊・用)　給へ(補尊・四・已)　ば、(接助)　いと(副)　のどやかに、(ナリ・用)　御刀　に(格助)　削ら(四・未)　れ(助動・尊・用)　たる(助動・完・体)　物

「どうであった、どうであった。」と(帝が)お尋ねになりますと、(入道殿は)とても平然として、お刀に削り取りなさったものを

を(格助)　取り具し(サ変・用)　て(接助)　奉ら(四・未)　せ(助動・尊・用)　給ふ(補尊・四・体)　に、(接助)　「こ(代)　は(係助)　何(代)　ぞ。(終助)」　と(格助)　仰せ(下二・未)　らるれ(助動・尊・已)　ば、(接助)　「ただに(ナリ・用)　て(接助)

取りそろえて差し上げなさるので、(帝が)「これは何だ。」と仰せになりますと、(入道殿は)「何も持たずに

帰り参り(四・用)　て(接助)　侍ら(補丁・ラ変・未)　む(助動・仮・体)　は、(係助)　証　候ふ(四・終)　まじき(助動・打推・体)　に(格助)　より、(四・用)　高御座　の(格助)　南面　の(格助)　柱　の(格助)　もと　を(格助)

帰って参ったとしましたら、証拠がございますまいと思いまして、(大極殿の中央に据えられた)高御座の南面の柱の下の

削り(四・用)　て(接助)　候ふ(補丁・四・体)　なり。」(助動・断・終)　と、(格助)　つれなく(ク・用)　申し(四・用)　給ふ(補尊・四・体)　に、(接助)　いと(副)　あさましく(シク・用)　おぼしめさ(四・未)　る。(助動・尊・終)

ほうを削り取ったのです。」と、平気な顔をして申し上げなさいましたので、(帝も)たいそう驚くばかりにお思いになる。

こと殿たち の 御けしき は、いかにも なほ 直ら で、こ の 殿 の かくて 参り 給へ る を、帝

格助　係助　（連語）　副　四・未　接助　（代）格助　格助　副　四・用　補尊・四・已　助動・完・体　格助

ほかの殿たち（＝道隆・道兼）のお顔色は、どうしてもやはり直らないで、この殿（＝道長）がこうしてお帰りになったことを、帝を

より はじめ 感じ ののしら れ 給へ ど、うらやましき に や、また いかなる に か、

格助　下二・用　サ変・用　四・未　助動・自・用　補尊・四・已　接助　シク・体　助動・断・用　係助　副　ナリ・体　助動・断・用　係助

はじめ人々が感心してほめそやしなさるけれど、（お二人は）うらやましいのだろうか、それともどういうお気持ちなのだろうか、

もの も 言は で ぞ 候ひ 給ひ ける。

係助　四・未　接助　係助（係）　四・用　補尊・四・用　助動・過・体（結）

ものも言わずに控えていらっしゃった。

なほ 疑はしく おぼしめさ れ けれ ば、つとめて、「蔵人 して、削りくづ を つがはし て

副　シク・用　四・未　助動・尊・用　助動・過・已　接助　格助　格助　四・用　接助

（帝は、）やはり疑わしいとお思いなさったので、翌朝、「蔵人に命じて、削りくずをあてがわせてみよ。」

みよ。」と 仰せ言 あり けれ ば、持て行き て 押しつけ て 見 給び ける に、つゆ

補動・上一・命　格助　ラ変・用　助動・過・已　接助　四・用　接助　下二・用　接助　上一・用　補尊・四・用　助動・過・体　接助　副

とご命令があったので、（蔵人が）持っていって押しつけて御覧になったところ、少しも

違は ざり けり。そ の 削り跡 は、いと けざやかに て 侍 めり。末 の 世 に も、

四・未　助動・打・用　助動・過・終　（代）格助　係助　副　ナリ・用　接助　補丁・ラ変・体（音）　助動・婉・終　格助　格助　係助

違わなかったそうだ。その削り跡は、たいそうはっきりと残っているようです。後の世にも、（その削り跡を）

見る 人 は、なほ あさましき こと に ぞ 申し し かし。

上一・体　係助　副　シク・体　格助　係助（係）　四・用　助動・過・体（結）　終助

見る人は、やはり驚くばかりのことだと申したものだったよ。

（太政大臣道長）

語句の解説 4

教717 88ページ　教719 74ページ

8 つれなく　形容詞「つれなし」は、現代語の「つれない」（無情だ）の意味もあるが、ここは「平気だ」の意。

8 あさましくおぼしめさる　驚くばかりにお思いになる。「あさまし」は驚嘆する。よい・悪い両方の場合に使われる。

13 見《み》給《とう》びけるに　御覧になったところ。「給《たう》び」は、尊敬の補助動詞「給《たう》ぶ」の連用形。

14 侍《はべ》めり　「侍るめり」の撥音便「侍んめり」の「ん」が表記されない形。「侍る」は丁寧の補助動詞「侍り」の連体形。「めり」は

婉曲《えんきょく》の助動詞。

15 あさましきことにぞ申《もう》ししかし　これまでは過去の助動詞は「けり」が用いられていたが、ここでは「き」（連体形の「し」）が使われている。「き」は直接体験した過去を回想して述べる。語り手の世継が、削り跡を見た人を知っていたことを示す表現で、念押しする「かし」を文末で用いて強調している。

学習の手引き

一　話の展開を、事の発端から最後の後日譚まで、順を追って整理しよう。

解答例　① 花山院在位中の五月下旬の雨の夜、帝と殿上人たちの間で、話題が恐い話に移ったとき、帝が、今夜はそんな気味の悪い夜のようだと言い、道長がそれに同調したことが発端である。

② 帝が勢いづいて、道隆と道兼と道長に行き先を割り振って、そこへ行くように命じて、道筋まで指定した。

③ 道隆と道兼はしぶしぶ、道長は平気な様子で出発した。

④ 道隆と道兼は恐れてすぐ帰って来たが、道長は時間がたってから戻ってきて、目的地の柱を削ったものを証拠として差し出した。

⑤ 翌朝、帝が確かめさせると、削りくずと削り跡が一致し、道長が実際にそこへ行ったことが証明された。

二　道長・道隆・道兼の三人について

1　それぞれどのような人物として描かれているか。本文中の具体的な描写を抜き出して、整理しよう。

2　花山天皇からそれぞれに課せられた目的地や道順を、脚注の記述や、大内裏図、内裏図などを利用して検証し、そこからわかることを指摘してみよう。

解答例　1　・道隆…帝の仰せを困ったことと思い、しぶしぶ出発したが、途中で「そのものともなき声どもの聞こゆるに、ずちなくて帰り給ふ」717 八七・12 719 七三・12。小心で臆病な人物。

・道兼…道隆と同様（「御けしき変はりて、益《やく》なしとおぼしたるに」717 八七・13 719 七三・13）しぶしぶ出発し、「わななくわななく」717 八七・14 719 七三・14 震えながら行ったうえに、「軒と等しき人」717 八八・1 719 七四・1 を見て、恐くなって帰ってきた。小心で臆病な人物。

・道長…帝の仰せに積極的に従い、証拠がいるという帝の言葉を受けて小刀まで持参し、行った先の柱の一部を削り取ってきた。冷静な判断力と実行力を持ち、ものに動じない豪胆な人物。

2　・道隆…「右衛門《うえもん》の陣」（宜秋門《ぎしゅうもん》）から出て「豊楽院」へ。「紫《し》宸殿《しんでん》」の南西の方向で、「宴の松原」が不気味である。

・道兼…「仁寿殿の塗籠」へ。距離的には近いが「露台」（渡り廊下）を通らねばならず、道兼はそこで退散した。

・道長…「承明門」から出て「大極殿」へ。「紫宸殿」から南西の方向だが、道隆とは道筋が異なっている。

三　花山天皇が「さるところおはします帝」（717 八六・9 719 七三・9）と評されているのはどのような点か。各自の考えを述べ合おう。

解答例　恐い話を聞いたついでに「いと興あることなり」717 八六・9 719 七三・9 と言って、実際に肝試しをやらせた点。また、帰ってきた道隆や道兼を「御扇をたたきて」717 八六・2 719 七四・2 笑ったり、道長の削りくずを確かめさせたりしている点。

言葉の手引き

一 次の古語の意味を調べよう。

1 こはし 717 八六・1 719 七三・1　2 おどろおどろし 717 八六・2 719 七三・2
3 さうざうし 717 八六・3 719 七三・3
4 むつかしげなり 717 八六・5 719 七三・5
5 けしきおぼゆ 717 八六・6 719 七三・6　6 便なし 717 八六・11 719 七三・11
7 益なし 717 八六・13 719 七三・13　8 おはさうず 717 八七・4 719 七三・4
9 念ず 717 八七・10 719 七三・10　10 ずちなし 717 八七・13 719 七三・13
11 つれなし 717 八八・8 719 七四・8　12 あさまし 717 八八・8 719 七四・8
13 ののしる 717 八八・10 719 七四・10

解答例 1 強い　2 不気味だ　3 物足りなくてつまらない。　4 気味が悪い。　5 不気味な感じがする。　6 不都合だ　7 困ったことだ。　8 お出かけになる。　9 我慢する　10 方法がない。　11 平気なさま。　12 驚くばかりだ。　13 ほめそやす

二 次の傍線部の助動詞の意味を答えよう。

1 御守りもこはきなめり(717 八六・1 719 七三・1)
2 さあらむ所に一人いなむや。(717 八六・7 719 七三・7)
3 いづくなりともまかりなむ。(717 八六・8 719 七三・8)
4 便なきことをも奏してけるかな(717 八六・11 719 七三・11)

解答例 1 「な」断定＋「めり」婉曲　2 「さあらむ」の「む」婉曲・「いなむや」の「む」推量　3 「な」強意＋「む」意志　4 「て」完了＋「ける」詠嘆

花山天皇の出家

【大　意】 1 教717 90ページ1〜6行　教719 76ページ1〜6行

花山《かざん》天皇は冷泉院《れいぜいいん》の第一皇子である。十九歳で、誰にも知らせず出家した。在位二年。出家後二十二年ご存命だった。

【品詞分解／現代語訳】

次 の（格助） 帝、花山院 の 天皇 と（格助） 申し（四・用） き（助動・過・終）。
次の帝は、花山院の天皇と申し上げました。

冷泉院 の（格助） 第一 の（格助） 皇子 なり（助動・断・終）。
冷泉院の第一皇子です。

御母、贈皇后宮 懐子 と（格助） 申す（四・終）。
御母は、贈皇后宮懐子と申し上げます。

永観二年 八月 二十八日、位 に つか せ 給ふ、御年 十七。寛和二年 丙戌 六月 二十二日 の
格助 四・未 助動・尊・用 補尊・四・体 格助
永観二年八月二十八日、皇位におつきになりましたのは、御年十七歳。寛和二年丙戌の年の六月二十二日の夜、

夜、あさましく 候ひ し こと は、人 に も 知らせ させ 給は で、みそかに 花山寺
シク・用 補丁・四・用 助動・過・体 係助 格助 係助 下二・未 助動・尊・用 補尊・四・未 接助 ナリ・用
驚きあきれてしまいましたことは、誰にもお知らせにならないで、ひそかに花山寺に

に おはしまし て、御出家 入道 せ させ 給へ り し こそ、御年 十九。世 を 保た
格助 四・用 接助 サ変・未 助動・尊・用 補尊・四・已 助動・完・用 助動・過・体 係助 格助 四・未
いらっしゃって、ご出家入道なさってしまわれたのは、御年十九歳。皇位におつきになら

せ 給ふ こと 二年。その のち、二十二年 おはしまし き。
助動・尊・用 補尊・四・体 (代) 格助 四・用 助動・過・終
れていらっしゃったこと二年。ご退位、ご出家ののち、二十二年間ご存命でした。

語句の解説 1

教717 90ページ 教719 76ページ

1 **贈**《ぞう》 死後に贈られた官位の上に「贈」と付ける。

3 **つかせ給ふ**《たまう》 「せ」は尊敬の助動詞「す」の連用形。「給ふ」は尊敬の補助動詞。尊敬語を重ねる最高敬語。

4 **みそかに** 「みそか」は漢字で表すと「密《みそ》か」で、ひっそりと人に知られないようにして行う様子。

5 **世**《よ》**を保**《たも》**たせ給ふ**《たまう》 皇位におつきになられていらっしゃる。
「世を保つ」は、「国を治める」という意味。二年の間、国を治めていたということは、その間、帝《みかど》であったということ。

【大 意】 2 教717 90ページ7～13行 教719 76ページ7～13行

花山天皇退位の夜は、有明の月がこうこうと明るかった。気がひける天皇に、粟田殿《あわたどの》が「神璽《しんし》・宝剣が春宮《とうぐう》に渡ってしまったので、出家を取りやめることはできない。」と言う。実際は、ご退位前に、粟田殿が自ら渡していたのである。

【品詞分解／現代語訳】

あはれなる こと は、下り おはしまし ける 夜 は、藤壺の上の御局 の 小戸 より 出で させ
ナリ・体 係助 上二・用 補尊・四・用 助動・過・体 係助 格助 格助 下二・未 助動・尊・用
しみじみと同情にたえないことは、ご退位なさったその夜は、藤壺の上の御局の小戸を通ってお出ましになられたところ、

給ひ〔補尊・四・用〕ける〔助動・過・体〕に、〔接助〕有明〔1〕の〔格助〕月の〔格助〕いみじく〔シク・用〕明かかり〔ク・用〕けれ〔助動・過・已〕ば、〔接助〕「顕証に〔ナリ・用〕こそ〔係助(係)〕あり〔ラ変・用〕けれ。〔助動・詠・已(結)〕

有明のころの月がたいそう明かったので、「(これでは)あらわではっきりしすぎるなあ。

いかが〔副〕す〔サ変・終〕べから〔助動・適・未〕む。」〔助動・推・体〕と〔格助〕仰せ〔下二・未〕られ〔助動・尊・用〕ける〔助動・過・体〕を、〔格助〕「さりとて、〔接〕とまら〔四・未〕せ〔助動・尊・用〕給ふ〔補尊・四・終〕

どうしたらよかろうか。」と(帝が)仰せになられたが、「だからといって、(ご出家を)中止なさるわけにはいき

べき〔助動・当・体〕やう侍ら〔ラ変・未〕ず。〔助動・打・終〕神璽・宝剣わたり〔四・用〕給ひ〔補尊・四・用〕ぬる〔助動・完・体〕に〔格助〕は。」〔係助〕と、〔格助〕粟田殿の〔格助〕さわがし〔四・用〕

ません。神璽・宝剣も(すでに春宮に)お移りになってしまいましたからには。」と、粟田殿(＝道兼)がせきたて

申し〔補謙・四・用〕給ひ〔補尊・四・用〕ける〔助動・過・体〕は、〔係助〕まだ〔副〕帝出で〔下二・未〕させ〔助動・尊・用〕おはしまさ〔補尊・四・未〕ざり〔助動・打・用〕ける〔助動・過・体〕先に、〔格助〕手づから〔副〕取り〔四・用〕

申し上げなさったのは、まだ帝がお出ましあそばされなかった前に、(粟田殿が)自ら

て、〔接助〕春宮の〔格助〕御方に〔格助〕わたし〔四・用〕奉り〔補謙・四・用〕給ひ〔補尊・四・用〕て〔助動・完・用〕けれ〔助動・過・已〕ば、〔接助〕帰り入ら〔四・未〕せ〔助動・尊・用〕給は〔補尊・四・未〕む〔助動・婉・体〕

(神璽・宝剣を)取って、春宮の御方にお渡し申し上げなさってしまわれたので、(天皇が宮中へ)お帰りになるような

ことは、〔係助〕ある〔ラ変・体〕まじく〔助動・禁・用〕おぼし〔四・用〕て、〔接助〕しか〔副〕申さ〔四・未〕せ〔助動・尊・用〕給ひ〔補尊・四・用〕ける〔助動・過・体〕と〔格助〕ぞ。〔係助〕

ことは、あってはならないことだとお思いになって、そのように申し上げなさったということです。

語句の解説 2

教717 90ページ　教719 76ページ

7 下《お》りおはしましける　「下る」は「下りゐる」と同じで退位する意。「おは《ワ》します」は尊敬の補助動詞で「お(ご)…になる」。

8 有明《ありあけ》の月《つき》　月が空にあるのに夜が明けることが「有明」で、「有明の月」は、陰暦二十日ごろの月をいう。

1 「有明の月」は、何を表しているか。

答　夜が明け始めていること。

9 とまらせ給《たま》ふ《ウ》　(ご出家を)中止なさる。天皇の動作についていうので、最高敬語を用いている。

10 さわがし申《もう》し給《たま》ひ《イ》けるは　せきたて申し上げなさったのは。「申し」は謙譲の意味の補助動詞なので、この話の語り手から天皇に対する敬意を表し、「給ひ」は尊敬の意味の補助動詞なので、語り手から粟田殿に対する敬意を表す。

13 申《もう》させ給《たま》ひける　申し上げなさった。「せ」＋「給ふ」で最高敬語であるが、粟田殿の動作に対し最高敬語を用いるのは疑問が残る。「す」には、謙譲語の後に用いて、謙譲の意を強める用法もあり、ここは「せ」を謙譲の意味にとらえるのが適当か。

【大　意】　3　教717 90ページ14行～91ページ6行　教719 76ページ14行～77ページ6行

帝は、歩き出したときに、いつも離さずに持っていた故弘徽殿《こきでん》の女御《にょうご》の手紙のことを思い出し、取りに戻ろうとする。粟田殿は、帝の出家の決心が変わらぬよう、うそ泣きしたということだった。

【品詞分解／現代語訳】

さやけき　影　を、まばゆく　おぼしめし　つる　ほど　に、月　の　顔　に　むら雲　の　かかり　て、少し
（ク・体／格助／ク・用／四・用／助動・存・体／格助／格助／格助／格助／四・用／接助／副）
明るく照る月光を、まぶしくお思いになって(ためらわれて)いるうちに、月の面にむら雲がかかって、少し

暗がりゆき　けれ　ば、「わ　が　出家　は　成就する　なり　けり。」と　仰せ　られ　て、歩み出で
（四・用／助動・過・已／接助／(代)／格助／係助／サ変・体／助動・断・用／助動・詠・終／格助／下二・未／助動・尊・用／接助／下二・未）
暗くなってきたので、「私の出家は成就することだなあ。」とおっしゃって、歩き出される

させ　給ふ　ほど　に、弘徽殿の女御　の　御文　の、日ごろ　破り残し　て　御身　も　放た　ず
（助動・尊・用／補尊・四・体／格助／格助／格助／副／四・用／接助／係助／四・未／助動・打・用）
ときに、(亡くなられた)弘徽殿の女御のお手紙で、普段破り捨てもせず残して御身から離さず

御覧じ　ける　を　おぼしめし出で　て、「しばし。」とて、取り　に　入り　おはしまし　ける　ほど　ぞ
（サ変・用／助動・過・体／格助／下二・用／接助／副／格助／四・用／格助／四・用／補尊・四・用／助動・過・体／終助）
御覧になっていたのを思い出しなさって、「しばらく待て。」と仰せになって、取りにお引き返しになりましたそのときですよ、

かし、粟田殿　の、「いかに、かく　は　おぼしめしなら　せ　おはしまし　ぬる　ぞ。ただ今　過ぎ　ば、

（終助／格助／副／副／係助／四・未／助動・尊・用／補尊・四・用／助動・完・体／終助／上二・未／接助）

粟田殿が、「どうして、このような(未練がましい)お気持ちになられてしまったのか。今この機会を逃したら、

おのづから　さはり　も　出でまうで来　な　む。」と、[2] そら泣き　し　給ひ　ける　は。

（副／係助／カ変・用／助動・強・未／助動・推・終／格助／サ変・用／補尊・四・用／助動・過・体／終助）

おのずと支障もきっと出てまいるでしょう。」と、うそ泣きなさったということでしたよ。

語句の解説 3

教717 91ページ　教719 77ページ

1 暗《くら》がりゆきければ　暗くなってきたので。

「いみじく明かかりければ」717 九〇・8 719 七六・8に対する表現。

5 出《い》でまう《モウ》で来《き》な《ン》む　きっと出てまいるでしょう。

「出でまうで来」は、「出で来《く》」の丁寧語。「な」は強意の助動詞「ぬ」の未然形。「む」は推量の助動詞の終止形。

2　答

「そら泣きし」たのはなぜか。

手紙を取りに戻ろうとする帝を思いとどまらせるため。（せっかくここまで来たのに、帝に戻られて出家を翻意されては元も子もないので、「お気を弱くしてはいけません。」「この機会を逃したら邪魔が入ります。」といったことを言ってうそ泣きしたのである。）

【大　意】　4　教717 91ページ7〜11行　教719 77ページ7〜11行

花山寺にお着きになり、帝は剃髪《ていはつ》する。自分も出家すると言っていた粟田殿は、お暇をいただき、父兼家《かねいえ》に今一度変わらぬ姿を見せてから再び参上すると言って退出した。帝は初めてだまされていたことを知ってお泣きあそばされた。

【品詞分解／現代語訳】

格助　四・用　接助　四・未　助動・尊・用　補尊・四・用　接助　格助　係助　係助　下二・用
花山寺 に おはしまし着き て、御髪 下ろさ せ 給ひ て のち に ぞ、粟田殿 は、「まかり出で
花山寺にお着きになって、ご剃髪なさった後に、粟田殿は、「（私は一度）退出申し上

接助　格助　係助　3四・未　助動・打・体　副　下二・用　副　格助　四・用　接助　副　四・用　補丁・ラ変・未
て、大臣 に も、変はら ぬ 姿、いま 一度 見え、かく と 案内 申し て、必ず 参り 侍ら
げて、父の大臣（＝兼家）にも、出家前の姿を、もう一度見せ、これこれと事情も打ち明けまして、（それから）必ず参上いたしましょう。」

助動・意・終　格助　四・用　補尊・四・用　助動・過・已　接助　（代）　格助　係助　四・体　助動・断・用　助動・詠・終　格助　係助（係）　四・未　助動・尊・用
む。」と 申し 給ひ けれ ば、「我 を ば、はかる なり けり。」とて こそ、泣か せ
と申し上げなさったので、（帝は）「私を、だましたのだな。」とおっしゃって、お泣きになったのでした。

補尊・四・用　助動・過・已（結）　ナリ・用　シク・体　助動・断・終　終助　副　ク・用　格助　四・未　助動・意・終　格助　四・用
給ひ けれ。あはれに 悲しき こと なり な。日ごろ、よく 御弟子 にて 候は む と 契り
しみじみとお気の毒で悲しいことでありますよ。（粟田殿が）日ごろから、よく（帝が出家なさったら自分も出家して）お弟子に

接助　四・用　補謙・四・用　補尊・四・用　助動・過婉・体　格助　終助
て、すかし 申し 給ひ けむ が 恐ろしさ よ。
なってお仕えしましょうと約束し、（帝を）うまくだまし申し上げなさったようなことの恐ろしさよ。

（花山院）

語句の解説 4

教717 91ページ　教719 77ページ

7まかり出でて　「まかり出づ」は、「出づ」の謙譲語。続いて粟田殿も剃髪するはずであったが、粟田殿は退出してしまう。退出する理由が、この後に述べられる。

3　**「変はらぬ姿」は、誰のどのような姿か。**

答　粟田殿の出家する前の姿。

学習の手引き

一　**花山天皇が御所を出て出家するまでの経緯を整理し、作者が「あはれなること」(717 九〇・7　719 七六・7)と述べる理由を説明してみよう。**

解答例　〔経緯〕①　清涼殿の北側にある藤壺《ふじつぼ》の上の部屋の小戸《こと》から出たが、有明の月が明るく、ためらいを感じた。

②　月に雲がかかって少し暗くなったので歩き出そうとして、花山天皇は亡き妻の手紙を思い出し、取りに戻ろうとした。しかし、粟田殿(道兼《みちかね》)に止められ、うそ泣きをされて先を急がされた。

③　花山寺で髪を下ろしたが、粟田殿(道兼)は帰ってしまった。そこで初めてだまされていたことに気づいた。

〔理由〕花山天皇はまだ十九歳と若く、出家の意志も確かなものではなかったが、粟田殿(道兼)のうそにだまされて出家させられた。そのいきさつを、花山天皇にとって気の毒なことと思うからである。

8かくと案内申《あないもう》して、必《かなら》ず参《まい》り侍《はべ》らむ《ン》　これこれと事情も打ち明けまして、必ず参上いたしましょう。

「案内」は、ここでは「物事の事情や内容」の意味。花山天皇の出家の事情をさす。「あんない」の撥《はつ》音が表記されない形。

9はかるなりけり　だましたのだな。

「はかる」には、①「推量する」、②「予想する」、③「相談する」、④「計画する」、⑤「だます」など多くの意味がある。ここは⑤。

11すかし申《もう》し給《たま》ひ《イ》けむ《ン》　だまし申し上げなさったようなこと。

「けむ」は、過去の婉曲の助動詞の連体形。

二　**花山天皇と道兼とは、どのような関係であったと思われるか。先の「道長《みちなが》の豪胆」の記事も参照しながら、各自の考えを述べ合おう。**

解答例　花山天皇が道兼の策略に乗せられたのは、日ごろ道兼と親しく、信頼していたからであろう。天皇はまだ若く政治にうとい可能性があり、出家した後にうそに気づくほどに道兼を頼りにしていたと考えられる。「道長の豪胆」で道兼が恐がるのを笑ったりしているのも、二人の親しい関係をうかがわせる。道兼(藤原《ふじわら》氏)はそれを逆に利用して、花山院を天皇の座から引きずりおろしたのである。

言葉の手引き

一　**次の古語の意味を調べよう。**

1下る 717 九〇・7　719 七六・7　**2さやけし 717 九〇・14　719 七六・14**

3すかす 717 九一・11　719 七七・11

解答例 1 退位する 2 明るい 3 だます

二 「神璽・宝剣わたり給ひぬるには。」（717 九〇・10 719 七六・10）と「春宮の御方にわたし奉り給ひてければ、」（717 九〇・11 719 七六・11）の傍線部の違いを、説明してみよう。

解答例 ・わたり給ひぬる…「わたり」は自動詞で、主語は「神璽・宝剣」。神璽と宝剣が（春宮のほうに）「お渡りになってしまった」という意味で「給ひ」は神璽・宝剣に対する敬意を表す。誰が渡したのかを明らかにしない言い方である。

・わたし奉り給ひて…「わたし」は他動詞で、主語は粟田殿（道兼）。道兼が神璽と宝剣を（春宮のほうに）「お渡し申し上げなさった」という意味で「奉り」は春宮、「給ひ」は道兼に対する敬意を表す。

言語活動 『源氏物語』と政治

教717 P.92 教719 P.78

活動の手引き

一 「光る君誕生」の続きを読んで、帝《みかど》の寵愛《ちょうあい》を受けた桐壺《きりつぼ》の更《こう》衣《い》が他の女御《にょうご》たちからどのような扱いを受け、どのような結末を迎えるか、まとめてみよう。

解答例 桐壺の更衣に対する帝の寵愛をねたんだ女御たちから、更衣が通る道のここかしこに汚物をまき散らされたり、廊下の戸をとざしたりして通行を妨害されたりするようなことがひんぱんに起こった。帝が気の毒に思って他の更衣の部屋を移させ、そこを桐壺の更衣の控え室にすると、いっそう恨みを買うことにもなった。

更衣が生んだ息子（光る君）の三歳の祝いを、帝が第一皇子と同様に立派にさせたことも、更衣への憎しみとなって返ってきた。

その年の夏、更衣は病気になり、実家に帰ろうとしたが、帝は許さなかった。結局、弱りきるまで宮中にひきとめたあげく、いよいよになって実家に帰ったその夜、更衣は息をひきとった。

二 臣籍に下った後の光源氏《ひかるげんじ》の政治的立場について、官職という観点で調べ、わかったことを報告し合おう。

考え方 教科書の範囲内では、717 一六二 719 一五〇脚注4に「大将」、717 一七〇 719 一五四脚注5に「太政大臣《だいじょうだいじん》」とある。

光源氏は臣籍に下った後、十二歳で元服し、帝のはからいもあって左大臣を後見とし、左大臣の娘（葵《あおい》の上《うえ》）と結婚する。その後「中将」「大将」の官職を得て宮仕えするが、右大臣の娘（朧月夜《おぼろづきよ》の君）との関係が発覚し、右大臣家にうとまれて追放されそうになり、自ら地方（明石《あかし》・須磨《すま》）へ退いた。その後、時の天皇（朱雀院《すざくいん》＝第一皇子）の意向によって帰京を許され、官職にも復帰して「大納言」となった。さらに次の天皇（冷泉帝《れいぜいてい》＝源氏の異母弟、実は実子）が即位すると「内大臣」となり「太政大臣」となって政治の中枢に躍り出る。最終的には「准太上天皇《じゅんだいじょうてんのう》」という位に就くのだが、物語は以後も続き、源氏が深い悩みの中で出家して生涯を終えることも記憶しておきたい。

日記(二)

※教719の「蜻蛉日記」は、本書94〜102ページに収録しています。

●日記文学

日記は日々の出来事やそれに対する感想を記したものだが、漢文で書かれた公的なものと、主に仮名で書かれた私的なものとに大別される。日記文学という場合は後者、すなわち、単なる記録にとどまらない文学性の高い作品をさすのが普通である。

日記といっても、必ずしも月日を明記して毎日書いたものとは限らない。また、物語と違って常に作者の視点から書かれるため、作者の心情や人生観が色濃く表れるのが特徴である。

『紫式部日記《むらさきしきぶ》』は、作者紫式部が中宮彰子《しょうし》に仕えていた、一年半の宮廷生活を記録した日記である。清少納言《せいしょうなごん》や和泉式部《いずみしきぶ》といった他の女房への批評が見られるところに特徴がある。

『更級《さらしな》日記』は、平安時代中期に成立したとされる。作者菅原孝《すがわらのたか》標女《すえのむすめ》が、父の任国であった上総《かずさ》から上京する十三歳のときから、夫と死別するまでの約四十年間を回想してつづった自伝的な作品である。

紫式部日記

若宮誕生

紫式部

教717 P.94〜P.97　教719 P.84〜P.87

【大　意】 1　教717 94ページ1〜8行　教719 84ページ1〜8行

中宮(彰子)は十月十日過ぎになっても御帳からお出になれない。殿(＝道長《みちなが》)は、夜中、明け方も構わず参上されては若宮をかわいがりなさる。御尿《しと》をかけられても喜ぶほどの溺愛ぶりである。

【品詞分解／現代語訳】

十月　十余日　まで(副助)　も(係助)、御帳　出で(下二・未)　させ(助動・尊・用)　給は(補尊・四・未)　ず(助動・打・終)。西　の(格助)　そば　なる(助動・存在・体)　御座　に(格助)、夜　も(係助)　昼

十月十日過ぎまでも、(中宮様は)御帳台からお出にならない。(私どもは)西側のかたわらにある御座所に、夜も昼もお仕えし

係助 四・終 格助 格助 係助 格助 係助 四・用 補尊・四・用 接助 格助 格助 四・未 助動・尊・用
も候ふ。殿の、夜中にも暁にも参り給ひつつ、御乳母の懐をひき探させ
ている。殿は、夜中にも明け方にも参上なさっては、御乳母の懐をお探りにな(って若宮をかわいがりなさ)

補尊・四・体 接助 下二・用 接助 下二・用 助動・存・体 副助 係助 係助 ク・用 下二・用 接助 四・体 係助 副
給ふに、うちとけて寝たるときなどは、何心もなくおぼほれておどろくも、いと
るので、(乳母が)心をゆるめて眠っているときなどは、正気もなく寝ぼけて目覚めるのも、とても

シク・用 下二・終 ク・体 格助 (代) 格助 格助 四・用 接助 下二・用 四・用 補尊・四・体 係助
いとほしく見ゆ。心もとなき御ほどを、わが心をやりて、ささげうつくしみ給ふも、
気の毒に思われる。(若宮の)頼りないご様子を、(殿は)いい気分になって、高くささげ上げてかわいがりなさるのも、

ナリ・用 ク・終 連 係助 ク・体 下二・用 補謙・四・用 補尊・四・已 助動・完・体 格助 四・用
ことわりにめでたし。あるときは、わりなきわざしかけ奉り給へるを、御紐ひき解き
当然ながらめでたいことである。あるときには、(若宮が)とんでもないことをしかけ申し上げなさったのを、(直衣の襟の)入れ紐

接助 格助 格助 四・未 助動・尊・用 補尊・四・終 感 (代) 格助 格助 格助 下二・体 係助 シク・体
て、御几帳の後ろにてあぶらせ給ふ。「あはれ、この宮の御尿に濡るるは、うれしき
を解かれて(直衣をお脱ぎになり)、御几帳の後ろで(火で)おあぶりになって乾かしなさる。「ああ、この若宮の御尿に濡れるのは、うれしい

終助 (代) 格助 下二・用 助動・完・体 四・体 係助(係) 四・体 助動・比・体 サ変・已(結) 格助 四・未 助動・尊・用 補尊・四・終
わざかな。この濡れたる、あぶるこそ、思ふやうなる心地すれ。」と、喜ばせ給ふ。
出来事だなあ。この濡れてしまった(衣を)、あぶるのこそは、望みどおりのような心地がするものだ。」と、お喜びになる。

語句の解説 1

教717 94ページ　教719 84ページ

1 **御帳《みちょう》出《い》でさせ給《たま》は《ワ》ず**　御帳台からお出にならない。
御帳は、この場合はお産の床。主語は中宮彰子である。「させ」(尊敬の助動詞)＋「給ふ」(尊敬の補助動詞)は、最高敬語。ここは中宮に対する敬意だが、道長に対しても使われている。

3 **うちとけて**　動詞「うちとく」には、①「(氷などが)とける」、②「くつろぐ、安心する」、③「(男女が)慣れ親しむ」、④「油断する」などの意味がある。ここでは②。

3 **いといとほ《オ》しく見《み》ゆ**　とても気の毒に思われる。「いとほし」のもともとの意味は、弱者に対する同情である。そのため、「気の毒だ」の意味になる。「見ゆ」は、「思われる」の意。

5 **わりなきわざ**　とんでもないこと。
6行目に「御尿」とあるのでわかる。生まれたばかりの若宮が、おしっこで道長の衣を濡《ぬ》らしたのである。「わりなし」は、「どうにもならない、やむを得ない」という意味もあり、赤ん坊なので

しかたがない、という気持ちもこめられている。

7 思《おも》ふ《ウ》やう《ヨウ》なる心地《ここち》すれ　望みどおりのような心地がするものだ。

若宮の誕生こそ、道長の最も待ち望んだことである。若宮が産まれることは、道長が権力者として大成することを意味する。

【大　意】 2 教717 94ページ9行～95ページ12行 教719 84ページ9行～85ページ12行

帝《みかど》の行幸が近づくにつれ、殿のお屋敷内も美しく立派に作られていく。その華やかさとは裏腹に、作者の思い悩みは深くなっていく。

【品詞分解／現代語訳】

中務の宮 わたり の(格助) 御こと を(格助)、御心 に(格助) 入れ(下二・用) て(接助)、そなた(代) の(格助) 心寄せ ある(ラ変・体) 人 と(格助) おぼし(四・用) て(接助)、語らは(四・未)

中務の宮に関する御ことに、(殿は)ご熱心で、(私を)そちら(中務の宮家)のほうに心を傾けている者とお思いになって、

せ(助動・尊・用) 給ふ(補尊・四・体) も(係助)、まことに(副) 心 の(格助) 内 は(係助)、思ひゐ(上一・用) たる(助動・存・体) こと 多かり(ク・終)。

(私に)お話しになるのも、本当に(私の)心の内では、思案にくれていることが多い。

行幸 近く(ク・用) なり(四・用) ぬ(助動・完・終) とて(格助)、殿 の(格助) 内 を(格助) いよいよ(副) つくりみがか(四・未) せ(助動・尊・用) 給ふ(補尊・四・終)。よに(副) おもしろき(ク・体)

帝(＝一条天皇)の行幸が近くなったというので、(殿は)お屋敷の中をますます立派にお作りになる。実に美しい

菊 の(格助) 根 を(格助) たづね(下二・用) つつ(接助)、掘り(四・用) て(接助) 参る(四・終)。色々(副) うつろひ(四・用) たる(助動・存・体) も(係助)、黄なる(ナリ・体) が(格助) 見どころ ある(ラ変・体) も(係助)、

菊の根を探しては、(人々が菊を根から)掘って持って参上する。色とりどりに色が褪せ始めているのも、黄色で見どころのあるのも、

さまざまに(ナリ・用) 植ゑ立て(下二・用) たる(助動・存・体) も(係助)、朝霧 の(格助) 絶え間 に(格助) 見わたし(四・用) たる(助動・存・体) は(係助)、げに(副) 老い も(係助) しぞき(四・用)

さまざまに植え並べてあるのも、朝霧の切れ間に見わたしているのは、本当に老いも退いてしまいそうな

ぬ(助動・強・終) べき(助動・推・体) 心地 する(サ変・体) に(接助)、なぞ(連語) や(係助)。まして(副)、思ふ(四・体) こと の(格助) 少し(副) も(係助) なのめなる(ナリ・体) 身 なら(助動・断・未)

気分になるのに、なぜだろうか。まして、もし、もの思いすることが少しでも世間並みな身であるなら、

ましか(助動・反仮・未) ば(接助)、すきずきしく(シク・用) も(係助) もてなし(四・用)、若やぎ(四・用) て(接助)、常なき(ク・体) 世 を(格助) も(係助) 過ぐし(四・用) て(助動・強・未) まし(助動・反仮・終)。

風流らしく振る舞い、若々しい気分になって、無常のこの世をも過ごすことだろうに。

ク・体　ク・体　格助　上一・用　四・体　格助　下二・用　接助　係助　副　下二・用　助動・存・用　助動・過・体　格助
めでたき こと、おもしろき こと を 見 聞く に つけ て も、ただ 思ひかけ たり し 心 の
すばらしいことや、趣き深いことを見たり聞いたりするにつけても、ただ思いつめた憂愁が

四・体　副助　ク・用　接助　ク・用　ナリ・用　シク・体　格助　四・体　係助(係)　副　シク・体(結)　副
引く 方 のみ 強く て、もの憂く、思はずに、嘆かしき こと の まさる ぞ、いと 苦しき。いかで、今
引きつける方面ばかりが強くて、憂鬱で、思いに任せず、嘆かわしいことの多いことが、とても苦しいのである。どうにかして、

係助　副　サ変・用　助動・強・未　助動・意・体　係助　ク・終　係助　ク・体(音)　助動・伝・終　副助　四・已　接助
は なほ、もの忘れ し な む、思ひがひ も なし、罪 も 深か なり など、明けたて ば
今はやはり、もの忘れしてしまおう、思うかいもない、(思い悩むのは)罪深いことだというなどと、夜が明けてくると

下二・用　接助　格助　四・体　ナリ・用　四・已　助動・存・体　格助　上一・終
うちながめ て、水鳥ども の 思ふ こと なげに 遊び合へ る を 見る。
思いにふけりながら(外を)眺めて、水鳥たちがもの思いすることもなさそうに遊び合っているのを見る。

格助　格助　格助　格助　係助(係)　格助　上一・未　助動・推・体(結)　(代)　係助　四・用　助動・存・体　格助　四・用　接助
水鳥 を 水 の 上 と や よそ に 見 む 我 も 浮き たる 世 を 過ぐし つつ
水鳥を、水の上にいる(自分とは)関係のないものと見ようか(いや、そうは見られない)。私も(水鳥と同じく)浮かびながらこの世を過ごしているのだ。

(代)　係助　副　係助　格助　四・用　接助　四・終　格助　下二・已　接助　係助　副　シク・体(音)　助動・定・終　格助　下二・未
かれ も、さ こそ 心 を やり て 遊ぶ と 見ゆれ ど、身 は いと 苦しかん なり と、思ひよそへ
あれ(＝水鳥)も、あのように気ままに遊んでいるように見えるが、(水面下で足掻きをしているように)その身はとても苦しいようだと、

助動・自・終
らる。
(私の身と)自然と思い合わせられる。

語句の解説 2

教717 94ページ　教719 84ページ

9 **御心《みこころ》に入《い》れて**　ご熱心で。
「心に入る」で、「深く心にとめる、関心を持つ」の意味。この場合、「入る」が下二段活用の他動詞だが、四段活用の自動詞の場合、「深く心にしみる、気に入る」などの意味になる。

10 **思《おも》ひゐ《ゐ》たること多《おお》かり**　思案にくれていることが多い。
「思ひゐる」は、「思ふ」＋「ゐる」の複合語である。この場合の「思ふ」は「悩む、思案する」のような意味。「多かり」は、ク活用の形容詞「多し」の補助活用。カリ活用ともいう。中古の和文

では、終止形は「多かり」が一般的であった。「多し」は主に漢文訓読文で用いられた。

教717 95ページ　教719 85ページ

1 何に対して「なぞや」と言っているのか。

答 屋敷の華やいだ様子を見ても素直に喜べないこと。

3 **思《おもウ》ふことの少《すこ》しもなのめなる身《み》ならましかば、……常《つね》なき世《よ》をも過《す》ぐしてまし** もし、もの思いすることが少しでも世間並みな身であるなら……無常のこの世をも過ごすことだろうに。「ましかば…まし」の形で反実仮想を表す。反実仮想は、事実に反することを仮定して、そのうえで推量の意味を表すもの。

11 **さこそ心《こころ》をやりて遊《あそ》ぶと見《み》ゆれど** あのように気ままに遊んでいるように見えるが。

係助詞「こそ」があるので文末を已然形で結ぶはずだが、接続助詞「ど」があるため、結びは消滅して(流れて)いる。

学習の手引き

一 第一段落に描かれた道長の様子を読み取り、若宮に寄せる道長の心情を推察してみよう。

解答例 ・様子…夜中にも明け方にも若宮のもとを訪れて、乳母の懐を探ったり、まだ頼りない様子の若宮を高くさしあげたりしてかわいがっている。若宮がそそうをして、道長におしっこをかけたりすることさえうれしがって、濡れた衣服を満足げに火にあぶって、「思ふやうなる心地すれ」717九四・7 719八四・7と喜んでいる。

・心情…入内した娘に若宮が生まれたことを、孫の誕生を喜ぶ以上の満足感で受けとめ、自分が天皇家の外祖父になって権力をふるう日の近づいていることを実感している。

二 作者の見ているものと内心の思いを対比してまとめてみよう。

考え方 内心の思いは、「まことに心の内は」717九四・10 719八四・10、「なぞや。まして、」717九五・3 719八五・3の後に書かれている。

解答例 ・見ているもの…道長が若宮の誕生を喜んでいる様子。中務の宮のことに熱心な様子。立派な屋敷に菊の花が色とりどりに咲いている様子。水鳥がのんきそうに池に浮かんでいる様子。

・内心の思い…もの思いすることが多く、憂鬱で、嘆かわしいと思うことばかり気がつくのが苦しい。水鳥も、表面的には楽しそうでも水面下は苦しいにちがいないと自分を鳥になぞらえている。

言葉の手引き

一 次の古語の意味を調べよう。

1 おどろく 717九四・3 719八四・3　2 いとほし 717九四・3 719八四・3
3 わりなし 717九四・5 719八四・5　4 色々 717九五・1 719八五・1
5 しぞく 717九五・3 719八五・3　6 なのめなり 717九五・3 719八五・3

解答例 1 目覚める　2 気の毒だ　3 とんでもない
4 色とりどりに　5 退く　6 世間並みだ

日本紀《にほんぎ》の御局《みつぼね》

【大 意】 1 教717 96ページ1～12行 教719 86ページ1～12行

左衛門《さいもん》の内侍《ないし》という人が、私(作者)に関する悪意のこもったうわさを流している。帝《みかど》(＝一条天皇)が『源氏物語《げんじものがたり》』を読ませてお聞きになったとき、私のことを「漢学に才のある人だ」と褒めたのを、左衛門の内侍は「学才をひけらかしている」と吹聴した。私は、学識があることを見せないように気を配ってきたつもりであった。

【品詞分解／現代語訳】

左衛門の内侍 と いふ 人 侍り。あやしう すずろに よから ず 思ひ ける も、え 知り 侍ら
格助 四・体 ラ変・終 シク・用(音) ナリ・用 ク・未 助動・打・用 四・用 助動・過・体 接助 副 四・用 補丁・ラ変・未
左衛門の内侍という人がいます。奇妙にわけもなく(私に)悪意を持っていたのだが、心当たりのございません

ぬ 心憂き しりうごと の、多う 聞こえ 侍り し。
助動・打・体 ク・体 格助 ク・用(音) 下二・用 補丁・ラ変・用 助動・過・体
不愉快な陰口が、たくさん聞こえてきました。

内の上 の、源氏の物語、人 に 読ま せ 給ひ つつ 聞こしめし ける に、「こ の 人 は、
格助 格助 四・未 助動・使・用 補尊・四・用 接助 四・用 助動・過・体 格助 (代) 格助 係助
天皇が、『源氏物語』を、人に読ませなさってお聞きになっておられたときに、「この人は、

日本紀 を こそ 読み たる べけれ。まことに 才 ある べし。」と のたまはせ ける を、ふと
格助 係助(係) 四・用 助動・存・体 助動・推・已(結) 副 ラ変・体 助動・推・終 格助 下二・用 助動・過・体 格助 副
日本紀を読んでいるのだろう。本当に漢学の才があるにちがいない。」とおっしゃったのを、

おしはかり に、「いみじう なむ 才がる。」と、殿上人 など に 言ひ散らし て、日本紀の御局 と ぞ
格助 シク・用(音) 係助(係) 四・体(結) 格助 副助 格助 四・用 接助 格助 係助(係)
(左衛門の内侍が)急に当て推量で、「(紫式部は)ひどく学才をひけらかしている。」と、殿上人などに言いふらして、「日本紀の御局」などと

つけ たり ける。いと をかしく ぞ 侍る。この ふるさと の 女 の 前 にて だに
下二・用 助動・完・用 助動・過・体(結) 副 シク・用 係助(係) 補丁・ラ変・体(結) (代) 格助 格助 格助 格助 副助
(あだ名を)つけてしまった。とても滑稽なことです。私の実家の侍女たちの前でさえ(学問があることを見せるのは)

つつみ　侍る　ものを、さる　所　にて　才　さかし出で　侍ら　む　よ。

（四・用／補丁・ラ変・体／接助／1連／格助／下二・用／補丁・ラ変・未／助動・推・終／終助）

遠慮しておりますのに、（まして）そのような所（宮中）で学才をひけらかすでしょうか。

語句の解説 1

教717 96ページ　教719 86ページ

3 しりう《リュウ》ごと　陰口。
漢字で表記すると「後う言」。ここでは悪いことだが、よいことの場合もある。

8 才《ざえ》がる　「がる」は接尾語。「才」は特に漢学についていう。

10 いとを《オ》かしくぞ侍《はべ》る　「をかし」は、「趣がある」「すばらしい、すぐれている」「かわいい」などの意味もあるが、ここでは「滑稽だ」の意。

12 才《ざえ》さかし出《い》で侍《はべ》らむ《ン》よ　学才をひけらかすでしょうか。
動詞「さかし出づ」は、「ひけらかす」の意味。動詞「さかす」＋動詞「出づ」の複合語。「よ」は、終助詞で詠嘆の意味。

1　「さる所」とはどのような所か。

答　宮中のような公の場所。

【大　意】　2　教717 96ページ13行〜97ページ6行　教719 86ページ13行〜87ページ6行

子供のころ、弟の式部丞《しきぶのじょう》が漢学の書籍を習っているときに、横で聞いていて覚えてしまった私は、父親に「男の子であったらよかったのに」と嘆かれた。不愉快なうわさを聞いてからは、「一」という漢字すらしっかり書かないようにしている。

【品詞分解／現代語訳】

この　式部丞　と　いふ　人　の、童　にて　書　読み　侍り　し　とき、聞きならひ　つつ、かの　人
（（代）／格助／格助／四・体／格助／格助／四・用／補丁・ラ変・用／助動・過・体／四・用／接助／（代）／格助）
私の（弟の）式部丞という人が、子供のころ書物を読んでおりましたときに、（私は）いつも聞き習っており、あの人

は　遅う　読み取り、忘るる　ところ　を　も、あやしき　まで　ぞ　さとく　侍り　しか　ば、書　に　心
（係助／ク・用（音）／四・用／下二・体／格助／係助／シク・体／副助／係助／ク・用／補丁・ラ変・用／助動・過・已／接助／格助）
（＝式部丞）はなかなか読み取れなかったり、忘れたりするところでも、（私は自分でも）不思議なほど賢く（覚えて）おりましたので、学問（漢学）

入れ　たる　親　は、「くちをしう、男子　にて　持たら　ぬ　こそ、幸ひ　なかり　けれ。」と　ぞ、

（下二・用／助動・完・体／係助／シク・用（音）／格助／ラ変・未／助動・打・体／係助（係）／ク・用／助動・詠・已（結）／格助／係助（係））

に熱心であった親は、「残念ながら、（この子を）男子として持たなかったことは、運がなかったなあ。」と、

常に 嘆か れ 侍り し。
副 / 四・未 / 助動・尊・用 / 補丁・ラ変・用 / 助動・過・体(結)
いつも嘆いておられました。

それを、「男 だに、才がり ぬる 人 は、いかに ぞ や。はなやかなら ず のみ 侍る める
接 / 副助 / 四・用 / 助動・完・体 / 係助 / 副 / 終助 / 係助 / ナリ・未 / 助動・打・用 / 副助 / 補丁・ラ変・体 / 助動・婉・体
それなのに、「男でさえ、学才をひけらかした人は、いかがであろうか。もっぱらはなばなしく栄えることがないようですよ。」と、だんだん

よ。」と、やうやう 人 の 言ふ も 聞きとめ て のち、一 と いふ 文字 を だに 書きわたし 侍ら
終助 / 格助 / 副 / 格助 / 四・体 / 係助 / 下二・用 / 接助 / 格助 / 四・体 / 格助 / 副助 / 四・用 / 補丁・ラ変・未
人が言うのを聞きとめるようになってから、(私は)「一」という文字をさえしっかり書くこともいたしませんで、

ず、 いと 手づつに あさましく 侍り。
助動・打・用 / 副 / ナリ・用 / シク・用 / 補丁・ラ変・終
とても不器用で情けないありさまです。

語句の解説 2

教717 96ページ 教719 86ページ

14 **かの人《ひと》** あの人。弟の式部丞をさす。

14 **遅《おそ》う読《よ》み取《と》り、忘《わす》るる** なかなか読み取れなかったり、忘れたりする。

「読み取る」は、覚えて暗唱できるようにすること。

教717 97ページ 教719 87ページ

1 **さとく** 漢字で表記すると「賢く」となる。「遅う読み取り」に対応する言い方。理解が早いことを表す。

1 **書《ふみ》に心入《こころい》れたる親《おや》** 学問(漢学)に熱心であった親。

「書」は、ここでは学問。「入る」は、他動詞なので下二段活用。

2 **男子《おのこご》にて持《も》たらぬこそ、幸《さいわい》ひなかりけれ** 男子として持たなかったことは、運がなかったなあ。

「こそ」→「けれ」で係り結び。「幸ひなかりけれ」は、「幸せがないなあ」で、「けり」は詠嘆の助動詞。

4 **男《おのこ》だに** 「だに」は、軽いものをあげておいて、もっと重いものを類推させる。「…でさえ〜なのに」の文脈で用いられる。

4 **はなやかならず** はなばなしく栄えることがない。

形容動詞「はなやかなり」は、「はなばなしく栄えている」の意。ほかにも「きらびやかだ」「にぎやかだ」「きわだっている」などの意味がある。

5 **書《か》きわたし侍《はべ》らず** しっかり書くこともいたしませんで。

「書きわたす」は、「一」の字を左から右に書ききるという意味か。

「一」の字ですらしっかり書けないふりをする、ということ。

学習の手引き

一 **左衛門の内侍は何をしたのか、説明してみよう。**

解答例 左衛門の内侍は、作者の陰口をたたいた。その一つとして、『源氏物語』をお読ませになった帝が、作者のことを「漢学の才のある人に違いない」と褒めたのを聞いて、「学才をひけらかしている」と吹聴した。さらに、作者に「日本紀の御局」というあだ名までつけた。

二 **左衛門の内侍の行為に対して、作者はどのように感じているか、またそれはなぜか、まとめてみよう。**

解答例 作者は不愉快に感じている。理由は、もともと漢学に通じていることは事実であるにしても、彼女自身がそれを人前に出さないように気を配ってきたのに、「学才をひけらかしている」などという悪意のこもったうわさを流されたからである。

三 **第三段落の少女時代の回想について、これを書きつけた作者の意図を考えてみよう。**

解答例 左衛門の内侍が、式部が学才をひけらかしていると言うので、式部は父親に残念がられた話をして、自分にとって自慢するようなことではないのだと弁明し、むしろ隠してきたのだという、次段落の話の内容につなげようとしている。

言葉の手引き

一 **次の古語の意味を調べよう。**

1あやし 717 九六・1 719 八六・1　**2すずろなり** 717 九六・1 719 八六・1
3え 717 九六・2 719 八六・2　**4しりうごと** 717 九六・3 719 八六・3
5才 717 九六・6 719 八六・6　**6ふるさと** 717 九六・10 719 八六・10
7書 717 九六・13 719 八六・13　**8さとし** 717 九七・1 719 八七・1
9やうやう 717 九七・5 719 八七・5　**10手づつなり** 717 九七・6 719 八七・6

解答例 1 奇妙だ　2 わけもなく心が動くさま。
3 （打消の語を伴って）～でき（ない）。　4 陰口
5 漢学の力。　6 実家　7 学問　8 賢い
9 だんだん　10 不器用だ

二 **本文中から「侍り」をすべて抜き出し、用法の異なるものを一つ指摘しよう。**

解答例 ●左衛門の内侍といふ人侍り 717 九六・1 719 八六・1　○え知り侍らぬ 717 九六・2 719 八六・2　○多う聞こえ侍りし 717 九六・3 719 八六・3　○いとをかしくぞ侍る 717 九六・10 719 八六・10　○つつみ侍るものを 717 九六・11 719 八六・11　○さかし出で侍らむよ 717 九六・12 719 八六・12　○書読《ふみ》み侍りしとき 717 九六・13 719 八六・13　○さとく侍りしかば 717 九七・1 719 八七・1　○常に嘆かれ侍りし 717 九七・3 719 八七・3　○はなやかならずのみ侍るめるよ 717 九七・4 719 八七・4　○書きわたし侍らず 717 九七・5 719 八七・5　○あさましく侍り 717 九七・6 719 八七・6

●印の「侍り」のみ、本動詞で「あり」の丁寧語。（ほかは、丁寧の意の補助動詞。）

更級《さらしな》日記

菅原孝標女《すがはらのたかすゑのむすめ》

教717 P.98〜P.103
教719 P.88〜P.91

門　出

【大　意】 1 教717 98ページ1行〜99ページ2行 教719 88ページ1行〜89ページ2行

東国へ行く道の果てる所よりももっと奥のほうで育った私（作者）は、姉や継母たちが語る物語を見たいと思い、物語が多くあるという京へ早く上りたいと思っていた。十三歳になる年、上京することになり、門出をしていまたちという所に移った。

【品詞分解／現代語訳】

あづま路 の 道 の 果て より も、 なほ 奥つ方 に 生ひ出で たる 人、 いかばかり かは
（の 格助／の 格助／より 格助／も 係助／なほ 副／に 格助／生ひ出で 下二・用／たる 助動・完・体／いかばかり 副／かは 係助）
東国へ行く道の果てる所よりも、もっと奥のほうで育った人（＝私）は、どんなにか

1 あやしかり けむ を、 いかに 思ひ始め ける こと に か、 世の中 に 物語 と いふ もの の
（あやしかり シク・用／けむ 助動・過推・体／を 接助／いかに 副／思ひ始め 下二・用／ける 助動・過・体／に 助動・断・用／か 係助／に 格助／と 格助／いふ 四・体／の 格助）

みすぼらしかっただろうに、どのように思い始めたことであるのか、世の中に物語というものがあるそうだが、（それを）

あん なる を、 いかで 見 ばや と 思ひ つつ、 つれづれなる 昼間、 宵居 など に、 姉、 継母
（あん ラ変・体（音）／なる 助動・伝・体／を 格助／いかで 副／見 上一・未／ばや 終助／と 格助／思ひ 四・用／つつ 接助／つれづれなる ナリ・体／など 副助／に 格助）
どうにかして見たいと思い続けて、所在なく退屈な昼間や、夜遅くまで起きているときなどに、姉や継母

などやう の 人々 の、 その 物語、 かの 物語、 光源氏 の ある やう など、 ところどころ 語る を
（などやう （連語）／の 格助／の 格助／そ （代）／の 格助／か （代）／の 格助／の 格助／ある ラ変・体／など 副助／語る 四・体／を 格助）
などというような人々が、その物語、あの物語、光源氏のありさまなどを、ところどころ語るのを

聞く に、 いとど ゆかしさ まされ ど、 わ が 思ふ まま に、 そらに いかで か おぼえ 語ら む。

（聞く 四・体／に 接助／いとど 副／まされ 四・已／ど 接助／わ （代）／が 格助／思ふ 四・体／に 格助／そらに ナリ・用／いかで 副／か 係助（係）／おぼえ 下二・用／語ら 四・未／む 助動・推・体（結））

聞くと、いっそう見たさが募るけれども、私の願うとおりに、（姉や継母などが）何も見ないでどうして思い出して話すだろうか（話しはしない）。

いみじく〔シク・用〕心もとなき〔ク・体〕ままに〔格助〕、等身に〔格助〕薬師仏を〔格助〕造り〔四・用〕て〔接助〕、手洗ひなど〔副助〕し〔サ変・用〕て〔接助〕、人まに〔格助〕みそかに〔ナリ・用〕

はなはだじれったい状態のままに、人の身長と同じ高さに薬師瑠璃光如来の像を造って、手を洗いなどして、人の見ていない間にこっそりと(仏間に)

入り〔四・用〕つつ〔接助〕、「京に〔格助〕とく〔ク・用〕上げ〔下二・用〕給ひ〔補尊・四・用〕て〔接助〕、物語の〔格助〕多く〔ク・用〕候ふ〔四・終〕なる〔助動・伝・体〕、ある〔ラ変・体〕限り見せ〔下二・用〕給へ〔補尊・四・命〕。」と〔格助〕、身

入っては、「京に早く上らせてくださって、物語が多くありますということですが、(それを)ある限りお見せください。」と、体

を〔格助〕捨て〔下二・用〕て〔接助〕額を〔格助〕つき〔四・用〕、祈り〔四・用〕申す〔補謙・四・体〕ほどに〔格助〕、十三に〔格助〕なる〔四・体〕年、上ら〔四・未〕む〔助動・意・終〕とて〔格助〕、九月三日、門出

を倒して額をつき、祈り申し上げるうちに、十三歳になる年に、上京しようということで、九月三日、門出を

し〔サ変・用〕て〔接助〕、いまたちと〔格助〕いふ〔四・体〕所に〔格助〕移る〔四・終〕。年ごろ遊び慣れ〔下二・用〕つる〔助動・完・体〕所を〔格助〕、あらはに〔ナリ・用〕こほち散らし〔四・用〕て〔接助〕、

して、いまたちという所に移る。長年遊び慣れた所を、(外から)丸見えになるほど(家具などを)壊し散らかして、

立ち騒ぎ〔四・用〕て〔接助〕、日の〔格助〕入りぎはの〔格助〕、いと〔副〕すごく〔ク・用〕霧りわたり〔四・用〕たる〔助動・存・体〕に〔格助〕、車に〔格助〕乗る〔四・終〕とて〔格助〕、うち見やり〔四・用〕

騒ぎ立てて、日が沈もうとするころで、とても寂しい感じで霧が一面に立ちこめているときに、車に乗ろうとして、ふと(家の方に)

たれ〔助動・完・已〕ば〔接助〕、人まに〔格助〕は〔係助〕参り〔四・用〕つつ〔接助〕、額を〔格助〕つき〔四・用〕し〔助動・過・体〕薬師仏の〔格助〕立ち〔四・用〕給へ〔補尊・四・已〕る〔助動・存・体〕を〔格助〕、見捨て〔下二・用〕

目を向けたところ、人の見ていない間に参っては、額をついた薬師如来の像が立っていらっしゃるのを、見捨て

奉る〔補謙・四・体〕、悲しく〔シク・用〕て〔接助〕、人知れ〔下二・未〕ず〔助動・打・用〕うち泣か〔四・未〕れ〔助動・自・用〕ぬ〔助動・完・終〕。

申し上げるのが、悲しくて、ひそかに泣けてしまった。

語句の解説 1

教717 98ページ　教719 88ページ

2 あやしかりけむ《ン》を　都でこの文章を書いている作者が、田舎で育った少女時代の自分を回想してこのように述べている。

3 いかで見《み》ばや　どうにかして見たい。「いかで」は、ここでは、「なんとかして…したい」という強い願望を表す。「ばや」は願望を示す終助詞。

4 などやう《ヨウ》　などというような(人々)。

1

「あやしかりけむ」とは、どのような気持ちか。

答

都から遠く離れた田舎で育った自分を、みすぼらしく、教養のない人間だと思う気持ち。

副助詞「など」に接尾語「やう」がついた形。

5ゆかしさ　ここでは、見たさ、の意。「ゆかしさ」は、興味・関心をひかれる様子を表す形容詞「ゆかし」が名詞になったもの。「ゆかし」は、文脈によって、「見たい」「聞きたい」「知りたい」などの意味になる。

6いかでかおぼえ語《かた》らむ《ン》　「いかで」は、ここでは、「どうして」という疑問を表す。「か」は反語を示す係助詞。係り結びで、文末の助動詞「む」が連体形になっている。「ところどころ語る」とあるように、姉や継母なども物語を手元に持っているわけではなく、断片的な記憶を頼りに語っている。だから、作者は物語を筋道立てて知りたいと思うのだが、姉たちはそのとおりには話してくれないのである。

6心《こころ》もとなき　じれったい。

「心もとなき」は、自分の気持ちだけが先走り、落ち着かない様子を表す形容詞「心もとなし」の連体形。

9門出《かどで》　旅立ちの前に、縁起の良い日・方角を選んで、仮の居所へ移ること。

11いとすごく霧《き》りわたりたる　「すごく」は、ぞっとするほど強い感じ(寂しさ・気味悪さ・すばらしさなど)がする様子を表す形容詞「すごし」の連用形。「わたる」は、時間的・空間的に続く様子を表す。

教717 99ページ　教719 89ページ

2人《ひと》知《し》れず　人に知られないで。ひそかに。「知る」がここでは下二段活用の動詞であることに注意。

【大意】2　教717 99ページ3～8行　教719 89ページ3～8行

門出をして移った所は景色がすばらしく、出発するのも悲しかったが、十五日に国境《くにざかい》を出て「いかた」という所に泊まった。

【品詞分解／現代語訳】

門出 し(サ変・用) たる(助動・完・体) 所 は(係助)、めぐり など(副助) も(係助) なく(ク・用) て(接助)、かりそめ(ナリ(語幹)) の(格助) 茅屋 の(格助)、蔀 など(副助) も(係助) なし(ク・終)。簾

門出をし(て移っ)た所は、囲いなどもなくて、間に合わせの茅ぶきの家で、蔀などもない。簾を

かけ(下二・用)、幕 など(副助) 引き(四・用) たり(助動・存・終)。南 は(係助) はるかに(ナリ・用) 野 の(格助) 方 見やら(四・未) る(助動・自・終)。東、西 は(係助) 海 近く(ク・用) て(接助)、いと(副)

かけ、幕などを引いて張りめぐらしてある。南ははるか遠く野のほうまで自然と眺められる。東と西は海が近くて、とても

おもしろし(ク・終)。夕霧 立ちわたり(四・用) て(接助)、いみじう(シク・用(音)) をかしけれ(シク・已) ば(接助)、朝寝 など(副助) も(係助) せ(サ変・未) ず(助動・打・用)、方々 見(上一・用)

景色がすばらしい。夕霧が一面に立ちこめて、たいへん趣深いので、朝寝などもしないで、あちこち見ては、

つつ〔接助〕、ここ〔（代）〕を〔格助〕立ち〔四・用〕な〔助動・強・未〕む〔助動・婉・体〕こと も〔係助〕、あはれに〔ナリ・用〕悲しき〔シク・体〕に〔接助〕、同じ〔シク・体〕月 の〔格助〕十五日、雨 かきくらし〔四・用〕

ここを出発するようなことも、しみじみと悲しいが、同じ月の十五日に、雨があたり一面を暗くして

降る〔四・体〕に〔格助〕、境 を〔格助〕出で〔下二・用〕て〔接助〕、下総の国 の〔格助〕いかた と〔格助〕いふ〔四・体〕所 に〔格助〕泊まり〔四・用〕ぬ〔助動・完・終〕。

降るときに、国境を出て、下総の国のいかたという所に泊まった。

語句の解説 2

教717 99ページ　教719 89ページ

3 かりそめ　間に合わせ。

本来「かりそめなり」という形容動詞だが、語幹のみを用いて名詞のような使われ方をしている。

5 立《た》ちわたりて　一面に立ちこめて。

「わたり」は、「霧りわたる」の「わたる」と同じく、空間的に続いている様子を表す。

学習の手引き

一

本文の内容を、三つの場面に分けて整理しよう。

解答例　①（初め〜「祈り申すほどに、」717 九八・8 719 八八・8）東国の奥で育った作者は、物語に憧れ、京へ行きたいと願っていた。

②（「十三になる年、」717 九八・9 719 八八・9〜「うち泣かれぬ。」717 九九・2 719 八九・2）十三歳になる年、上京することになり、出発して「いまたち」に移った。

③（「門出したる所は、」717 九九・3 719 八九・3〜終わり）門出して移ったところは景色がすばらしく旅立つのは悲しかったが、同月十五日に出発し、下総《しもつさ》の国の「いかた」というところに泊まった。

二

本文には、少女時代の作者の「憧れ」と「感傷」が記されている。

1 何に対する「憧れ」と「感傷」か、簡潔に答えよう。

2 これらの心情は、本文中のどの表現から読み取ることができるか、指摘しよう。

解答例

1 〔憧れ〕物語。〔感傷〕薬師仏《やくしほとけ》。

2 〔憧れ〕・いかで見ばや 717 九八・3 719 八八・3／・いとどゆかしさまされど、717 九八・5 719 八八・5／・いみじく心もとなきままに、717 九八・6 719 八八・6

〔感傷〕・京にとく……身を捨てて額《ぬか》をつき、祈り申す 717 九八・7 719 八八・7／・薬師仏《やくしほとけ》の立ち給へるを……うち泣かれぬ。717 九九・1 719 八九・1

言葉の手引き

一

次の古語の意味を調べよう。

1 あやし 717 九八・2 719 八八・2
2 いかで 717 九八・3 719 八八・3
3 ゆかしさ 717 九八・5 719 八八・5
4 心もとなし 717 九八・6 719 八八・6

5人ま 717 九八・7 719 八八・7　6みそかなり 717 九八・7 719 八八・7
7おもしろし 717 九九・5 719 八九・5　8をかし 717 九九・5 719 八九・5
9あはれなり 717 九九・6 719 八九・6

解答例　1　みすぼらしい　2　なんとかして(…したい)。
3　見たさ　4　じれったい　5　人の見ていない間。
6　こっそりと行動するさま。　7　すばらしい　8　趣深い
9　しみじみと悲しい。

二　「いかに思ひ始めけることにか、」(717 九八・2 719 八八・2)とあるが、自分の経験を回想するのに助動詞「ける」を用いた理由を、根拠をあげて説明してみよう。

解答例　直前に「なほ奥つ方《かた》に生ひ出でたる人」とあるように、作者は自分を「人」と呼んで、第三者に起こった出来事のように書いているので、直接経験の「き」ではなく、伝聞過去の「けり」を用いたと考えられる。物語に憧れる作者が、自分自身を物語中の人物のように見立てた表現である。

源氏の五十余巻

【大　意】　1　教717 100ページ1〜12行　教719 90ページ1〜12行

私は、『源氏物語《げんじものがたり》』を第一巻から全部見たいと思っていたが、なかなか見ることはできなかった。そんなとき、田舎から上京していたおばのところへ行き、『源氏物語』の五十余巻とそのほかの物語類をもらって帰ることができた。

【品詞分解／現代語訳】

かく(副) のみ(副助) 思ひくんじ(サ変・用) たる(助動・存・体) を、(格助) 心 も(係助) 慰め(下二・未) む(助動・意・終) と、(格助) 心苦しがり(四・用) て、(接助) 母、 物語 など(副助) 求め(下二・用) て(接助)
このようにふさぎこんでばかりいるのを、心を慰めようと、心配して、母が、物語などを探し求めて

見せ(下二・用) 給ふ(補尊・四・体) に、(接助) げに(副) おのづから(副) 慰みゆく。(四・終) 紫のゆかり を(格助) 見(上一・用) て、(接助) 続き の(格助) 見(上一・未) まほしく(助動・願・用)
見せてくださるので、なるほど自然と心が晴れてゆく。(『源氏物語』の)若紫の巻などを見て、続きが見たく思われるけれど、

おぼゆれ(下二・已) ど、(接助) 人語らひ など(副助) も(係助) え(副) せ(サ変・未) ず。(助動・打・終) たれ((代)) も(係助) いまだ(副) 都 慣れ(下二・未) ぬ(助動・打・体) ほど に(助動・断・用) て、(接助)
人に相談することなどもできない。誰もまだ都に慣れないころなので、

え(副) 見つけ(下二・未) ず。(助動・打・終) いみじく(シク・用) 心もとなく、(ク・用) ゆかしく(シク・用) おぼゆる(下二・体) まま に、(格助) こ((代)) の(格助) 源氏の物語、 一の巻 より(格助)
見つけることができない。たいそうじれったく、見たく思われるままに、この『源氏物語』を、第一巻から

接助 副 下二・用 補尊・四・命 格助 格助 格助 格助 四・終 格助 格助 四・用 補尊・四・已 助動・存・体 格助 係助
して みな 見せ 給へ と、心 の 内 に 祈る。親 の 太秦 に 籠り 給へ る に も、
始めて全部見せてくださいと、心の中で祈る。親が太秦(の広隆寺)にお籠もりになるときにも、

ク・用 [1](代) 格助 格助 四・用 接助 下二・未 助動・仮・体 格助 (代) 格助 下二・未 助動・意・終 格助
ことごと なく、この こと を 申し て、出で む まま に この 物語 見果て む と
他のことは祈らないで、このことを申し上げて、(寺から)出たらすぐにこの物語を読破しようと

四・已 接助 下二・未 助動・打・終 副 シク・用 四・未 助動・自・体 接助 助動・断・体 格助 格助 四・用
思へ ど、見え ず。いと くちをしく 思ひ嘆か るる に、をば なる 人 の、田舎 より 上り
思うけれど、見ることはできない。とても残念で自然と悲しみ嘆いていると、おばである人が、田舎から上京してきた

助動・完・体 格助 [2]四・用(音) 助動・完・已 接助 副 シク・用(音) 四・用 助動・完・用 助動・詠・終 副助 四・用
たる 所 に わたい たれ ば、「いと うつくしう 生ひなり に けり。」など、あはれがり、
所に(母が私を)連れていったところ、「とてもかわいらしく成長したこと。」などと、しみじみと感心し、

四・用 接助 四・体 格助 (代) 格助 係助(係) 四・未 助動・意・体(結) シク・体 係助 ク・用 助動・強・未
めづらしがり て、帰る に、「何 を か 奉ら む。まめまめしき もの は、まさなかり な
珍しがって、(私が)帰るときに、「何を差し上げましょうか。実用的なものは、きっとよくないでしょう。

助動・推・終 シク・用 サ変・用 補尊・四・終 助動・伝・体 格助 四・未 助動・意・終 格助 格助 格助 四・用
む。ゆかしく し 給ふ なる もの を 奉ら む。」とて、源氏 の 五十余巻、櫃 に 入り
見たいとお思いになっていると聞いているものを差し上げましょう。」と言って、『源氏物語』の五十余巻を、櫃に入った

接助 副助 四・体 下二・用 接助 下二・用
ながら、在中将・とほぎみ・せりかは・しらら・あさうづ など いふ 物語ども、一袋 取り入れ て、得
ままで、(そのうえ)『伊勢物語』『とほぎみ』『せりかは』『しらら』『あさうづ』などという物語類を、袋いっぱいに入れて、もらっ

接助 四・体 格助 係助(係) シク・体(結) 間助
て 帰る 心地 の うれしさ ぞ いみじき や。
て帰る気持ちのうれしさは実に格別だ。

語句の解説 1

教717 100ページ　教719 90ページ

2 げに　なるほど。本当に。

母は「心も慰めむ」、つまり、作者の心を慰めようという意図をもって物語を見せた。その意図のとおりに「慰みゆく」結果となったということを、この「げに」は表している。

5して　「して」は接続助詞で、ここは、格助詞「に」「より」「から」「を」などについて、動詞を代用したり、強調したりするはたらき。

6ことごと　他のこと。

漢字で書くと「異事」。「この源氏の物語、一の巻よりしてみな見せ給へ」という以外のこと。

1　**「このこと」は何をさすか。**

答　『源氏物語』を、第一巻から全部見せてほしいということ。

8わたいたれば　連れていったところ。

「わたい」は四段活用の動詞「わたす」の連用形「わたし」がイ音便になったもの。

2　**「わたいたれば」の主語は誰か。**

答　(母)親。

9何《なに》をか奉《たてまつ》らむ《ン》　「か」は疑問を示す係助詞。係り結びで、文末の助動詞「む」が連体形になっている。「奉ら」は、四段活用の動詞「奉る」の未然形。「奉る」は、「与ふ」の謙譲語。

10まさなかりなむ《ン》　「まさなかり」は、形容詞「まさなし」の連用形。「な」は強意の助動詞「ぬ」の未然形。「む」は推量の助動詞。「まさなし」は、漢字で書くと「正無し」。

10ゆかしくし給《たま》ふなるもの　「なる」は、助動詞「なり」の連体形。ここでは伝聞の意味。作者が「ゆかしくし給ふ」ということを、おばが他の人から聞いていたということである。

12うれしさぞいみじきや　「ぞ」は強意を示す係助詞。係り結びで形容詞「いみじ」が「いみじき」と連体形になり、そこに間投助詞「や」が付いている。

【大　意】　2　教717 100ページ13行〜101ページ8行　教719 90ページ13行〜91ページ8行

私は、『源氏物語』を第一巻から、几帳《きちょう》の内で一日中読みふけった。物語のことばかりを思いつめ、年ごろになったら容姿もよくなり、夕顔《ゆうがお》や浮舟《うきふね》の女君のようになりたいものだと思ったのだった。

【品詞分解／現代語訳】

はしるはしる(副)、**わづかに**(ナリ・用) **見**(上一・用) **つつ**(接助)、**心** **も**(係助) **得**(下二・未) **ず**(助動・打・用)、**心もとなく**(ク・用) **思ふ**(四・体) **源氏** **を**(格助)、**一の巻** **より**(格助)

胸をわくわくさせて、(今まで)わずかに見ては、(筋も)わからず、じれったく思う『源氏物語』を、第一巻から始めて、

して(接助)、**人** **も**(係助) **まじら**(四・未) **ず**(助動・打・用)、**几帳** **の**(格助) **内** **に**(格助) **うち伏し**(四・用) **て**(接助) **引き出で**(下二・用) **つつ**(接助) **見る**(上一・体) **心地**、**后** **の**(格助) **位** **も**(係助) **何**(代)

人も交じらないで、几帳の内でかがみ込んで(本を)取り出しては見る気持ちは、后の位も何

格助 係助(係) サ変・未 助動・推・体(結) 係助 副 係助 格助 下二・用 助動・存・体 格助 ク・用 四・用 接助
に かは せ む。昼 は 日暮らし、夜 は 目 の 覚め たる 限り、灯 を 近く ともし て、
になるだろうか（いや、問題ではない）。昼は一日中、夜は目が覚めている限り、明かりを近くにともして、

(代) 格助 上一・体 格助 格助 ク・已 接助 副 副助 係助 ナリ・用 四・体 格助 シク・体
これ を 見る より ほか の こと なけれ ば、おのづから など は、そらに おぼえうかぶ を、いみじき
この物語を見るよりほかのことはないので、自然と、（文章が）何も見ないでも思い浮かぶのを、すばらしい

格助 四・体 接助 格助 副 ナリ・体 格助 助動・断・体 格助 上一・用 助動・存・体 格助 カ変・用 接助
こと に 思ふ に、夢 に、いと 清げなる 僧 の、黄 なる 地 の 袈裟 着 たる が 来 て、
ことだと思っていると、夢に、たいそう清らかな感じの僧で、黄色の地の袈裟を着ている人が出てきて、

格助 ク・用 四・命 格助 四・終 格助 上一・已 接助 格助 係助 四・未 助動・打・用 四・未 助動・意・終 格助 係助
「法華経 五の巻 を、とく 習へ。」と 言ふ と 見れ ど、人 に も 語ら ず、習は む と も
「法華経の第五巻を、早く習いなさい。」と言うと見たけれども、人にも語らず、習おうと

下二・未 助動・打・終 格助 格助 副助 格助 下二・用 接助 (代) 係助 ク・体 終助 終助 格助
思ひかけ ず。物語 の こと を のみ 心 に しめ て、我 は このごろ わろき ぞ かし、盛り に
思いもしない。物語のことばかりを思いつめて、私は今は（器量が）よくないのだ、年ごろに

四・未 接助 係助 ク・用 ク・用 係助 シク・用 ク・用 四・用 助動・強・未 助動・推・終 格助
なら ば、かたち も 限りなく よく、髪 も いみじく 長く なり な む、光の源氏 の 夕顔、
なったら、容姿もこのうえなくよく、髪もきっとたいへん長くなるだろう、光源氏の（愛した）夕顔、

格助 格助 助動・比・用 係助(係) ラ変・未 助動・意・已(結) 格助 四・用 助動・過・体 副 副
宇治の大将 の 浮舟の女君 の やうに こそ あら め、と 思ひ ける 心、まづ いと
宇治の大将の（愛した）浮舟の女君のようになりたいものだ、と思った心は、（今考えると）実にとても

ク・用 シク・終
はかなく、あさまし。
たわいなく、あきれたものだ。

語句の解説 2

教717 101ページ 教719 91ページ

1 何《なに》にかはせむ 「かは」は反語を示す係助詞。係り結びで、文末の助動詞「む」が連体形になっている。「せ」は、サ変の動詞「す」の未然形。

3 いと清《きよ》げなる僧《そう》の、黄《き》なる地《じ》の袈裟《けさ》着《き》たるが来《き》て 最初の「の」

は同格、後の「の」は連体修飾格。僧が出てきて「法華経《ほけきやう》五の巻を、とく習へ。」と言う夢は、物語に熱中する作者を戒めるものと言える。

6わろきぞかし　（器量が）よくないのだ。直後で「かたち」（＝容姿）「髪」を話題にしているように、ここでの「わろき」は、外見について言っている。

7なりなむ《ン》　「なり」は、四段活用の動詞「なる」の連用形。「な」は、強意の助動詞「ぬ」の未然形。「む」は、推量の助動詞。全体として、単なる推測や願望ではなく、「きっと…なるだろう。」という確信に近い気持ちがこめられている。

7やう《ヨウ》にこそあらめ　…のようになりたいものだ。「やうに」は、比況の助動詞「やうなり」の連用形。「こそ」は強意を示す係助詞。係り結びで、文末の助動詞「む」が已然形になっている。

学習の手引き

一　**「源氏の五十余巻」を手に入れるまでの経緯と、作者の心の動きを整理しよう。**

考え方　第一段落に注目し、出来事に沿って考えてみよう。

解答例　①身近な人が亡くなった悲しみにふさぎこんでいたとき、母が物語を探して見せてくれたので、心が慰められた。②源氏物語の一部（若紫の巻）を読んで続きが読みたかったが、探せないまま、全部読ませてほしいと心の中で祈った。③親が寺に籠ったときにもお願いしたがかなわず、残念でたまらない。④田舎から上京したおばを訪ねたとき、おばが贈り物をあげようと言って、源氏の五十余巻とそのほかの物語を持たせてくれた。うれしくてたまらなかった。

二　**「源氏の五十余巻」が作者にとってどれほど貴重であったか、手に入れた後の場面から読み取ったことをまとめてみよう。**

解答例　・第一巻から几帳の中にかがみこみ、一人で取り出して見る気持ちは、后の位にも代えられないほど貴重だ。

・昼も夜も、目の覚めている限りずっと読んでいるので、その文章をそらで言えるほどで、法華経を習うことなど思いもよらない。

・自分も年ごろになれば、物語の中の登場人物のようになりたいと、無邪気に思い込んでいる。

三　**本文の末尾に続ける形で、日記を書いているときの作者の立場から、少女時代の作者にかける言葉を書いてみよう。**

考え方　「と思ひける心、まづいとはかなく、あさまし。」717 一〇一・8 719 九一・8の部分は、当時を回想して日記を書いているときの、後年の作者の心情であることに留意して書いてみよう。

言葉の手引き

一　次の古語の意味を調べよう。

1心もとなし 717 一〇〇・4 719 九〇・4　　2ゆかし 717 一〇〇・4 719 九〇・4
3ことごと 717 一〇〇・6 719 九〇・6　　4うつくし 717 一〇〇・8 719 九〇・8
5まめまめし 717 一〇〇・9 719 九〇・9　　6まさなし 717 一〇〇・10 719 九〇・10
7日暮らし 717 一〇一・1 719 九一・1　　8清げなり 717 一〇一・3 719 九一・3
9あさまし 717 一〇一・8 719 九一・8

解答例　1　じれったい　2　見たい　3　他のこと。
4　かわいい　5　実用的だ　6　よくない。　7　一日中
8　清らかだ　9　あきれるばかりだ。

二　「いと清げなる僧の、黄なる地の袈裟着たるが来て、」(717 一〇一・3　719 九一・3)の傍線部の助詞のはたらきを説明してみよう。

解答例　・「僧の」…同格を示し、「〜で」と訳す。
・「黄なる地の」…連体修飾格を示し、下の「袈裟」にかかる。
・「着たるが」…主格を示し、上に省略されている体言を受けて、「袈裟を着ている人(僧)が」と訳す。

鏡のかげ　※教719では、学習しません。

【大意】　1　教717 102ページ1〜4行

母は、直径一尺《いっしゃく》の鏡を鋳造させて、私を連れて参詣できない代わりに僧を初瀬《はつせ》(長谷寺《はせでら》)に参詣させるようだ。「三日お籠もりをして、娘の行く末を夢占いしてください。」などと言う。その間、母は私にも精進させた。

【品詞分解／現代語訳】

母、一尺 の[格助] 鏡 を[格助] 鋳[上一・未] させ[助動・使・用] て、[接助] え[副] ゐ[上一・用] て[接助] 参ら[四・未] ぬ[助動・打・体] 代はり に[格助]

母が、直径一尺の鏡を鋳させて、(私を)連れて参詣できない代わりにということで、

とて、[格助] 僧 を[格助] 出だし立て[下二・用] て[接助] 初瀬 に[格助] 詣で[下二・未] さす[助動・使・終] めり。[助動・定・終] 「三日 候ひ[四・用] て、[接助]

僧を送り出して初瀬に参詣させるようだ。「三日お籠もりをして、

こ[(代)] の[格助] 人 の[格助] あ[ラ変・体(音)] べから[助動・当・未] む[助動・婉・体] さま、夢 に[格助] 見せ[下二・用] 給へ。」[補尊・四・命] など[副助] 言ひ[四・用] て、[接助]

この人の(将来)あるはずの姿を、夢にお見せください。」などと言って、

詣で[下二・未] さする[助動・使・体] な[助動・断・体(音)] めり。[助動・定・終] そ[(代)] の[格助] ほど は[係助] 精進せ[1サ変・未] さす。[助動・使・終]

参詣させるのであるようだ。その間は(母は私にも)精進させる。

語句の解説 1

教717 102ページ

1 **一尺《いっさく》の鏡《かがみ》を鋳《い》させて**　直径一尺の鏡を鋳させて。
「鋳る」はヤ行上一段活用の動詞。ア行と間違えないように注意。

1 **えゐ《イ》て参《まい》らぬ代《か》は《ワ》りにとて**　「え」は呼応の副詞。下に打消の語を伴って「…できない」の意味を表す。「ゐ」は、「引き連れる」という意味の「ゐる(率る)」というワ行上一段動詞の連用形。前項の「鋳る」と同様に、活用する行がア行ではないことに注意。

3 **この人《ひと》のあ《アン》べからむ《ン》さま**　「あべからむ」は、「あるべからむ」の「る」が撥《はつ》音便化して「ん」となり、それが無表記になったもの。「べから」は当然の助動詞「べし」の未然形。「む」は婉曲の助動詞「む」の連体形。「この人」とは作者のこと。作者の母が、娘の将来を夢で占ってもらおうとしているのである。

4 **詣《もう》でさするな《ナン》めり**　「なめり」は「なるめり」の「る」が撥音便化して「ん」となり、それが無表記になったもの。文中二か所に用いられた推定の助動詞「めり」からは、作者が母の一連の行動に距離を置いていることが読み取れる。

1　「精進《さうじ》せさす」は、誰が、誰に「精進」させるのか。

答　作者の母が、娘である作者に精進させる。(「精進」とは、ここでは身を清め、不浄を避けること。)

【大　意】 2　教717 102ページ5行～103ページ4行

この僧が帰ってきて言うことには、夢にたいそう気高い女性があらわれて、奉納した鏡に映った像を見るように言うので見ると、一方には、ころげまわり泣き嘆いている像、もう一方には、御簾《みす》や色とりどりの衣の裾や袖口、梅や桜、鶯《うぐいす》が飛び移り鳴いている像が見えたのだそうだ。私は、どうしてそのような夢が見えたのかさえ、耳にとどめる気もない。

【品詞分解／現代語訳】

こ　の　僧　帰り　て、『夢　を　だに　見　で、まかで　な　む　が、
(代)　格助　四・用　接助　格助　副助　上一・未　接助　下二・用　助動・強・未　助動・仮・体　格助
この僧が帰って、「『夢さえも見ないで、帰ってきてしまうとしたらそれは、

本意なき　こと。いかが　帰り　て　も　申す　べき。』と、いみじう　額づき　行ひ　て、寝
ク・用　副　四・用　接助　係助　四・終　助動・可・体　格助　シク・用(音)　四・用　四・用　接助　下二・用
残念なこと。(もしそうなったら)帰ってもどのように申し上げることができようか。』と、懸命に礼拝し勤行して、寝た

たり　しか　ば、御帳　の　方　より、いみじう　気高う　清げに　おはする　女　の、
助動・完・用　助動・過・已　接助　格助　格助　シク・用(音)　ク・用(音)　ナリ・用　補尊・サ変・体　格助
ところ、御帳の方から、たいそう気高く美しくていらっしゃる女の人で、

シク・用 四・用 補尊・四・已 助動・存・体 格助 四・用 助動・過・体 格助 下二・用 接助 (代)
うるはしく 装束き 給へ る が、奉り し 鏡 を ひきさげ て、『こ
きちんと装束を着ていらっしゃる女の人が、奉納した鏡を携えて、『この鏡

格助 格助 係助 係助(係) 四・用 助動・完・用 助動・過・体(結) 格助 四・用 補尊・四・已 接助 四・用 接助
の 鏡 に は、文 や 添ひ たり し。』と 問ひ 給へ ば、かしこまり て、
には、願文が添えてあったか。』とお尋ねになるので、(私は)かしこまって、

係助 四・未 助動・打・用 助動・過・終 (代) 格助 格助 係助(係) 四・命 格助 ラ変・用 助動・過・体(結)
『文 も 候は ざり き。この 鏡 を なむ 奉れ と 侍り し。』
『願文もございませんでした。この鏡を奉納せよとのことでした。』

格助 下二・用 補謙・四・已 接助 シク・用 助動・詠・体 終助 四・終 助動・当・体 終助
と 答へ 奉れ ば、『あやしかり ける こと かな。文 添ふ べき ものを。』
とお答え申し上げると、『妙なことですね。(通常は)願文が添えてあるはずなのですけれどねえ。』

格助 (代) 格助 格助 (代) 格助 四・已 助動・存・体 格助 上一・命 (代) 上一・已 接助 ナリ・用
とて、『この 鏡 を、こなた に 映れ る かげ を 見よ。これ 見れ ば、あはれに
と言って、『この鏡を、こちらに映っている姿を見なさい。これを見ると、しみじみと

シク・体 終助 格助 副 四・用 補尊・四・体 格助 上一・已 接助 四・用 四・用 助動・存・体
悲しき ぞ。』とて、さめざめと 泣き 給ふ を 見れ ば、臥しまろび、泣き嘆き たる
悲しいことよ。』と言って、さめざめとお泣きになるのを見ると、ころげまわり、泣き嘆いている

四・已 助動・存・終 (代) 格助 格助 上一・已 接助 シク・用(音) シク・終 終助 (代) 上一・命 格助
かげ 映れ り。『この かげ を 見れ ば、いみじう 悲し な。これ 見よ。』とて、
姿が映っている。『この姿を見ると、たいそう悲しいことよ。(では)これを見なさい。』と言って、

副 格助 四・已 助動・存・体 格助 下二・用 補尊・四・已 接助 ナリ・用
いま 片つ方 に 映れ る かげ を 見せ 給へ ば、御簾ども 青やかに、几帳
もう片方に映っている姿をお見せになると、御簾などが青々として、几帳を

下二・用 助動・完・体 格助 格助 下二・用 四・用 助動・存・体 格助 四・用
おし出で たる 下 より、色々 の 衣 こぼれ出で、梅 桜 咲き たる に、鶯、木伝ひ
押し出した下から、色とりどりの衣(の裾や袖口)がこぼれ出て、梅や桜が咲いているところに、鶯が、枝から枝へ

鳴き（四・用） たる（助動・存・体） を（格助） 見せ（下二・用） て、（接助） 『これ（代） を（格助） 見る（上一・体） は、（係助） うれし（シク・終） な。』（終助） と（格助） のたまふ（四・終） と（格助） なむ（係助(係)）

飛び移り鳴いているのを見せて、『これを見るのは、うれしいことだ。』とおっしゃると

見え（下二・用） し。」（助動・過・体(結)） と（格助） 語る（四・終） なり。（助動・伝・終） いかに（副） 見え（下二・用） ける（助動・過・体） ぞ（終助） と（格助） だに、（副） 耳 も（係助） とどめ（下二・未）

(夢に)見えました。」と(僧が母に)報告したそうだ。どうして(そのような夢が)見えたのかさえ、耳にもとどめない。

ず。（助動・打・終）

語句の解説 2

教717 102ページ

5 **夢《ゆめ》をだに見《み》で、まかでなむ《ン》が** 夢さえも見ないで、帰ってきてしまうとしたらそれは。「だに」は副助詞。ここは類推の用法で、「…さえ」と訳す。「で」は接続助詞で、未然形に付いて「…ないで」と訳す。ここから「見」が未然形であることがわかる。「まかで」は「まかづ」の連用形。「まかづ」は身分の高い人のもとから離れる意味の謙譲語。「な」は、助動詞「ぬ」が下に推量(ここでは仮定)の助動詞「む」を伴って強意の用法になったもの。

5 **いかが帰《かえ》りても申《もう》すべき** 帰ってもどのように申し上げることができようか。「いかが」は呼応の副詞。係助詞「や」「か」や活用語の連体形と呼応する。ここでは可能の助動詞「べし」の連体形「べき」と呼応している。

6 **御帳《みちょう》の方《かた》より** 「御」は接頭語。「帳」とは室内の仕切りや外界との境として垂れ下げる布のこと。

7 **いみじう《ジュウ》気高《けだこ》う清《きよ》げにおはす《ワ》る女《おんな》の、うるはし《ワ》く装束《そうぞ》き給《たま》へ《エ》るが** たいそう気高く美しくていらっしゃる女の人で、きちんと装束を着ていらっしゃる女の人が。「気高う」はク活用形容詞「気高し」の連用形「気高く」がウ音便になったもの。「清げに」はナリ活用形容動詞「清げなり」の連用形。「の」は同格の格助詞。訳し方に注意。「装束き」は「装束く」という動詞の連用形。「うるはし」は、ここでは端正できちんとしているさまをいう。

7 **奉《たてまつ》りし鏡《かがみ》をひきさげて** 奉納した鏡を携えて。「奉り」は「奉る」の連用形。「奉る」には複数の意味があるが、ここでは「与ふ」の謙譲語として用いられている。訳す時には「差し上げる」が一般的だが、ここでは文脈から「奉納する」と訳している。

9 **あやしかりけることかな** 妙なことですね。「あやしかり」で一語。シク活用形容詞「あやし」の連用形。

11 **さめざめと泣《な》き給《たまう》ふを見《み》れば** 「見れば」とは、女性を見たというよりも、女性が泣いているので、どういうことかと鏡の中をの

ぞき込んだという状況を示している。

13いま片《かた》つ方《かた》に映《うつ》れるかげを見《み》せ給《たま》へば　「見せ」はサ行下二段活用動詞「見す」の連用形。

13御簾《みす》ども青《あお》やかに、几帳《きちょう》おし出《い》でたる下《した》より、色々《いろいろ》の衣《きぬ》こぼれ出《い》で　御簾などが青々として、几帳を押し出した下から、色とりどりの衣（の裾や袖口）がこぼれ出て。

学習の手引き

一　本文から、初瀬参詣の作法や目的を読み取ってまとめよう。

考え方　本文の範囲内で、このときの状況に即して考えればよい。目的は、母の言葉として「この人（＝娘）のあべからむさま、夢に見せ給へ。」717 一〇三・3とあるのが参考になる。

解答例　・作法…願文《がんもん》をつけて、鏡を奉納し、本人が参詣できない場合は代理の僧を行かせて、本人は自宅で精進する。
・目的…母にとっての娘（＝作者）の将来を見てもらうこと。

二　僧の見た夢の内容をまとめ、この夢がどのような意味を表しているか、考えを述べ合おう。

考え方　夢の内容は、第二段落の「この僧帰りて、」717 一〇三・5以降の会話文に書かれている。

解答例　〔夢の内容〕まず、女が現れて「文」の有無を尋ね、文を添えるべきだと言った。その後、鏡の中にさめざめと泣く悲しい姿が映るのを嘆き、一方では美しい住居に花が咲き鳥がさえずり、色とりどりの衣が映るのを喜んだ。

教717 103ページ

3いかに見《み》えけるぞとだに、耳《みみ》もとどめず　どうして（そのような夢が）見えたのかさえ、耳にもとどめない。
「いかに見えけるぞ」とは、夢がどのようなことを暗示しているのかという解釈のこと。作者は自分の将来がどのように示されたのか、興味を持って聞こうとしていないのである。

〔夢の意味〕省略。

三　このときの作者は、僧による初瀬代参にどの程度関心を持っていただろうか、判断の根拠を示しながら説明しよう。

解答例　「詣でさすめり」717 一〇三・3、「詣でさするなめり」717 一〇三・4に見られる推定の助動詞「めり」からわかるように、母のしていることを距離をもって眺めており、あまり関心がなかったと思われる。また、「語るなり」717 一〇三・3という伝聞表現や「いかに見えけるぞとだに、耳もとどめず」717 一〇三・3からも、自分の将来に関する夢占いに関心がなさそうな様子がうかがえる。

言葉の手引き

一　次の古語の意味を調べよう。

1精進す 717 一〇三・4　2額づく 717 一〇三・6
3行ふ 717 一〇三・6　4うるはし 717 一〇三・7
5装束く 717 一〇三・7　6かげ 717 一〇三・10
7まろぶ 717 一〇三・12

解答例　1　身を清め、不浄を避ける。　2　礼拝する

3 勤行する。仏道修行する。　4 きちんとしているさま。

5 装束を着る。きちんとした衣服を身につける。

6 (水や鏡などに映った)姿。　7 ころがる

言語活動　菅原孝標女と物語

※教719では、学習しません。

※教719の「言語活動　平安朝の結婚」は、本書113ページに収録しています。

教717 P.104

活動の手引き

一 『夜半《よわ》の寝覚《ねざめ》』と『浜松中納言物語《はままつちゅうなごんものがたり》』について、どのような物語であるかを調べて、まとめてみよう。

解答例 どちらも『源氏物語《げんじものがたり》』の影響下に生まれた物語で、菅原《すがわらの》孝標女《たかすえのむすめ》の作ともいわれるが、異論もあり正確なことは不明である。

『夜半の寝覚』は、太政大臣《だいじょうだいじん》の娘(中の君)で後に「寝覚の上」と呼ばれる女性の悲恋の物語。彼女は音楽の才に恵まれ箏《こと》を得意としたが、ふとしたことから姉君の婚約者(中納言)と結ばれ、その人の子を宿してしまう。というところから悲劇が始まるのだが、物語は途中と最後の部分が散逸し、結末はわかっていない。

『浜松中納言物語』は、唐《から》の国に渡った中納言がその地で唐の后《きさき》と結ばれ、若君が生まれるという、日本と中国にまたがるスケールの大きな話で、中納言が帰国するとき、后から若君を託され、その子を伴って日本に帰ってくるところから、さらに日本に残されていた人々との複雑な話が展開してゆく。これもやはり散逸した部分があり、物語の全貌はわかっていない。

二 第一段落から、使役の助動詞をすべて抜き出そう。

解答例 ・鋳させて、717 一〇三・1　・詣でさすめり。717 一〇三・3

・詣でさするなめり。717 一〇三・4　・精進せさす。717 一〇三・4

三 『更級日記《さらしな》』の続きを読み、菅原孝標女の身に起こった出来事に沿って、物語への憧れがどのように変わっていったか、わかったことを発表し合おう。

解答例 ・『源氏物語』の世界に憧れ、仏道も忘れて、物語の登場人物のようになりたいという夢のようなことばかり考えていた。

・勧めてくれる人がいて宮仕えに出ることになった。自分に務まるか心配もあったが、慰められることもあるだろうと思った。

・宮仕えに慣れるより早く結婚することになった。何ごとも思いどおりになることなどなく、その後は物語のことも忘れて、現実的な気持ちになり、これまでを振り返って、光源氏や薫《かおる》大将(「宇《う》治十帖《じじゅうじょう》」の主人公)などこの世にいるはずはないと思いきった。

・夫が病気になりわずかな間に亡くなってしまった。昔から夢のようなことばかり考えず、仏道に励んでいたら、こんなことに出あわずにすんだかもしれないと後悔される。よい夢は一つもかなわず、ただ悲しげに見えた鏡のかげだけが真実だったのだと思う。

夫と死別したのは作者五十一歳のときのこと。『更級日記』はこの間の十三歳から五十二歳までの記事を含む晩年の回想録である。

平《へい》家《け》物語

教717 P.106～P.113
教719 P.94～P.101

●平家物語とは

『平家物語』は、平家一門の栄華と没落を描いた軍記物語。力強い和漢混交文と独特のリズムが特徴。琵琶《びわ》法師たちが語る「平曲《へいきょく》」として広まった。作者は未詳だが、『徒然草《つれづれぐさ》』には、信濃前司行長《しなののぜんじゆきなが》が『平家物語』を作り、生仏《しょうぶつ》という法師に教えて語らせ、それを琵琶法師たちが学んだとある。成立年代も未詳だが、鎌倉時代中ごろには成立していたと考えられる。冒頭の一節に表れている「無常観」が、『平家物語』を象徴する思想として全編を貫いており、その影響は、後世の能や歌舞伎、近現代の小説など、長きに渡ってさまざまな文芸作品に及んでいる。

『平家物語』は、全十二巻に「灌頂巻《かんじょうのまき》」が付いた形で現在に伝えられており、物語としては、平清盛《たいらのきよもり》が太政大臣《だいじょうだいじん》となって栄華を極める序盤、源氏《げんじ》の挙兵があり、清盛の死後、平家一門が西国へ落ちのびる中盤、源氏に敗れて一門が全滅する終盤と、大きく三つに分けられる。「忠度《ただのり》の都落ち」は巻七の一節で、西国へ落ちのびる様子を描いた中盤の一場面である。また、「能登《のと》殿の最期」は巻十一の一節で、平家の武将の悲劇的かつ壮絶な最期が描かれた終盤の一場面である。

冒頭

【大意】 教717 106ページ　教719 94ページ

すべてのものは移り変わり、不変のものはない。勢いの盛んな者、権勢を誇った者も必ず衰え、滅んでしまう。

【品詞分解/現代語訳】

祇園精舎 の(格助) 鐘 の(格助) 声、諸行無常 の(格助) 響き あり(ラ変・終)。娑羅双樹 の(格助) 花 の(格助) 色、盛者必衰 の(格助) 理 を(格助)

祇園精舎の鐘の音には、すべてのものは移り変わり、不変のものはないという(教えを表す)響きがある。娑羅双樹の花の色は、勢いの盛んな者も必ず衰え

あらはす(四・終)。おごれ(四・已) る(助動・存・体) 人 も(係助) 久しから(シク・未) ず(助動・打・終)、ただ(副) 春 の(格助) 夜 の(格助) 夢 の(格助) ごとし(助動・比・終)。猛き(ク・体) 者 も(係助)

るという道理を表す。権勢を誇っている人も(その日々は)いつまでも続かない、ちょうど(短い)春の夜の夢のようだ。勢いの盛んな者も

副　係助　上二・用　助動・強・終　副　格助　格助　格助　シク・終
つひに は 滅び ぬ、ひとへに 風 の 前 の 塵 に 同じ。
最後には滅んでしまう、全く風の前の塵と同じだ。

語句の解説

教717 106ページ　教719 94ページ

諸行無常《しょぎょうむじょう》　すべてのものは移り変わり、不変のものはないという教えを表す仏教語。

盛者必衰《じょうしゃひっすい》　勢いの盛んな者もいつかは必ず衰えるという教えを表す仏教語。
この後、栄華を極めながら滅んだ者の例が列挙され、直近の例として、平清盛があげられる。

忠度《ただのり》の都落ち

【大　意】　1　教717 106ページ1行〜107ページ1行　教719 94ページ1行〜95ページ1行

都に引き返した平忠度は、藤原俊成《ふじわらのとしなり》の家を訪ねた。家の人々は「落人《おちうど》が帰ってきた。」と騒ぎ合ったが、俊成は、相応の理由があるのだろうということで、門を開けて忠度と対面した。

【品詞分解／現代語訳】

係助　(代)　格助　係助(係)　四・未　助動・尊・用　助動・完・用　助動・過推・体(結)　(代)　格助
薩摩守忠度 は、いづく より や 帰ら れ たり けん、侍 五騎、童 一人、わ が 身
薩摩守忠度は、どこから都に引き返されたのだろうか、侍五騎と、童一人、自分自身と

副　四・用　格助　格助　格助　サ変・用　接助　上一・用　補尊・四・已　接助　格助　上二・用
ともに 七騎 取つて返し、五条 の 三位俊成卿 の 宿所 に おはし て 見 給へ ば、門戸 を 閉ぢ
いっしょに七騎で引き返し、五条の三位俊成卿の家にいらっしゃって御覧になると、門を閉じてあって

接助　四・未　助動・打・終　格助　四・用　補尊・四・已　接助　カ変・用　助動・完・終　格助　(代)　格助　四・已
て 開か ず。「忠度。」と 名のり 給へ ば、「落人 帰り来 たり。」とて、その 内 騒ぎ合へ
開かない。「忠度です。」とお名のりになると、「落人が帰ってきた。」と言って、門の内で(人々が)騒ぎ合って

助動・存・終　格助　上二・用　副　ナリ・用　四・用　助動・過・体　係助　格助　四・未　助動・打・終
り。薩摩守、馬 より 下り、みづから 高らかに のたまひ ける は、「別 の 子細 候は ず。
いる。薩摩守は、馬から下り、自ら大声でおっしゃったことには、「特別の事情はございません。

三位殿に申すべきことあつて、忠度が帰り参つて候ふ。門を開かれず

（格助・四・終・助動・意・体・ラ変・用(音)・接助・格助・四・用(音)・接助・補丁・四・終・格助・四・未・助動・尊・未・助動・打・終）

三位殿に申し上げたいことがあって、忠度が帰って参りました。門をお開きにならないとしても、

とも、このきはまで立ち寄らせ給へ。」とのたまへば、俊成卿、「さることある

（接助・(代)・格助・副助・四・未・助動・尊・用・補尊・四・命・格助・四・已・接助・連・ラ変・体）

門のそばまでお立ち寄りください。」とおっしゃると、俊成卿は、「それ相応の理由があるの

らん。その人ならば苦しかるまじ。入れ申せ。」とて、門を開けて対面あり。

（助動・現原・終・(代)・格助・助動・断・未・接助・シク・体・助動・打推・終・下二・用・補謙・四・命・格助・格助・下二・用・接助・ラ変・終）

だろう。その人ならばさしつかえあるまい。入れて差し上げなさい。」と言って、門を開けて対面した。

ことの体、何となうあはれなり。

（格助・ク・用(音)・ナリ・終）

対面の様子は、すべて感慨深いものだった。

語句の解説 1

教717 106ページ　教719 94ページ

3 落人《おちうど》　戦いに負けて逃げていく人。

忠度をさしている。都落ちする際、平家一門は都の至るところに火をつけていったので、「その内騒ぎ合へり」となったのだろう。

6 さること　それ相応の理由。

「さる」は、ラ変の動詞「さり」の連体形が連体詞になったもの。「さり」は、前に述べたことを指示する副詞「さ」＋動詞「あり」が変化したもの。

1　「さること」は何をさすか。

答　忠度が都に引き返してきて、俊成を訪ねた理由。

教717 107ページ　教719 95ページ

1 何《なに》となう《ノウ》あは《ワ》れなり　すべて感慨深いものだった。

「何となう」は、形容詞「何となし」の連用形ウ音便。全体にわたって感じられるという意味を表す。

【大意】 2　教717 107ページ2〜13行　教719 95ページ2〜13行

忠度は、俊成に和歌の教えを受けていながら、久しく訪ねることがなかった非礼をわびた。また、一門の運命が尽きたと述べた。そして、将来勅撰集《ちょくせんしゅう》が編まれるなら、この中から一首でも選ばれればうれしいと言って、和歌を書き集めておいた巻物を俊成に渡した。

【品詞分解／現代語訳】

四・用　助動・過・体　係助　四・用(音)　接助　ナリ・未　助動・打・体　格助　四・用
薩摩守　のたまひ　ける　は、「年ごろ　申し承つ　て　のち、おろかなら　ぬ　御こと　に　思ひ
薩摩守がおっしゃったことには、「長年、和歌の教えをいただいて以来、おろそかにはできないことと思い申し上げておりましたが、

補謙・下二・用　補丁・四・已　接助　(代)　格助　係助　格助　格助　副　格助
参らせ　候へ　ども、こ　の　二、三年　は、京都　の　騒ぎ、国々　の　乱れ、しかしながら　当家　の　身
この二、三年は、京都の騒ぎや、国々の乱れ（があり、それが）、ことごとくすべてわが平家の身の

格助　格助　助動・断・用　補丁・四・体　格助　サ変・未　助動・打・終　格助　接助　副　四・体　係助　四・未
の　上　の　こと　に　候ふ　間、疎略　を　存ぜ　ず　と　いへども、常に　参り寄る　こと　も　候は
上のことでございますので、おろそかには思っておりませんけれども、いつもおそばに参上するということもござい

助動・打・終　副　格助　下二・未　助動・尊・用　補尊・四・用　助動・完・終　格助　副　上二・用　補丁・四・用　助動・完・終
ず。君　すでに　都　を　出で　させ　給ひ　ぬ。一門　の　運命　はや　尽き　候ひ　ぬ。撰集
ませんでした。天皇はすでに都をお出になってしまいました。一門の運命はもはや尽きてしまいました。勅撰集

格助　ラ変・体　助動・当・体　四・用　補丁・四・用　助動・過・已　接助　格助　格助　助動・断・終　接助　格助
の　ある　べき　よし　承り　候ひ　しか　ば、生涯　の　面目　に、一首　なり　とも　御恩　を
が編まれるはずだということをうかがいましたので、生涯の名誉に、一首であってもご恩情を

四・未　助動・意・終　格助　サ変・用　接助　補丁・四・用　助動・過・体　接助　副　格助　カ変・用　接助　(代)　格助　ク・用
かうぶら　う　ど　存じ　て　候ひ　し　に、やがて　世　の　乱れ　出で来　て、そ　の　沙汰　なく
受けて勅撰集への入集をかなえてもらおうと思っておりましたのに、すぐに世の中の乱れが起こって、撰集のご命令がありません

補丁・四・体　副　格助　格助　サ変・体　補丁・四・終　四・用　補丁・四・用　助動・完・未　接助　格助
候ふ　条、ただ　一身　の　嘆き　と　存ずる　候ふ。世　静まり　候ひ　な　ば、勅撰　の　御沙汰
ことは、もっぱら私にとっての嘆きと思っております。世の中が静まりましたなら、勅撰のご命令が

四・未　助動・推・終　助動・推・終　(代)　格助　四・体　格助　格助　[2]ラ変・用　助動・強・終　助動・適・体　四・未　接助
候は　んず　らん。これ　に　候ふ　巻き物　の　うち　に、さり　ぬ　べき　もの　候は　ば、一首
ございましょう。ここにございます巻物の中に、（勅撰集に入れるのに）ふさわしいものがございましたら、一首で

なり[助動・断・終] とも[接助] 御恩 を[格助] かうぶつて[四・用(音)][接助]、草 の[格助] 陰 に[格助]て[接助] も[係助] うれし[シク・終] と[格助] 存じ[サ変・用] 候は[補丁・四・未] ば[接助]、遠き[ク・体] 御守り

あってもご恩情を受けて、(私が)あの世でもうれしいと思いましたなら、遠いあの世から

で[助動・断・用] 候は[補丁・四・未] んずれ[助動・推・已(結)]。」 とて[格助]、日ごろ[副] よみ置か[四・未] れ[助動・尊・用] たる[助動・完・体] 歌ども[格助] の 中 に[格助]、秀歌 と[格助]

あなたをお守りする者でございましょう。」と言って、ふだんよんでおかれた歌の中で、優れた歌と

おぼしき[シク・体] を[格助] 百余首 書き集め[下二・未] られ[助動・尊・用] たる[助動・完・体] 巻き物 を[格助]、今 は[係助] とて うつ立た[四・未] れ[助動・尊・用] ける[助動・過・体] とき、

思われるものを百首余り書き集めなさった巻物を、今は(これまでだ)と言って都をお立ちになったとき、

これ[代] を[格助] 取つて[四・用(音)][接助] 持た[四・未] れ[助動・尊・用] たり[助動・完・用] し[助動・過・体] が[接助]、鎧 の[格助] 引き合はせ[下二・用] より[格助] 取り出で[下二・用]て[接助]、俊成卿 に[格助]

これを取ってお持ちになっていたのだが、(それを)鎧の引き合わせから取り出して、俊成卿に

奉る[四・終]。

差し上げる。

語句の解説 2

教717 107ページ　教719 95ページ

2 年ごろ申し承つてのち 「ころ」は、長い一定の時間を表す。「申し承つて」は、忠度が俊成に和歌の指導を乞い、俊成から教えを受けたということ。

おろかならぬ おろそかにはできない。「おろかなら」は、形容動詞「おろかなり」の未然形。「ぬ」は、打消の助動詞「ず」の連体形。「おろかなり」は、「おろそかだ、いい加減だ」というのがもとの意味。

9 さりぬべき (勅撰集に入れるのに)ふさわしい。「さり」は、ラ変の動詞「さり」の連用形。前に述べたことを指示する副詞「さ」+動詞「あり」が変化したもの。「ぬ」は強意の助動詞。「べき」は適当の助動詞「べし」の連体形。

2
「さりぬべきもの」は何をさすか。

答
勅撰集に入れるのにふさわしい歌。

10 遠き御守りでこそ候はんずれ 「遠き御守り」は、忠度が自らの死を覚悟したうえでの表現。「で」は、断定の助動詞「なり」の連用形「に」+接続助詞「て」が変化したもの。「んずれ」は推量の助動詞「んず(むず)」の已然形で、係助詞「こそ」の結びとなっている。

【大　意】 3 教717 107ページ14行〜108ページ13行 教719 95ページ14行〜96ページ13行

俊成は巻物を開けて見て、決しておろそかにすることはないと約束した。忠度は喜び、死への覚悟を口にしたうえで「この世に思い残すことはございません。」と言って馬に乗り、西に向かった。俊成は、忠度の後ろ姿を見送り、涙を抑えて家の中へ入った。

【品詞分解／現代語訳】

(代) 格助 下二・用 接助 上一・用 接助 ラ変・体 格助 四・用 補丁・四・用 助動・完・体 係助
三位、これ を 開け て 見 て、「かかる 忘れ形見 を 給はり置き 候ひ ぬる うへ は、
三位(＝俊成)は、この巻物を開けて見て、「このような忘れ形見をあらかじめいただきましたうえは、

副 格助 サ変・終 助動・打意・用(音) 補丁・四・終 ラ変・体 助動・命・未 助動・打・終 接 格助
ゆめゆめ 疎略 を 存ず まじう 候ふ。御疑ひ ある べから ず。さても ただ今 の 御渡り
決しておろそかにしようとは思いません。お疑いにならないでください。それにしてもただ今のご訪問は、

係助(係) 係助 副 ク・用(音) 係助 副 四・未 助動・自・用 接助 ク・用(音) 補丁・四・已(結)
こそ、情け も すぐれて 深う、あはれ も ことに 思ひ知ら れ て、感涙 おさへがたう 候へ。」
風流の心もたいへん深く、しみじみとした感慨もことさら感じられて、感涙を抑えることができません。」

格助 四・已 接助 四・用(音) 接助 係助 格助 格助 格助 四・未 接助 四・命 格助 格助
と のたまへ ば、薩摩守 喜ん で、「今 は 西海 の 波 の 底 に 沈ま ば 沈め、山野 に かばね を
とおっしゃると、薩摩守は喜んで、「今は西海の波の底に沈むなら沈んでもよい、山野にしかばねを

四・未 接助 四・命 格助 四・体 四・未 助動・打・終 接 四・用 接助 格助 格助
さらさ ば さらせ。浮き世 に 思ひ置く こと 候は ず。さらば いとま 申し て。」とて、馬 に
さらすならさらしてもよい。この世に思い残すことはございません。それではおいとまを申し上げて(参ります)。」と言って、馬に

四・用 格助 格助 下二・用 格助 四・用(音) 接助 係助(係) 四・未 助動・使・用 補尊・四・体(結) 格助
うち乗り 甲 の 緒 を 締め、西 を さい て ぞ 歩ま せ 給ふ。三位、後ろ を
勢いよく乗り甲の緒を締め、西をさして(馬を)歩ませなさる。三位は、(忠度の)後ろ姿を

ナリ・用 四・用(音) 接助 四・未 助動・尊・用 助動・存・已 接助 格助 格助 シク・用 接助 ク・終 格助
はるかに 見送つ て 立た れ たれ ば、忠度 の 声 と おぼしく て、「前途 ほど 遠し、思ひ を
遠くまで見送ってお立ちになっていると、忠度の声と思われて、「行く先ははるかに遠い、わが思いは

雁山 の(格助) 夕べ の(格助) 雲 に(格助) 馳す。(下二・終)」と、(格助) 高らかに(ナリ・用) 口ずさみ(四・用) 給へ(補尊・四・已) ば、(接助) 俊成卿 いとど(副) 名残 惜しう(シク・用(音)) おぼえ(下二・用)

これから越える雁山の夕方の雲に飛んでいる。」と、高らかな声で口ずさみなさるので、俊成卿はいっそう名残惜しく思われて、

て、(接助) 涙 を(格助) おさへ(下二・用) て(接助) ぞ(係助(係)) 入り(四・用) 給ふ。(補尊・四・体(結))

涙を抑えて(家の中へ)お入りになる。

語句の解説 3

教717 107ページ 教719 95ページ

15 **ゆめゆめ疎略《そらく》を存《ぞん》ずまじう《ジュウ》候《そうろう》ふ** 「ゆめゆめ」は、下に禁止や打消の表現を伴って、「決して…ない」という意味を表す。ここでは、打消意志の助動詞「まじ」の連用形ウ音便「まじう」と呼応している。

15 **御疑《おんうたが》ひあるべからず** お疑いにならないでください。

「御疑ひある」は複合動詞で、接頭語「御」+名詞「疑ひ」+ラ変の動詞「あり」の連体形。「御」+名詞+「あり」全体で、尊敬の意味を表す。

教717 108ページ 教719 96ページ

2 **沈《しず》まば沈《しず》め** 沈むなら沈んでもよい。

「沈ま」は、四段動詞「沈む」の未然形。「ば」は接続助詞。「沈め」は、「沈む」の命令形。動詞未然形+「ば」+動詞命令形で、「…するのならしてもよい」という意味を表す。

3 **さらさばさらせ** さらすならさらしてもよい。

直前の「沈まば沈め」と対になった表現。

10 **高《たか》らかに** 自作の和歌を俊成に託し、勅撰集への入集《にっしゅう》を依頼することができて、晴れ晴れとした忠度の気持ちが感じられる。

【大意】 4 教717 108ページ14行〜109ページ6行 教719 96ページ14行〜97ページ6行

その後、世の中が静まり、俊成は『千載集《せんざいしゅう》』を撰《えら》んだ。俊成は、忠度の生前の様子や言い残した言葉を思い出して感慨深く、巻物の中から「故郷の花」という題の歌一首を入集させた。しかし、忠度は天皇のおとがめを受けた人なので、「よみ人知らず」として入れられた。

【品詞分解/現代語訳】

そ(代) の(格助) のち、 世 静まつ(四・用(音)) て、(接助) 千載集 を(格助) 撰ぜ(サ変・未) られ(助動・尊・用) ける(助動・過・体) に、(格助) 忠度 の(格助) ありし(連) ありさま、

その後、世の中が静まって、(俊成卿は)千載集をお撰びになったときに、忠度の生前の様子や、

言ひ置き(四・用) し(助動・過・体) 言の葉、 今さら(副) 思ひ出で(下二・用) て(接助) あはれなり(ナリ・用) けれ(助動・過・已) ば、(接助) か(代) の(格助) 巻き物 の(格助) うち に、(格助)

言い残した言葉を、今になってまた思い出して感慨深かったので、あの巻物の中に、

さり ぬ べき 歌、 いくら も あり けれ ども、 勅勘 の 人 なれ ば、 名字 を ば
ラ変・用 助動・強・終 助動・適・体 副 係助 ラ変・用 助動・過・已 接助 格助 助動・断・已 接助 格助 係助
ふさわしい歌は、 いくらでもあったけれども、 天皇のおとがめを受けた人なので、 姓名を

あらはさ れ ず、 故郷 の 花 と いふ 題 にて よま れ たり ける 歌 一首 ぞ、
四・未 助動・尊・未 助動・打・用 格助 格助 四・体 格助 四・未 助動・尊・用 助動・完・用 助動・過・体 係助(係)
明らかになさらず、 「旧都の花」という題でおよみになっていた歌一首を、

「よみ人 知ら ず」 と 入れ られ ける。
四・未 助動・打・終 格助 下二・未 助動・尊・用 助動・過・体(結)
「よみ人知らず」としてお入れになった。

3 さざなみや 志賀 の 都 は 荒れ に し を 昔ながら の 山桜 かな
(枕) 格助 係助 下二・用 助動・完・用 助動・過・体 接助 格助 終助
志賀の旧都は荒れてしまったけれども、長等山の山桜は、昔のままに美しいなあ。

そ の 身、 朝敵 と なり に し うへ は、 子細 に 及ば ず と いひ ながら、
(代) 格助 格助 四・用 助動・完・用 助動・過・体 係助 格助 四・未 助動・打・終 格助 四・用 接助
その身が、 朝敵となってしまったからには、 あれこれ言ってもしかたがないというものの、

うらめしかり し ことども なり。
シク・用 助動・過・体 助動・断・終
残念だったことだ。

(巻七)

語句の解説 4

教717 108ページ 教719 96ページ

14 世静《よしず》まつ《ッ》て 壇《だん》の浦《うら》の戦いで平家が滅亡し、騒乱が収まったことをさす。

教717 109ページ 教719 97ページ

1 いくらも いくらでも。

副詞「いくら」+係助詞「も」。数や量が多い様子を表す。

2 勅勘《ちょっかん》の人《ひと》 天皇のおとがめを受けた人。後白河《ごしらかわ》法皇が、平家追討の院宣を下していたことをさす。

4 さざなみや志賀《しが》の都《みやこ》は荒《あ》れにしを 「さざなみや」は、土に「志賀」にかかる枕詞。「荒れにしを」は、天智《てんじ》天皇の志賀の都が、六七二年の壬申《じんしん》の乱によって荒廃したことをさす。

4 昔《むかし》ながらの山桜《やまざくら》かな 「ながら」は、「そのまま」という意味の「ながら」と、地名の「長等《ながら》(山)」の掛詞。長等山は、琵琶湖の西岸、志賀の都の背後にあった山。「志賀の都は荒れにしを」と「昔ながらの山桜かな」は、はかない人の世と、変わることのない自然

を対比したもの。

3 「さざなみや」の歌に用いられている修辞を指摘せよ。

学習の手引き

一 **忠度の発言からどのような覚悟と願望がうかがわれるか。本文中の表現を具体的に指摘しながら説明してみよう。**

解答例 ○覚悟

・「一門の運命はや尽き候ひぬ。」717 一〇七・5 719 九五・5

・「草の陰にても……遠き御守りでこそ候はんずれ。」717 一〇七・10 719 九五・10

・「今は西海の……思ひ置くこと候はず。」717 一〇八・2 719 九六・2

・「前途《せんど》ほど遠し、……雲に馳《は》す。」717 一〇八・9 719 九六・9

→一門の滅亡と自らの死に対する覚悟がうかがわれる。

○願望

・「撰集《せんじふ》のあるべきよし……嘆きと存ずる候《ざうら》ふ。」717 一〇七・5 719 九五・5

・「これに候ふ巻き物の……御恩をかうぶつて」717 一〇七・9 719 九五・9

→勅撰集への入集をぜひ果たしたいという歌人としての願望。

二 **忠度に対する俊成の言葉や態度から、どのような心情が読み取れるか、まとめてみよう。**

解答例 ・「さることあるらん。その人ならば……入れ申せ。」717 一〇六・6 719 九四・6→人々が「落人が帰ってきた」と言って騒ぎ合う中、忠度の気持ちを理解しようとする思いやりの気持ち。

・「かかる忘れ形見を給はり置き候ひぬる……感涙おさへがたう候へ。」717 一〇七・14 719 九五・14→忠度の様子に感動する気持ち。

・「後ろをはるかに見送つて立たれたれば、」717 一〇八・7 719 九六・7「いとど名残惜しう……入り給ふ。」717 一〇八・11 719 九六・11→死を決意して西国へ向かう忠度に対する慈愛と惜別の気持ち。

・「故郷の花といふ題にてよまれたりける歌一首ぞ、……入れられける。」717 一〇九・2 719 九七・2→忠度の生前の願いをかなえようとする気持ち。

三 **作者はこの出来事をどのように捉えているか。感想が示されている箇所を抜き出して説明してみよう。**

解答例 ・「ことの体《てい》、何となうあはれなり。」717 一〇七・1 719 九五・1

→忠度と俊成の対面を感慨深いものとして受けとめている。

・「その身、朝敵となりにしうへは、……うらめしかりしことどもなり。」717 一〇九・5 719 九七・5→俊成に和歌を託して都落ちしてゆく忠度の身の上を、しかたのないこととは思いながらも、名前も出せず一首しか入集できないことに同情し、残念なことと考えている。

言葉の手引き

一 **次の古語の意味を調べよう。**

1 あはれなり 717 一〇七・1 719 九五・1

答 「さざなみや」が「志賀」にかかる枕詞。「ながら」が「昔ながら」と「長等山」の掛詞。

2 おろかなり 717 一〇七・2 719 九五・2
3 しかしながら 717 一〇七・3 719 九五・3
4 間 717 一〇七・4 719 九五・4
5 やがて 717 一〇七・7 719 九五・7
6 ゆめゆめ 717 一〇七・15 719 九五・15
7 渡り 717 一〇七・15 719 九五・15
8 情け 717 一〇七・16 719 九五・16
9 さらば 717 一〇八・4 719 九六・4
10 いとど 717 一〇八・11 719 九六・11
11 ありし 717 一〇八・15 719 九六・15
12 勅勘 717 一〇九・2 719 九七・2

解答例 1 感慨深い 2 おろそかなさま。 3 すべて
4 …ので（原因・理由を示す）。 5 すぐに
6 （打消の語を伴って）決して（…ない）。 7 訪問
8 風流の心。 9 それでは 10 いっそう 11 生前の。
12 天皇のおとがめ。

二 第三段落から活用語の音便形を抜き出し、音便の種類ともとの形を答えよう。

解答例 ・「存ずまじう」 717 一〇七・15 719 九五・15→ウ音便・「まじく」
・「深う」 717 一〇七・16 719 九五・16→ウ音便・「深く」
・「おさへがたう」 717 一〇七・16 719 九五・16→ウ音便・「おさへがたく」
・「喜んで」 717 一〇八・1 719 九六・1→撥《はつ》音便・「喜びて」
・「さいてぞ」 717 一〇八・6 719 九六・6→イ音便・「さして」
・「見送つて」 717 一〇八・7 719 九六・7→促音便・「見送りて」
・「惜しう」 717 一〇八・12 719 九六・12→ウ音便・「惜しく」

能登《のと》殿の最期

【大　意】 1 教717 110ページ1行〜111ページ3行 教719 98ページ1行〜99ページ3行

能登守教経《のりつね》は、大太刀《おおだち》と大長刀《おおなぎなた》を左右に持ってなぎ回り、源氏《げんじ》の兵をたくさん討った。新中納言知盛《とももり》は使者を立てて、「罪を作りなさるな。」と伝えたが、教経は知盛の言葉を「大将軍《たいしょうぐん》に組め。」という意味だと理解し、義経《よしつね》と戦おうとした。

【品詞分解／現代語訳】

およそ〔副〕 能登守教経 の〔格助〕 矢先 に〔格助〕 まはる〔四・体〕 者 こそ〔係助（係）〕 なかり〔ク・用〕 けれ。〔助動・過・已（結）〕 矢だね の〔格助〕 ある〔ラ変・体〕 ほど 射尽くし〔四・用〕

だいたい能登守教経の矢が飛んでいく先に回っていく者はいなかった。（能登殿は）用意した矢をあるだけ射尽くして、

て、〔接助〕 今日 を〔格助〕 最後 と〔格助〕 や〔係助（係）〕 思は〔四・未〕 れ〔助動・尊・用〕 けん、〔助動・過推・体（結）〕 赤地 の〔格助〕 錦 の〔格助〕 直垂 に、〔格助〕 唐綾縅 の〔格助〕 鎧 着〔上一・用〕

今日を最後とお思いになったのだろうか、赤地の錦で作った鎧直垂に、唐綾縅の鎧を着て、

て、〔接助〕 いかものづくり の〔格助〕 大太刀 抜き、〔四・用〕 白柄 の〔格助〕 大長刀 の〔格助〕 鞘 を〔格助〕 はづし、〔四・用〕 左右 に〔格助〕 持つ〔四・用（音）〕 て〔接助〕 なぎ回り〔四・用〕

いかめしい外装の大太刀を抜き、白木の柄の大きな長刀の鞘を外し、左右の手に持ってなぎ倒して回りなさると、

補尊・四・体　接助　格助　下二・体　係助(係)　ク・体(結)　副　格助　四・未　助動・受・用　助動・完・用　助動・過・終

給ふ に、面 を 合はする 者 ぞ なき。多く の 者ども 討た れ に けり。新中納言、

面と向かって戦う者はいない。多くの者たちが討たれてしまった。新中納言は、

格助　下二・用　接助　ク・用(音)　副　四・用　補尊・四・用　終助　接　ク・体　係助　格助　四・用

使者 を 立て て、「能登殿、いたう 罪 な 作り 給ひ そ。さりとて、よき 敵 か。」と のたまひ

使者を立てて、「能登殿、あまり罪を作りなさるな。そんなになぎ回ったからといって、ふさわしい敵か(いや、そうではない)。」と

助動・過・已　接助　接　格助　四・命　(連語)　格助　下二・用　接助　ナリ・用　四・用(音)　接助　格助

けれ ば、「さては、大将軍 に 組め ごさんなれ。」と 心得 て、打ち物 茎短に 取つ て、源氏 の

おっしゃったので、(能登殿は)「それでは、大将軍に組めというのだな。」と理解して、太刀や長刀の柄の鍔もと近くを握って、源氏の

格助　四・用　四・用　四・用(音)　接助　四・終

舟 に 乗り移り 乗り移り、をめき叫ん で 攻め戦ふ。

舟に次から次へと乗り移って、わめき叫んで攻め戦う。

語句の解説　1

教717 110ページ　教719 98ページ

1 **矢先《やさき》にまは《ワ》る者《もの》こそなかりけれ**　矢が飛んでいく先に回っていく者はいなかった。
「矢先」は、「矢の飛んでいく先」の意。「矢先にまはる者」がいないのは、必ず射られて死ぬからであり、それだけ教経の弓が正確で強かったということである。強調を表す係助詞「こそ」があるため、過去の助動詞「けり」が已然形「けれ」となり、「こそ」の結びになっている。

3 **今日《きょう》を最後《さいご》とや思《おも》は《ワ》れけん**　「や」は疑問を表す係助詞。係り結びによって、過去推量の助動詞「けん」が連体形になっている。

8 **面《おもて》を合《あ》は《ワ》する者《もの》ぞなき**　面と向かって戦う者はいない。
「ぞ」は強調を表す係助詞。係り結びによって、文末の形容詞「なし」が連体形になっている。

11 **いたう《トウ》罪《つみ》な作《つく》り給《たま》ひ《イ》そ**　あまり罪を作りなさるな。
「いたう」は、形容詞「いたし」の連用形「いたく」のウ音便。「な」は禁止を表す副詞で、終助詞「そ」を伴い「…するな」という意味になる。教経が源氏の兵を無差別に殺していることに対して、知盛が「罪を作りなさるな。」と言ったのである。

12 **よき敵《かたき》か**　ふさわしい敵か(いや、そうではない)。
「よき」は、形容詞「よし」の連体形。討つのにふさわしい、立派な敵だろうかと言っているのである。「か」は、反語の係助詞。

14 **大将軍《たいしょうぐん》に組《く》めごさんなれ**　「ごさんなれ」は「にこそあるなれ」が変化した形で、「…のだな。」という意味。「に」は断定の助動詞「なり」の連用形、「こそ」は係助詞、「ある」はラ変の動詞「あり」の連体形、「なれ」は推定の助動詞「なり」の已然形。教経

は、知盛の言葉を、大将軍と戦って討てという意味に理解したの　——　である。

【大　意】　2　教717 111ページ3行～112ページ1行　教719 99ページ3行～100ページ1行

義経は教経に立ち向かう様子を見せつつ、あれこれ行き違うようにしていた。しかし、教経は義経の舟に乗り合わせ、義経に飛びかかった。すると、義経は味方の舟にひらりと乗り移り、教経は続いて飛ぶことができなかった。

【品詞分解／現代語訳】

判官 を 見知り 給は ね ば、物の具 の よき 武者 を ば 判官 か と 目 を かけ て、
格助　四・用　補尊・四・未　助動・打・已　接助　格助　ク・体　格助　係助　係助　格助　格助　下二・用　接助
（能登殿は）判官（＝義経）を見知っておられないので、武具の上等な武者を判官かと注意して見て、

馳せ回る。判官 も 先に 心得 て、面 に 立つ やうに は し けれ ども、とかく 違ひ て
四・終　係助　副　下二・用　接助　格助　四・体　助動・様・用　係助　サ変・用　助動・過・已　接助　副　四・用　接助
駆け回る。判官もすでに気づいていて、（能登殿の）正面から立ち向かう様子はしたけれども、あれこれ行き違うように

能登殿 に は 組ま れ ず。されども、いかが し たり けん、判官 の 舟 に
格助　係助　四・未　助動・尊・未　助動・打・終　接　副　サ変・用　助動・完・用　助動・過推・体　格助　格助
して能登殿にはお組みにならない。しかし、どうしたのだろうか、（能登殿は）判官の舟に

乗りあたつ て、あはや と 目 を かけ て 飛ん で かかる に、判官 かなは じ と や
四・用（音）　接助　感　格助　格助　下二・用　接助　四・用（音）　接助　四・体　接助　四・未　助動・打推・終　格助　係助（係）
偶然乗り合わせて、それっと（判官を）目がけて飛びかかると、判官はかなわないだろうとお思いになったのか、

思は れ けん、長刀 脇 に かいはさみ、味方 の 舟 の 二丈 ばかり 退い たり ける
四・未　助動・尊・用　助動・過推・体（結）　格助　四・用　格助　格助　副助　四・用（音）　助動・存・用　助動・過・体
長刀を脇に抱えるようにしてはさみ、味方の舟で二丈ほど離れていたものに、

に、ゆらりと 飛び乗り 給ひ ぬ。能登殿 は、早業 や 劣ら れ たり けん、
格助　副　四・用　補尊・四・用　助動・完・終　係助　係助（係）　四・未　助動・尊・用　助動・存・用　助動・過推・体（結）
ひらりと飛び乗りなさった。能登殿は、早業は劣っておられたのだろうか、

やがて 続い て も 飛び 給は ず。
副　四・用（音）　接助　係助　四・用　補尊・四・未　助動・打・終
すぐに続いてはお飛びにならない。

語句の解説 2

教717 111ページ 教719 99ページ

3 **判官《ほうがん》を見知《みし》り給《たま》は《ワ》ねば** 判官を見知っておられないので。
「ね」は打消の助動詞「ず」の已然形。「ば」は接続助詞。已然形＋「ば」で、原因・理由を表す順接の確定条件になっている。

6 **判官《ほうがん》も先《さき》に心得《こころえ》て** 自分を討とうと、教経が探していることに、義経は気づいていたのである。

7 **面《おもて》に立《た》つやう《ヨウ》にはしけれども** この後に「とかく違ひて能登殿には組まれず。」「判官かなはじとや思はれけん、」とあるように、義経は、まともに戦っては教経にはかなわないと思っていたと考えられるが、大将軍が逃げ回っていては、全体の士気が下がる。そこで、源氏の指揮官として、表面上は面と向かって戦う姿勢を示したのである。

11 **あは《ワ》や** それっ。差し迫った事態や重大な出来事に遭遇したときに発する言葉。「あっ」「たいへんだ」などといったニュアンスを表すこともある。

1 「あはや」にはどのような気持ちがこめられているか。

答 探していた義経を見つけて、一気に決着をつけようという緊迫した気持ち。

12 **判官《ほうがん》かなはじとや思《おも》は《ワ》れけん** 「じ」は打消推量の助動詞の終止形。「や」は疑問を表す係助詞。係り結びによって、過去推量の助動詞「けん」が連体形になっている。

13 **味方《みかた》の舟《ふね》の二丈《にじょう》ばかり退《の》いたりけるに** 味方の舟で二丈ほど離れていたものに。
「味方の」の「の」は連体修飾語、「舟の」の「の」は同格を表す。

16 **早業《はやわざ》や劣《おと》られたりけん** 「早業」は、直前で義経が見せた、二丈も離れた舟に素早く乗り移るような動きのこと。

【大　意】 3 教717 112ページ1～7行 教719 100ページ1～7行

教経はもはやこれまでと思い、刀を海へ投げ入れ、甲も脱ぎ捨てた。そして、周囲を威圧する様子で立ち、「生け捕りにしろ。」と源氏を挑発した。しかし、教経に寄る者はいなかった。

【品詞分解／現代語訳】

今 は(係助) かう(副) と(格助) 思は(四・未) れ(助動・尊・用) けれ(助動・過・已) ば(接助)、太刀、長刀 海 へ(格助) 投げ入れ(下二・用)、甲 も(係助) 脱い(四・用(音)) で(接助) 捨て(下二・未)
(能登殿は)今はこれまでとお思いになったので、太刀、長刀を海へ投げ入れ、甲も脱いでお捨てになった。

られ(助動・尊・用) けり(助動・過・終)。鎧 の(格助) 草摺 かなぐり捨て(下二・用)、胴 ばかり(副助) 着(上一・用) て(接助)、大童 に(格助) なり(四・用)、大手 を(格助) 広げ(下二・用) て(接助) 立た(四・未)
鎧の草摺を引きちぎって捨て、胴だけを着て、束ねた髪が解けて乱れ髪になり、肩から手先までを広げてお立ちに

助動・尊・用／助動・完・終／副／格助／四・用(音)／接助／係助(係)／下二・用／助動・完・用／助動・過・体(結)／シク・終／副助／係助

れ たり。 およそ あたり を はらつ て ぞ 見え たり ける。 恐ろし なんど も

なった。 全く、周囲を威圧して人を寄せつけない様子に見えたのだった。 恐ろしいなどという言葉では

ナリ・終／格助／下二・用／接助／(代)／格助／四・未／助動・婉・体／係助／四・用(音)／接助／格助／四・用(音)

おろかなり。 能登殿 大音声 を 上げ て、「我 と 思は ん 者ども は、寄つ て 教経 に 組ん

言い尽くせないほどである。能登殿は大声をあげて、「我こそはと思うような者どもは、近寄って教経と組んで

接助／格助／サ変・命／格助／四・用(音)／接助／格助／四・用(音)／接助／四・未／助動・意・終／格助／四・体

で 生け捕り に せよ。 鎌倉 へ 下つ て、頼朝 に 会う て、もの ひとこと 言は ん と 思ふ

生け捕りにしろ。 鎌倉へ下って、 頼朝に会って、 ものをひとこと言おうと思うぞ。

終助／四・命／間助／四・命／格助／四・已／接助／四・体／係助／ク・用／助動・過・終

ぞ。 寄れ や 寄れ。」 と のたまへ ども、 寄る 者 一人 も なかり けり。

さあ寄れ、寄れ。」とおっしゃるけれども、 寄る者は一人もいなかった。

語句の解説 3

教717 112ページ　教719 100ページ

1 今《いま》はかう《コウ》と思《おも》は《ワ》れければ　「けれ」は、過去の助動詞「けり」の已然形。「ば」は接続助詞。已然形＋「ば」で、理由を表す順接の確定条件になっている。「今はこれまで」と思ったというのは、教経がいよいよ死を決意したということ。

3 あたりをはらつ《ツ》てぞ見《み》えたりける　「ぞ」は強調を表す係助詞。係り結びによって、文末にある過去の助動詞「けり」が連体形になっている。教経の鬼気迫る様子が強調されている。

4 恐《おそ》ろしなんどもおろかなり　恐ろしいなどという言葉では言い尽くせないほどである。「なんど」は例示の副助詞で、「など」と同じ意味。「おろかなり」は、この場合、「…では言い尽くせない、表現が不十分だ」という意味を表している。

【大　意】 4　教717 112ページ8行〜113ページ4行　教719 100ページ8行〜101ページ4行

安芸太郎実光《あきのたろうさねみつ》とその家来、弟の次郎《じろう》が三人で教経に討ってかかった。しかし、教経はその家来を海へ蹴り入れ、太郎と次郎を両脇にはさみ、「死途《しで》の山の供をしろ。」と言って海へさっと入った。生年二十六歳であった。

【品詞分解／現代語訳】

接／格助／格助／サ変・用／助動・過・体／格助／格助／格助

ここに、 土佐の国 の 住人、 安芸郷 を 知行 し ける 安芸 の 大領 実康 が 子 に、

さて、 土佐の国の住人で、 安芸郷を支配した安芸の郡の長官である実康の子に、

安芸太郎実光とて、三十人が力持つたる大力の剛の者あり。我にちつとも劣らぬ
安芸太郎実光といって、三十人分の力を持っている大力の武勇に優れた者がいた。自分に少しも劣らない家来が一人、

郎等一人、弟の次郎も普通にはすぐれたるしたたか者なり。安芸太郎、能登殿を見
(そして)弟の次郎も人並み以上に力を持っている気丈な者である。安芸太郎が、能登殿を見申し上げて申

たてまつて申しけるは、「いかに猛うましますとも、我ら三人とりついたらんに、
したことには、「どんなに勇猛でいらっしゃっても、我ら三人が取りついたとしたら、

たとひ丈十丈の鬼なりとも、などか従へざるべき。」とて、主従三人小舟に
たとえ背丈十丈の鬼であっても、どうして従わせられないでしょうか(いや、従わせられる)。」と言って、主従三人が小舟に

乗つて、能登殿の舟に押し並べ、「えい。」と言ひて乗り移り、甲の錣をかたぶけ、太刀
乗って、能登殿の舟に強引に並べ、「えい。」と言って乗り移り、甲の錣を傾け、太刀

を抜いて一面に討つてかかる。能登殿ちつとも騒ぎ給はず、まつ先に進ん
を抜いて並んでいっせいに討ってかかる。能登殿は少しも騒ぎなさらず、真っ先に進んだ

だる安芸太郎が郎等を、裾を合はせて海へどうど蹴入れ給ふ。続いて寄る
安芸太郎の家来を、裾と裾が合うほど引き寄せて海へどさっと蹴り入れなさる。続いて寄ってくる

安芸太郎を弓手の脇に取つてはさみ、弟の次郎をば馬手の脇にかいはさみ、
安芸太郎を左手の脇に捕まえてはさみ、弟の次郎を右手の脇に抱えるようにしてはさみ、

ひと締め締めて、「いざ、うれ、さらばおのれら、死途の山の供せよ。」とて、生年二十六にて
一度ぐっと締めて、「さあ、きさまら、それではおまえたちが、死途の山の供をしろ。」と言って、生年二十六歳で

海（格助）**へ**　**つつと**（副）　**ぞ**（係助（係））　**入り**（四・用）　**給ふ。**（補尊・四・体（結））

海へさっとお入りになる。

（巻十一）

語句の解説 4

教717 112ページ　教719 100ページ

9 **剛《こう》の者《もの》**　武勇にすぐれた者。
「剛」は、「力が強いこと、勇猛であること」の意。

11 **いかに猛《たけ》うましますとも**　どんなに勇猛でいらっしゃっても。
「いかに…とも」は、逆接的な条件を表し、後に続く推量表現（「などか従へざるべき」）を強調している。「猛う」は、形容詞「猛し」の連用形ウ音便。「まします」は、尊敬の補助動詞。

11 **我《われ》ら三人《さんにん》とりついたらんに**　我ら三人が取りついたとしたら。
「たら」は、完了の助動詞「たり」の未然形。「ん」は仮定の助動詞「ん」の連体形。仮定条件を表している。

12 **たとひ《イ》丈《たけ》十丈《じゅうじょう》の鬼《おに》なりとも**　「たとひ」は副詞。下に「とも」などの助詞を伴って、逆接の仮定条件を表す。

12 **などか従《したが》へ《エ》ざるべき**　どうして従わせられないでしょうか（いや、従わせられる）。
「などか」は、副詞。ここでは反語の意味。反語の副詞があるため、文末の助動詞「べし」が連体形「べき」になっている。

13 **甲《かぶと》の錣《しころ》をかたぶけ**　顔面を射られないように前傾姿勢をとって、教経にかかっていったのである。

16 **弓《ゆん》手《で》**　左手。
「ゆみて」の変化した形。弓を持つ手、すなわち左手のこと。

16 **馬《め》手《て》**　右手。
馬上で手綱を持つ手、すなわち右手のこと。

教717 113ページ　教719 101ページ

2 **死《し》途《で》の山《やま》の供《とも》せよ**　「死途の山」は、死後の世界にあるとされる険しい山。教経が、安芸太郎と次郎を道連れにして、自ら命を絶とうとしている。

3 **つつ《ッ》と**　さっと。
動作がすばやい様子を表す副詞。教経が何のためらいもなく海へ飛び込み、命を絶ったことが読み取れる。

学習の手引き

一 「能登殿、いたう罪な作り給ひそ。さりとて、よき敵《かたき》か。」（717 二〇・11　719 九六・11）という言葉を、知盛はどのような意図で発し、教経はそれをどのように受け取ったのか、それぞれ説明してみよう。

考え方　知盛に答えた教経の言葉、「さては、大将軍に組めごさんなれ。」（717 二〇・13　719 九六・13）とあわせて考えてみよう。

解答例　・知盛…教経にとって「よき敵」とはいえない兵士たちをむやみに殺すな、という意図。　・教経…小者を相手にせず、大将軍（＝判官・源義経）を討て、という意味。

二　教経の戦いぶりを、本文中の表現を具体的に指摘しながら整理しよう。

解答例　①「およそ能登守教経の……討たれにけり。」717 二〇・1 719 九八・1

②「打ち物茎短《くきみじか》に……をめき叫んで攻め戦ふ。」717 二一・1 719 九九・1

③「判官の舟に乗りあたつて……飛んでかかるに、」717 二一・10 719 九九・10

④「能登殿は、……続いても飛び給はず。」717 二一・16 719 九九・16

⑤「今はかうと……一人《いちにん》もなかりけり。」717 二三・1 719 一〇〇・1

⑥「能登殿ちつとも……つつとぞ入り給ふ。」717 二三・14 719 一〇〇・14

①②からは、弓にも刀にも優れ、豪胆な武人であったこと、③④からは、勢いは強いが、身軽な点では義経の早業にかなわなかったこと、⑤⑥からは、最期にのぞんでも騒がず、堂々とした態度で相手を圧倒する武人であったことがうかがえる。

三　教経・義経・知盛の三人の武人の人物像をまとめ、感想を述べ合おう。

考え方　それぞれの言動を描写している部分から人物像を捉え、どの人物に惹かれるかなどについてまとめてみるとよい。

解答例　〔人物像〕・教経…武術に優れた勇猛果敢な武将で、怪力の持ち主でもある。

・義経…かなわないと思えば退いて機敏に立ち回る、融通《ゆうずう》無碍《むげ》なところのある人物。

・知盛…家の末路を見極めて、むやみな殺生は罪であると考える、冷静沈着な知将。

実際の戦闘の場において、それぞれの人間性までうかがわせる描写はすばらしく、それぞれに魅力をもった武将たちである。

言葉の手引き

一　次の古語の意味を調べよう。

1 な 717 二〇・12 719 九八・12　2 物の具 717 二一・4 719 九九・4

3 あはや 717 二一・11 719 九九・11　4 知行 717 二三・8 719 一〇〇・8

5 したたか者 717 二三・10 719 一〇〇・10

6 などか 717 二三・12 719 一〇〇・12

7 弓手 717 二三・16 719 一〇〇・16

8 馬手 717 二三・16 719 一〇〇・16

解答例　1　（下に「そ」を伴って）…するな。　2　武具

3　それっ　4　土地を領有し支配すること。　5　気丈な者。

6　どうして…か。　7　左手　8　右手

二　「今日を最後とや思はれけん、」（717 二〇・3 719 九八・3）のような挿入句を本文中から抜き出し、文型や役割など、わかったことを発表しよう。

考え方　「今日を最後とや思はれけん、」の「けん」は過去推量の助動詞である。同じように過去推量の助動詞が用いられている部分、つまり、作者が人物の様子や心情を推し量って述べている部分を探す。また、挿入句には、この「最後とや思はれけん」のように、係り結びになっているものが多いので、係り結びにも注目。

解答例　・「いかがしたりけん、」717 二一・9 719 九九・9

・「判官かなはじとや思はれけん、」717 二二・12 719 九九・12
・「早業や劣られたりけん、」717 二二・16 719 九九・16
〔文型や役割〕
・挿入句部分に係り結びが用いられて、その部分だけで完結する形になっている。
・過去推量の「けん」を用いて、作者の感想や推測をはさみ込んでいる。

言語活動　もう一つの『平家物語』

教717 P.114　教719 P.102

活動の手引き

一　教師が黒板に書いて示した、天草版《あまくさばん》『平家物語《へいけものがたり》』の「忠度《ただのり》の都落ち」冒頭のローマ字表記の一文を、「読み方のルール」に従って、片仮名書きに改めてみよう。

解答例　タダノリ　ワ　ドコ　カラ　ヒキカエサレタカ

二　「忠度の都落ち」の冒頭について、助動詞や助詞、敬語の使い方に注目して、教科書の本文と天草版『平家物語』とを比較し、違いをまとめてみよう。

解答例　・冒頭の人物名…教科書本文では「薩摩守忠度」と官職名をつけているが、天草版では「忠度」と名前だけで書かれている。

・助動詞…教科書本文の「帰られたりけん」717 一〇六・1 719 九四・1は、天草版では時制を表す助動詞「たり・けん」が簡略化されて「引き返された」になっており、現代の話し言葉に近くなっている。

・助詞…①教科書本文「いづくよりや」の疑問の係助詞「や」と、その後の「けん(連体形)」に用いられている係り結びは、天草版では省略されて、句末の助詞「か」だけで疑問を表している。

②教科書本文の「侍《さぶらひ》五騎、童《わらは》一人《いちにん》、わが身ともに」717 一〇六・1 719 九四・1は、天草版では「侍を五人連れて」というように、助詞「を」や述語「連れて」を補って、わかりやすくなっている。

・敬語…教科書本文「五条の三位《さんみ》俊成卿《しゆんぜいきやう》の宿所におはして見給へば」717 一〇六・2 719 九四・2については、天草版では俊成の官職名が省かれて「俊成卿」と名前だけになり、忠度への敬意を表す「おはして見給へば」は、「うち寄せて見らるれば」というように、「おはす」「給ふ」という敬語動詞が省かれ、尊敬の助動詞「らる」だけの簡単な表現になっている。

・その他…教科書本文「門戸を閉ぢて開かず」717 一〇六・2 719 九四・2が「門を閉ぢて開かなんだ」となっていたり、「落人帰り来たり。」717 一〇六・3 719 九四・3が「落人が帰り上った。」となっていたりして、より口語的で現代の話し言葉に近い表現になっている。

このように、助詞を補い、助動詞や敬意を表す言葉を簡略化した天草版の表現は、鎌倉時代から室町時代末期へと移行する時代の言葉の変遷を反映しつつ、外国人宣教師たちにわかりやすいように工夫して書かれたものであるとも考えられる。この部分以降の文章についても読み比べて、その違いをまとめてみよう。

和歌・俳諧

●和　歌

日本文学の韻文の中で最も大きな位置を占めるのが和歌である。各時代を代表する歌集が編まれ、その作風や題材は、当時の社会や、風土、思想などを色濃く反映していて、歴史的な資料としての意義もきわめて大きく、その他の文学への影響もはかりしれない。

広義には、短歌、長歌、旋頭歌、仏足石歌《ぶっそくせきか》などの総称が和歌であるが、現代まで続いて作られてきたのは短歌がほとんどである。

『万葉集《まんようしゅう》』

現存する最古の和歌集。二十巻。七五九年以後に二十巻の形になったと考えられる。撰者は未詳であるが、各巻によって方針が大きく異なることから、複数の撰者が関わったと考えられる。大《おお》伴家持《とものやかもち》が最終的な撰者だとする説が有力。歌数は約四千五百首で、天皇から庶民まで、さまざまな階層の人々の歌が収められ、感情を素直に表現する素朴でおおらかな歌風が特徴。

『古今《こきん》和歌集』

最初の勅撰《ちょくせん》和歌集。二十巻。九〇五年ごろに成立。撰者は紀貫《きのつら》之《ゆき》、紀友則《とものり》、壬生忠岑《みぶのただみね》、凡河内躬恒《おおしこうちのみつね》の四人。歌数は約千百首。優雅で女性的な歌風が特徴。後に続く勅撰和歌集の範とされ、後世まで最も尊重された歌集。漢詩文全盛の時代から仮名文学への転換をはかる、歴史的にも重要な意義を持つ。

『新古今《しんこきん》和歌集』

第八番目の勅撰和歌集。二十巻。一二〇五年に成立。後鳥羽院《ごとばいん》の院宣による。撰者は源通具《みなもとのみちとも》、藤原有家《ふじわらのありいえ》、藤原定家《さだいえ》、藤原家隆《いえたか》、藤原雅経《まさつね》、寂蓮《じゃくれん》の六人。歌数は約二千首。すべて短歌である。歌風は華麗、優美で、観念を感覚的に形象化する象徴表現に特徴がある。公的な場で、定められた題についてよむことが盛んに行われたため、和歌はもはや、現実の情景を表現するだけのものではなくなっていたのである。

●俳　諧

俳諧《はいかい》は、和歌の長い伝統から生まれた文芸である。五七五の句（長句）と七七の句（短句）を複数の作者が交互によんでいく連歌《れんが》が生まれ、その連歌の伝統を受け継ぐのが俳諧である。最初の句が「発句《ほっく》」で、長句と短句を連ねるのが「連句」である。俳諧はこの発句と連句の両方を含んだ呼び名である。本来は滑稽な連歌のことを「俳諧の連歌」と呼んでいたが、近世になって、俳諧が文芸としての形式を確立した。俳諧を、高い芸術性を備えた短詩文学として完成させたのは、松尾芭蕉《まつおばしょう》とその一門である。近世には、連句中心から発句中心へと転換されるが、連句が否定されたわけではなかった。俳句が「俳句」として独立するのは、近代になってからである。俳句は、最も短い短詩文学として、現在まで受け継がれている。

万《まん》葉《えふ》集《しふ》

【品詞分解／現代語訳】　教717 116ページ　教719 104ページ

天皇、蒲生野 に(格助) 遊猟 する(サ変・体) とき に、(格助) 額田王 の(格助) 作る(四・体) 歌　　額田王《ぬかたのおほきみ》

天皇が、蒲生野で御狩りをするときに、額田王が作る歌

あかねさす(枕) 紫野 行き(四・用) 標野 行き(四・用) 野守 は(係助) 見(上一・未) ず(助動・打・終) や(係助) 君(代) が(格助) 袖 振る(四・体)

（あかね色が映えるような）紫草の生える標野を行ったり来たりなさって、野の番人は見ないでしょうか。あなたが袖を振るのを。

（巻一）

語句の解説　教717 116ページ　教719 104ページ

2 あかねさす　「日」「昼」「紫」などにかかる枕詞。

2 野守《のもり》は見《み》ずや　野の番人は見ないでしょうか。

「野守」は、野で見張りをする人。「や」は、疑問を表す係助詞。

2 袖振《そでふ》る　相手に対して呼びかけのために袖を振って見せたか。

「振る」は連体形。

鑑賞

天智《てんじ》天皇の薬狩りの宴席で歌われた座興の歌か。大海人皇子《おおあまのみこ》の妻であった額田王の歌であり、すぐ後に皇子が答える歌が続くことから、天智天皇と大海人皇子との間で妻を争う歌と考えられてきたが、現在では宴席での歌のやりとりと考えられている。四句切れ。

【品詞分解／現代語訳】　教717 116ページ　教719 104ページ

皇太子 の(格助) 答ふる(下二・体) 御歌　　大海人皇子《おほあまのみこ》

皇太子が答える御歌

紫草 の(格助) にほへ(四・已) る(助動・存・体) 妹 を(格助) 憎く(ク・用) あら(ラ変・未) ば(接助) 人妻 ゆゑ に(格助) 吾(代) 恋ひ(上二・未) め(助動・推・已) や(係助) も(終助)

紫草のように美しいあなたを（もし）憎く思うのなら、（あなたは）人妻なのだから私が恋するであろうか（いや、恋などしない）。

（巻一）

語句の解説　教717 116ページ　教719 104ページ

4 紫草《むらさき》の　紫草《むらさきぐさ》のように。

「紫草」は、染料の色。前の歌からの連想で用いた言葉。「の」は、

比喩を表す格助詞。

4妹《いも》　男性が女性を、親しみをこめて呼ぶ言い方。対義語は「兄《せ》」。

4恋《こ》ひ《イ》めやも　恋するであろうか(いや、恋などしない)。「や」は反語を表す係助詞。「も」は詠嘆を表す終助詞。

鑑賞

すぐ前の額田王の歌に答える大海人皇子の歌。額田王は初め、大海人皇子に嫁ぎ、十市皇女《とおちのひめみこ》を生んでいるが、その後、天智天皇に召されたともいう。句切れなし。

【品詞分解／現代語訳】 教717 116ページ　教719 104ページ

山上憶良臣、宴	を	罷る	歌
	格助	四・体	

山上憶良《やまのうへのおくら》

山上憶良臣が、宴を退出する歌

憶良ら	は	今	は	罷ら	む	子	泣く	らむ	それ	そ	の	母	も	吾	を	待つ	らむ	そ
	係助		係助	四・未	助動・意・終		四・終	助動・現推・終	接	(代)	格助		係助	(代)	格助	四・終	助動・現推・体	終助

(巻三)

憶良めは、今はもう退出いたします。今ごろ(家で)子が泣いているでしょう。そもそもその(子の)母親も私を待っているでしょう。

語句の解説 教717 116ページ　教719 104ページ

5罷《まか》る　退出する。目上の人の前から許しを得て退出する意の謙譲語。

7それ　そもそも。接続詞。漢文の訓読に用いられる用法。

7その母《はは》　その(子の)母親。自分の妻を婉曲に表現した言い方。

鑑賞

宴席から途中で退出することの許しを乞う内容の歌。自分の名前を最初に挙げ、自分を卑下するように「憶良ら」とするあたりも、宴席の笑いを誘う意図があろうか。「子供が泣いているだろうから」という口実や、妻を「子供の母」というように婉曲に表す言い方にもユーモラスな表現が見える。二句・三句切れ。

【品詞分解／現代語訳】 教717 116ページ　教719 104ページ

山部宿禰赤人	が	作る	歌
	格助	四・体	

山部赤人《やまべのあかひと》

山部宿禰赤人が作る歌

み吉野	の	象山	の	際	の	木末	に	は	ここだ	も	騒く	鳥	の	声	かも
	格助		格助		格助		格助	係助	副	係助	四・体		格助		終助

(巻六)

吉野の象山の山あいの木々の梢には、たくさん鳴きざわめいている鳥の声がすることだなあ。

語句の解説　教717 116ページ　教719 104ページ

9　際《ま》　ものとものの間。「象山《きさやま》の際《ま》」で、「象山の山あい」。

10　かも　終助詞。詠嘆の意を表す。

鑑賞

吉野《よしの》に造られた離宮を賛美する長歌に対する反歌のうちの一首。鳥の騒ぐ鳴き声をよむことによって、かえって山あいの静寂を想起させる。句切れなし。

【品詞分解／現代語訳】　教717 117ページ　教719 105ページ

柿本朝臣人麻呂、石見の国 より 妻 に 別れ て 上り来る とき の 歌　　柿本人麻呂《かきのもとのひとまろ》

柿本朝臣人麻呂が、石見の国から妻と別れて都に上ってくるときの歌

石見の海 角の浦廻 を 浦 なし と 人 こそ 見 らめ 潟 なし と 人 こそ 見 らめ

石見の海の角の浦の湾曲した海岸を、よい浦がないと人は見るだろうが、よい潟がないと人が見るだろうが、

よしゑやし 浦 は なく とも よしゑやし 潟 は なく とも 鯨魚取り 海辺 を さし て 和多豆 の 荒磯 の 上 に

ええ、ままよ、よい浦はなくとも、ええ、ままよ、よい潟はなくとも（鯨をとる）海辺をめざして和多豆の荒磯の上に

か青く 生ふる 玉藻 沖 つ 藻 朝羽振る 風 こそ 寄せ め 夕羽振る 波 こそ 来寄れ 波 の むた か 寄り

青々と生える美しい玉のような藻や沖の藻は、朝、鳥が羽を振るように風が寄せるだろうが、夕方に鳥が羽を振るように波が寄せて来るだろうが、波といっしょにこう寄ったり、

かく 寄る 玉藻なす 寄り寝 し 妹 を 露霜の 置き て し 来れ ば こ の 道 の 八十隈ごと に

ああ寄ったりする美しい藻のように寄り添って寝た妻を（露や霜のように）置いてきたので、この道の数多くの曲がり角ごとに

よろづたび 顧みすれ ど いや遠に 里 は 放り ぬ いや高に 山 も 越え来 ぬ 夏草の 念ひしなえ て

何度も何度も振り返って見るのだが、いよいよ遠く里は離れてしまった。いよいよ高く山も越えて来てしまった。今ごろ（夏草のように）思いしおれて

偲ふ らむ 妹 が 門 見 む 靡け こ の 山

（私を）慕っているだろう妻の家の門を見ようと思う。なびき伏せよ、この山よ。

（巻二）

語句の解説 教717 117ページ 教719 105ページ

2 **人《ひと》こそ見《み》らめ** 人は見るだろうが。

「こそ」→「らめ」係り結び。ここで切れず逆接で続く。

3 **鯨魚取《いさなと》り** 「海」にかかる枕詞《まくらことば》。

4 **玉藻《たまも》** 美しい藻。「玉」は美称。

6 **露霜《つゆしも》の** 「置き(置く)」にかかる枕詞。

7 **よろづ《ズ》たび** 一万回。きわめて回数が多いことをいう。

7 **いや遠《とお》に** いよいよ遠く。

「いや」は接頭語。甚だしい様子を表す。

8 **夏草《なつくさ》の** 「念《おも》ひしなえ(念ひしなゆ)」にかかる枕詞。

8 **偲《しの》ふ《ウ》らむ《ン》** 慕っているであろう。

「偲ふ」は四段活用の動詞。「忍ぶ」(上二段活用)とは本来別の語。「らむ」は、現在推量の助動詞の連体形。

8 **靡《なび》けこの山《やま》** なびき伏せよ、この山よ。

「靡く」は、低くなって従う様子を表す。自然の山に対して命じている。

【品詞分解/現代語訳】 教717 117ページ 教719 105ページ

反歌 二首

石見	の	や	高角山	の	木	の	際	より	我	が	振る	袖	を	妹	見	つ	らむ	か
	格助	間助		格助		格助		格助	(代)	格助	四・体		格助		上一・用	助動・強・終	助動・現推・体	係助

石見の高角山の木の間から私が振る袖を妻はきっと見ているだろうか。

小竹	の	葉	は	み山	も	清に	さやげ	ども	吾	は	妹	思ふ	別れ来	ぬれ	ば
	格助		係助		係助	ナリ・用	四・已	接助	(代)	係助		四・終	カ変・用	助動・完・已	接助

(巻二)

笹の葉は、山に満ちてさわさわと風に吹かれて乱れているが、私は妻(だけを)思っている。別れてきてしまったので。

語句の解説 教717 117ページ 教719 105ページ

10 **石見《いわみ》のや** 「や」は間投助詞。句の音数を整える働きをしている。

11 **見《み》つらむ《ン》か** 見ているだろうか。

「つ」は強意の助動詞。「らむ」は現在推量の助動詞の連体形。

12 **清《さや》に** 形や音がはっきりしているさま。さやさやと鳴る音も投影している。

12 **さやげども** (風に吹かれて)乱れているが。

鑑賞

妻と別れてきた悲しみをよんだ長歌とその反歌二首である。長歌では、対句をふんだんに用いてたたみかけるような感情を表現し、作者の石見への愛着やそこに住む妻への強い愛情を表現している。「靡けこの山」と自然を従わせようとする強い言葉にもそれが表れている。反歌の「石見のや」では、妻の視点を思うような転換がなされており、「小竹《ささ》の葉は」では、乱れ動く山の笹の葉に対して、―自分の心が真っすぐに妻に向かっていることをうたっている。

【品詞分解／現代語訳】 教717 117ページ　教719 105ページ

二十三日 に、 興 に 依り て 作る 歌
（に 格助／に 格助／依り 四・用／て 接助／作る 四・体）

大伴家持《おほとものやかもち》

二十三日に、心に感興を催して作る歌

春 の 野 に 霞 たなびき うら悲し こ の 夕かげ に 鶯 鳴く も
（の 格助／に 格助／たなびき 四・用／うら悲し シク・終／こ （代）／の 格助／に 格助／鳴く 四・体／も 終助）

（巻十九）

春の野に霞が薄く横に引いてなんとなくもの悲しい。この夕方の光の中で鶯が鳴いているのだなあ。

語句の解説 教717 117ページ　教719 105ページ

14 **興《きょう》に依《よ》りて**　感興を催して。
心に興が起こるのに任せて作ったという意味。

15 **霞《かすみ》たなびき**　霞が薄く横に引いて。
霞が立つのは春の情景。

15 **うら悲《がな》し**　なんとなくもの悲しい。
「かなし」には「かわいい、いとしい」「かわいそうだ」などの意味もある。

15 **夕《ゆう》かげ**　「かげ」は本来、光輝くもののことをさす。転じて、光によってできる形や姿などをさす語になった。

15 **鳴《な》くも**　鳴いているのだなあ。「も」は詠嘆の意の終助詞。

鑑賞

七五三（天平勝宝《てんぴょうしょうほう》五）年二月二十三日にうたわれた歌二首のうちの一首。春の景色を前にして、もの悲しい自らの心情をうたっている。歌の中にその悲しみの理由は表れていないが、古来の名族大伴氏を背負う家持としては、藤原《ふじわら》氏の台頭の時代にあって、政界での失意と無関係とも思われない。三句切れ。

【品詞分解／現代語訳】 教717 118ページ　教719 106ページ

（東歌《あづまうた》）

信濃道 は 今 の 墾道 刈株 に 足 踏ま しむ な 沓 履け わ が 背
（は 係助／の 格助／に 格助／踏ま 四・未／しむ 助動・使・終／な 終助／履け 下二・命／わ （代）／が 格助）

（巻十四）

信濃道は、新しく切り開いて作った道です。(馬に)木の切り株を足で踏ませないで。履き物を履かせなさい、わが夫よ。

語句の解説

教717 118ページ　教719 106ページ

2 **刈株《かりばね》**　木の切り株。

新しく作った道なので、木の切り株が残っているのである。

2 **足踏《あしふ》ましむな**　足で(切り株を)踏ませないで。

「しむ」は使役の助動詞。足は馬の足ととる。

2 **沓履《くつは》けわが背《せ》**　履き物を履かせなさい、わが夫よ。

「履け」は、四段活用だと自動詞で「履きなさい」になるが、下二段活用(命令形で「―よ」がつかない形)だと他動詞で「履かせなさい」になる。ここは下二段とする。

鑑賞

「信濃道《しなのぢ》」が開通したばかりといっているので、年代が明らかである東歌といえる。その信濃道を通って行く夫に対してうたう妻の歌である。「足踏ましむな」の足が夫の足なのか、馬の足なのか、迷うところだが、「沓履け」の「履け」が他動詞であるとすれば、馬の足ということになろう。ただ、夫の足と解釈することも可能である。馬の足であっても、馬のことを気遣うことは、同時にその馬の主である夫を気遣うことにほかならない。二句・四句切れ。

【品詞分解／現代語訳】(防人歌《さきもりうた》)　教717 118ページ　教719 106ページ

父母	が	頭	かきなで	幸く	あれ	て	言ひ	し	けとば	ぜ	忘れかね	つる
	格助		下二・用	副	ラ変・命	格助	四・用	助動・過・体		係助(係)	下二・用	助動・強・体(結)

父母が(自分の)頭をなでて、無事でいろと言った言葉は忘れることができないのだ。

右	の	一首、丈部稲麻呂。
	格助	

右の一首は、丈部稲麻呂(の作)。

(巻二十)

語句の解説

教717 118ページ　教719 106ページ

4 **頭《かしら》かきなで**　頭をなでるのは、無事を祈る呪術的風習か。

4 **忘《わす》れかねつる**　忘れることができないのだ。

「忘れかね」は、動詞「忘る」＋接尾語「かぬ」。「かぬ」は、「…することができない」の意を添える。「つる」は、強意の助動詞「つ」の連体形。

鑑賞

防人は、九州の警護のために東国から徴発された兵士のことで、父母のことを、忘れられない思い出としてうたっている。頭をなでることに呪術的な意味があったにしてもなかったにしても、父母が子供に無事でいてもらいたい気持ちには変わりがない。「あれて」「けとばぜ」などの東国方言を用いた表現からも、故郷を思う気持ちが伝わってくる。句切れなし。

学習の手引き

一 言葉の響きやリズムを味わいながら、それぞれの歌を音読しよう。

解答例 省略。

二 修辞技法の用いられている歌について、技法をそれぞれ説明してみよう。

解答例 ●「あかねさす」…「あかねさす」が「紫」にかかる枕詞。

●「石見の海」

① 「鯨魚取り」が「海」、「露霜の」が「置き」、「夏草の」が「念ひしなえ」にかかる枕詞。

② 「浦なしと　人こそ見らめ／潟なしと　人こそ見らめ」「よしゑやし　浦はなくとも／よしゑやし　潟はなくとも」「朝羽振る《あさはふ》　風こそ寄せめ／夕羽振る　波こそ来寄れ」「いや遠《とほ》に　里は放《さか》りぬ／いや高に　山も越え来ぬ」がそれぞれ対句。

③ 「石見の海」から「玉藻なす」までが妻の住む「角」の海岸をほめた序。「寄り寝し」を引き出す部分。

●「小竹の葉は」…「吾《あれ》は妹《いも》思ふ／別れ来ぬれば」が倒置。

三 題詞や歌の背景を参考にして、それぞれの歌を鑑賞しよう。

解答例 各歌の「鑑賞」参照。

古今《こきん》和歌集

【品詞分解／現代語訳】 教717 119ページ 教719 107ページ

仮名序

紀《きの》貫之《つらゆき》

やまと歌は、人の心を種として、よろづの言の葉とぞなれりける。世の中に

（係助・格助・格助・格助・サ変・用・接助・格助・格助・係助(係)・四・已・助動・存・用・助動・過・体(結)・格助）

和歌は、人の心をもとにして、(種から葉が生じるように)さまざまな言葉となっていったものだ。世の中に

ある人、ことわざしげきものなれば、心に思ふことを、見るもの、聞くものにつけて、言ひ出だせ

（ラ変・体・ク・体・助動・断・已・接助・格助・四・体・格助・上一・体・四・体・格助・下二・用・接助・四・已）

生きる人は、事柄と行為が多いものであるので、心に思ったことを、見るもの、聞くものに託して、口に出して

るなり。花に鳴く鶯、水に住む蛙の声を聞けば、生きとし生けるもの、いづれ

（助動・完・体・助動・断・終・格助・四・体・格助・四・体・格助・格助・四・已・接助・四・用・格助・副助・四・已・助動・存・体・(代)）

言ったのである。花(の枝)に鳴く鶯、水に住む蛙の鳴く声を聞くと、生きているものすべてのもので、どれが

係助(係)　格助　四・未　助動・打・用　助動・詠・体(結)　格助　係助　下二・未　助動・打・用　接助　格助　四・用　格助　下二・未　助動・打・体
か　歌　を　よま　ざり　ける。　力　を　も　入れ　ず　して　天地　を　動かし、目　に　見え　ぬ　鬼神
歌をよまないだろうか（いや、よまないものなどない）。力をも入れないで天地（の神々の心）を動かし、目に見えない　荒々し

格助　係助　ナリ(語幹)　格助　四・未　助動・使・用　格助　格助　係助　下二・用　ク・体　格助　格助　係助　下二・体　係助　助動・断・終
を　も　あはれ　と　思は　せ、　男女　の　なか　を　も　やはらげ、　猛き　武士　の　心　を　も　慰むる　は、　歌　なり。
く恐ろしい神であっても感動させ、男女の仲を打ち解けさせ、勇ましい武士の心でさえ和ませるのは、歌なのだ。

語句の解説

教717 119ページ　教719 107ページ

2 **言《こと》の葉《は》**　言葉。言葉を植物にたとえて表現したもの。すぐ前に「種」とあるが、これは「葉」にかけて用いたもの。

5 **言《い》ひ《イ》出《い》だせるなり**　口に出して言ったのである。動詞「言ひ出だす」は「口に出して言う」の意。

7 **いづ《ズ》れか歌《うた》をよまざりける**　どれが歌をよまないだろうか（いや、よまないものなどない）。「か」は反語の係助詞。「ける」は詠嘆の助動詞「けり」の連体形。「か」→「ける」で係り結び。

鑑賞

「仮名序」は、『古今和歌集』の序文。漢文で書かれた「真名《まな》序」もある。「仮名序」は、その名のとおり仮名で書かれた序文であるが、仮名での散文が珍しかった時代に、このように完成された文章が書かれたことは驚くべきことであり、仮名を用いた文学の隆盛に大きな影響を及ぼした。「花に鳴く鶯《うぐひす》」「水に住む蛙《かはず》」や、「力をも入れずして…あはれと思はせ」「男女《をとこをんな》のなかをも…心をも慰むる」などのように、漢詩を思わせる対句を多用したこと、詩文に対する考え方などに、中国の影響を見ることができる。

【品詞分解／現代語訳】　教717 120ページ　教719 108ページ

格助　格助　格助　四・已　助動・完・体
春　の　夜、梅　の　花　を　よめ　る　　凡河内《おほしかふちの》躬恒《みつね》
春の夜に、梅の花をよんだ歌

格助　格助　係助　ク・終　格助　係助(係)　下二・未　助動・打・已(結)　係助(係)　下二・体(結)
春　の　夜　の　闇　は　あやなし　梅　の　花　色　こそ　見え　ね　香　やは　隠るる
春の夜の闇は、すじが通らない（ことをするものだ）。梅の花は、（闇のせいで）色こそは見えないが、香りは隠れるだろうか（いや、隠れはしない）。

（巻一　春歌上）

語句の解説 教717 120ページ 教719 108ページ

2 **あやなし** すじが通らない。
「あや」は模様のこと。模様がはっきりしない意から。

3 **色《いろ》こそ見《み》えね** 色こそは見えないが。
「こそ」→「ね」で係り結びだが、さらに下に逆接で続く。

3 **香《か》やは隠《かく》るる** 香りは隠れるだろうか(いや、隠れはしない)。
「やは」は反語の係助詞。「やは」→「隠るる」で係り結び。

鑑賞

梅の花はその見た目の美しさだけでなく、香りも賛美の対象であった。闇を擬人化し、梅の花の美しさを隠すものとしているが、見えなくなっても香りまでは隠すことはできない。「あやなし」と表されたのは、このような矛盾に対してである。二句切れ。

【品詞分解/現代語訳】 教717 120ページ 教719 108ページ

蓮の露を見てよめる 僧正遍昭《そうじやうへんぜう》

（格助／格助／上一・用／接助／四・已／助動・完・体）

蓮の(葉の上の)露を見てよんだ歌

蓮葉 の にごり に 染ま ぬ 心もて 何かは 露 を 玉 と あざむく

（格助／格助／四・未／助動・打・体／(連語)／副／格助／格助／四・体）

蓮の葉は、泥水に染まらない(清らかな)心を持っているのに、どうして露を(美しい)玉に見せて(人を)だますのか。

(巻三 夏歌)

語句の解説 教717 120ページ 教719 108ページ

5 **にごりに染《し》まぬ心《こころ》もて** 泥水に染まらない(清らかな)心を持っているのに。
「にごり」は蓮《はす》が生えている所の泥水。「もて」は「もちて」の促音便「もって」の「っ」が表記されない形。「て」は接続助詞。

6 **何《なに》かは** どうして。
本来は副詞「何」+疑問の係助詞「か」+強意の係助詞「は」。

鑑賞

蓮を擬人化して、清らかな心を持っているとし、それなのに葉の上に置く露を玉だと見せかけて人をだます、という歌の内容だが、実は露の美しさを賛美しているのである。『法華経《ほけきょう》』に「世間の法に染《そ》まざるは、蓮花《れんげ》の水に在《あ》るが如《ごと》し」とあり、仏教の影響を強く受けている。句切れなし。

【品詞分解／現代語訳】教717 120ページ　教719 108ページ

是貞の親王	の	家	の	歌合	に	よめ	る
	格助		格助		格助	四・已	助動・完・体

是貞親王の家の歌合でよんだ歌

壬生忠岑《みぶのただみね》

ひさかたの	月	の	桂	も	秋	は	なほ	紅葉	すれ	ば	や	照りまさる	らむ
(枕)		格助		係助		係助	副		サ変・已	接助	係助(係)	四・終	助動・現原・体(結)

(ひさかたの)月世界にある(という)桂の木も、秋にはやはり紅葉するので、(このように月の光が)いちだんと照っているのであろうか。

（巻四　秋歌上）

語句の解説　教717 120ページ　教719 108ページ

8ひさかたの　枕詞《まくらことば》。天空に関するものにかかる。ここでは「月」。

8照《て》りまさるらむ　（他の季節に比べて秋は）いちだんと照っているのであろう。「まさる」は別の季節に比べて秋がいちだんと、という意味。「らむ」は現在の原因推量の助動詞。連体形で、「や」の結び。

鑑賞

秋の月が明るいのは、月にあるという桂《かつら》の木が紅葉しているからだろうか、と想像している歌である。月の桂は『万葉集《まんようしゅう》』にもうたわれており、中国の故事に基づいている。「秋はなほ」は、地上では秋は紅葉するが、月の桂もやはり紅葉するのだろうか、という意味合いを表している。句切れなし。

【品詞分解／現代語訳】教717 120ページ　教719 108ページ

雪	の	降り	ける	を	よみ	ける
	格助	四・用	助動・過・体	格助	四・用	助動・過・体

雪が降ったのをよんだ歌

清原深養父《きよはらのふかやぶ》

冬ながら	空	より	花	の	散り来る	は	雲	の	あなた	は	春	に	や	ある	らむ
		格助		格助	カ変・体	係助		格助	(代)	係助		助動・断・用	係助(係)	ラ変・体	助動・現原・体(結)

冬であるのに空から花が散り落ちて来るのは、雲の彼方は今は春だからなのだろうか。

（巻六　冬歌）

語句の解説　教717 120ページ　教719 108ページ

10冬《ふゆ》ながら　冬であるのに。

「ながら」は接尾語。逆接の意味を表す。

10 **春《はる》にやあるらむ《ン》**　今は春だからなのだろうか。「や」は疑問の係助詞。「らむ」は現在の原因推量の助動詞の連体形で、「や」の結び。

鑑　賞
雪を花びらにたとえて、空から花びらが散り落ちてくる、という。花が咲いているからには、雲の向こう側は今は春なのだろうか、という想像が、この歌の世界をより印象深くしている。雲の彼方が春だという発想は、春の到来を待ち遠しく感じている作者の心をも想像させる。句切れなし。

【品詞分解／現代語訳】 教717 120ページ　教719 108ページ

志賀の山越え　にて(格助)**、石井　の**(格助)**　もと　にて**(格助)**　もの言ひ**(四・用)**　ける**(助動・過・体)**　人　の**(格助)**　別れ**(下二・用)**　ける**(助動・過・体)**　折　に**(格助)**　よめ**(四・已)**　る**(助動・完・体)**　紀　貫之**

志賀の山越えをしたとき、清水を石で囲った所のそばで言葉を交わした人が別れていったときによんだ歌

むすぶ(四・体)**　手　の**(格助)**　しづく　に**(格助)**　にごる**(四・体)**　山　の**(格助)**　井　の**(格助)**　飽か**(四・未)**　で**(接助)**　も**(係助)**　人　に**(格助)**　別れ**(下二・用)**　ぬる**(助動・完・体)**　かな**(終助)**　（巻八　離別歌）**

手のひらで水をすくう（その）手から落ちるしずくでにごってしまう山の井の清水が物足りないように、（十分語りつくせなくて）物足りない気持ちで、あなたと別れてしまったことだ。

語句の解説

教717 120ページ　教719 108ページ

11 **もの言《い》ひ《イ》ける人《ひと》**　言葉を交わした人。親しく語り合った人。女性であろうと言われている。

13 **山《やま》の井《い》**　山の清水がたまったところ。詞書にある「石井」のこと。この「山の井の」までが「飽かで」にかかる序詞である。

13 **飽《あ》かでも**　物足りない気持ちで。動詞「飽く」は、「満足する」の意。「で」は打消の接続助詞。「も」は強意の係助詞。

鑑　賞
志賀《しが》の山越えは、当時信仰を集めていた崇福寺《すうふくじ》へ参詣する人々が盛んに利用した道である。手からこぼれたしずくですら濁ってしまうほどの、水量の少ない清水が飽き足りないように、物足りない思いであなたと別れてしまうことだ、と名残惜しい気持ちをうたっている。紀貫之には、ほかにも「志賀の山越え」に関する歌がある。句切れなし。

【品詞分解／現代語訳】　教717 121ページ　教719 109ページ

題　知ら（四・未）　ず（助動・打・終）　　よみ人　知ら（四・未）　ず（助動・打・終）

ほととぎす　鳴く（四・体）　や（間助）　五月　の（格助）　あやめぐさ　あやめ　も（係助）　知ら（四・未）　ぬ（助動・打・体）　恋　も（係助）　する（サ変・体）　かな（終助）

ほととぎすが鳴く五月の菖蒲、そのあやめという言葉のように物事の筋道もわからない（無我夢中な）恋もすることだなあ。

（巻十一　恋歌一）

語句の解説　教717 121ページ　教719 109ページ

2ほととぎす　鳥の名。鳴き声が人の叫び声のようにも聞こえ、昔から愛好されよく歌によまれた。

2あやめぐさ　菖蒲《しょうぶ》のこと。この「あやめぐさ」までが下の「あやめ」の序詞。

2あやめ　物事の筋道。本来は、織り目や木目の模様。そこから転じて物事の筋道、条理の意になった。

2恋《こい》もするかな　恋もすることだなあ。
「も」は、強意の係助詞。「かな」は詠嘆の終助詞。

鑑賞

「ほととぎす」「あやめ」はともに夏の風物。あやめを導き出すための長い序詞に含まれている。条理もわからない（無我夢中な）恋をすることだ、と自らの恋を顧みている歌である。『万葉集』に大伴《おおとも》家持《やかもち》の長歌「ほととぎす来鳴く五月のあやめぐさ…」があり、影響を受けていると見られている。句切れなし。

【品詞分解／現代語訳】　教717 121ページ　教719 109ページ

題　知ら（四・未）　ず（助動・打・終）　　小野小町《をののこまち》

色　見え（下二・未）　で（接助）　うつろふ（四・体）　もの　は（係助）　世の中　の（格助）　人　の（格助）　心　の（格助）　花　に（助動・断・用）　ぞ（係助（係））　あり（ラ変・用）　ける（助動・詠・体（結））

（花とちがって）色が見えないで移ろいゆくものは、男女の仲における人の心（という名）の花であることだなあ。

（巻十五　恋歌五）

語句の解説　教717 121ページ　教719 109ページ

5色見《いろみ》えで　色が見えないで。
色は花の色を念頭においていて、花の色は移ろいゆくのが見えるが、見えない（で移ろいゆく）のは、という意味。「色」「うつろふ」は「花」の縁語。

5 **花《はな》にぞありける**　花であることだなあ。
「ぞ」は強意の係助詞。「ける」は詠嘆の助動詞の連体形。「ぞ」↓「ける」で係り結び。

鑑賞

花の色が移ろいやすいものという認識がまずあって、人の心をそれになぞらえている（暗喩）。しかし、花は色があるので、移ろいゆくのが見えるのに、人の心はそれが見えない。だから、よくわからない。恋の相手が心変わりをしたことを嘆く歌か。句切れなし。

学習の手引き

一　「仮名序」にあげられた、和歌の四つの効用を説明してみよう。

解答例　①　力をも入れずして天地《あめつち》を動かし（神々の心を動かす）
②　目に見えぬ鬼神《おにがみ》をもあはれと思はせ（荒ぶる神を感動させる）
③　男女《をとこをんな》のなかをもやはらげ（男女の仲を打ち解けさせる）
④　猛き武士《もののふ》の心をも慰むる（勇ましい武士の心を和ませる）

二　修辞技法の用いられている歌について、技法をそれぞれ説明してみよう。

解答例　●「春の夜の」…擬人法。●「蓮《はちす》葉の」…擬人法。●「ひさかたの」…枕詞。●「冬ながら」…見立て。●「むすぶ手の」…序詞。●「ほととぎす」…序詞。●「色見えで」…縁語。暗喩。

三　対象の捉え方や表現のしかたの特徴に留意して、それぞれの歌を鑑賞しよう。

解答例　●「春の夜の」…目に見えない「香り」を賛美の対象としている。●「蓮葉の」…「露」を「玉」に見立てて賛美している。●「ひさかたの」…秋の月光の明るさの原因を「月の桂」の紅葉と捉えている。●「冬ながら」…「雪」を「花」に見立て、春の待ち遠しさを表現している。●「むすぶ手の」…出会いの物足りなさを、山の井の水量の物足りなさに託して表現している。●「ほととぎす」…同音の語を別の意味を持つ言葉に置き換えて表現している。●「色見えで」…移ろいやすい花の「色」に、「人の心」をなぞらえて表現している。

新古今《しんこきん》和歌集

【品詞分解／現代語訳】　教717 122ページ　教719 110ページ

守覚法親王、五十首歌	よま	せ	侍り	ける	に
	四・未	助動・使・用	補丁・ラ変・用	助動・過・体	格助

藤原定家《ふぢはらのさだいへ》

守覚法親王が、五十首歌をよませましたときに（よんだ歌）

春 の［格助］ 夜 の［格助］ 夢 の［格助］ 浮橋 とだえ し［サ変・用］ て［接助］ 峰 に［格助］ わかるる［下二・体］ 横雲 の［格助］ 空

春の夜の（短く）はかない夢がとぎれて、（ふと見やると、）山の峰から離れていく横にたなびく雲が見えている空だよ。

（巻一　春歌上）

語句の解説　教717 122ページ　教719 110ページ

2**とだえ**　とぎれること。ここでは夢から覚めたことをいう。「浮《うき》橋《はし》」の縁語。

2**峰《みね》にわかるる**　峰から離れる。「わかる」は「浮橋」の縁語。

2**横雲《よこぐも》**　横にたなびく雲。多くは明け方に見える雲をいう。

鑑賞

「夢の浮橋」は『源《げん》氏《じ》物語《ものがたり》』の最終巻を想起させる。「とだえ」「わかるる」は、「浮橋（橋）」の縁語であり、単なる風景描写ではない、妖艶な歌の世界をつくりあげている。夜明けの空に漂う雲を見上げながら、甘美な夢の続きを追ってでもいるのだろうか。体言止めを用いて余情を残す。句切れなし。

【品詞分解／現代語訳】　教717 122ページ　教719 110ページ

秋 の［格助］ 歌 とて［格助］

秋の歌として（よんだ歌）

後鳥羽院《ごとばゐん》

秋 更け［下二・用］ ぬ［助動・完・終］ 鳴け［四・命］ や［間助］ 霜夜 の［格助］ きりぎりす やや［副］ 影 寒し［ク・終］ 蓬生 の［格助］ 月

秋も深まった。鳴けよ、霜の降りた夜のこおろぎよ。蓬の生い茂った荒れ果てた庭を照らしている月の光が、しだいに寒々としてきた。

（巻五　秋歌下）

語句の解説　教717 122ページ　教719 110ページ

4**影寒《かげさむ》し**　月の光が寒々としている。「影」は、ここでは月の光をさす。

4**蓬生《よもぎう》**　蓬が生い茂った荒れ果てた所。実景ではなく、歌のために用意された設定。

鑑賞

本歌（教科書脚注6）が、ゆく秋を惜しむ心情を中心に据えているのに対し、「秋更けぬ」の歌には、霜の降りた、荒れ果てた庭の情景を絵画的に表現した趣が加わっている。主観的な歌から、客観的な視点を中心にした歌に変えたともいえる。第四句と第五句は、倒置法で語順が入れ替わっている。初句・三句・四句切れ。

【品詞分解／現代語訳】教717 122ページ　教719 110ページ

五十首歌奉りしとき　藤原家隆《いへたか》

五十首歌	奉り	し	とき
	四・用	助動・過・体	

五十首歌を奉ったとき（よんだ歌）

明け	ば	また	越ゆ	べき	山	の	峰	なれ	や	空	ゆく	月	の	末	の	白雲
下二・未	接助	副	下二・終	助動・当・体		格助		助動・断・已	係助		四・体		格助		格助	

夜が明けたらまた（明日も）越えてゆかねばならない山の峰なのだろうか。空を移りゆく月の行く先にたなびいている白い雲（のあたり）は。

（巻十　羇旅《きりよ》歌）

語句の解説　教717 122ページ　教719 110ページ

6 明《あ》けばまた　夜が明けたらまた（明日も）。

「ば」は順接の仮定条件を表す接続助詞。

6 峰《みね》なれや　峰なのだろうか。

「なれ」は断定の助動詞「なり」の已然形。「や」は疑問の係助詞。「峰なれや」の後の部分は、倒置法で、本来歌の最初にあるべき内容。

鑑賞

これまでいくつかの山を越えてきた旅の途上で、夜、月の光に照らされる白い雲の行く手が、明日また越えてゆくべき山の峰か、とうたっている。旅の苦しさよりも、道中の風景の美しさに主眼をおき、それが倒置法によって際立っている。三句切れ。

【品詞分解／現代語訳】教717 122ページ　教719 110ページ

百首歌の中に、忍ぶ恋を　式子内親王《しよくしないしんわう》

百首歌	の	中	に、	忍ぶる	恋	を
	格助		格助	上二・体		格助

百首歌の中に、忍ぶ恋（という題）を（よんだ歌）

玉の緒	よ	絶え	な	ば	絶え	ね	ながらへ	ば	忍ぶる	こと	の	弱り	も	ぞ	する
	終助	下二・用	助動・強・未	接助	下二・用	助動・強・命	下二・未	接助	上二・体		格助	四・用	係助	係助（係）	サ変・体（結）

私の命よ、絶えてしまうのなら絶えてしまえ。生きながらえていたら、（恋いこがれる気持ちを）忍び隠している力が弱まって（人に知られて）しまうといけないから。

（巻十一　恋歌一）

語句の解説　教717 122ページ　教719 110ページ

8 絶《た》えなば絶《た》えね　絶えてしまうのなら絶えてしまえ。

「な」は強意の助動詞「ぬ」の未然形。「ね」は同じく命令形。

8 ながらへ《エ》ば　生きながらえていたら。「絶え」「ながらへ」「弱り」は「緒」の縁語。「ば」は、順接の仮定条件を表す接続助詞。

8 弱《よわ》りもぞする　弱ってしまうといけない。「もぞ」は、係助詞「も」＋係助詞「ぞ」で、将来に対する危惧を表す。

鑑賞

秘めた心を忍びがたくなるのなら、いっそのこと、命よ、絶えてしまえ、という激しい感情をうたった歌。「弱りもぞする」とは、恋の気持ちを秘める力が弱ってしまうといけない、という危惧を表している。「玉の緒」は、『万葉集』の中で「玉の緒の」の形で枕詞としても使われている。二句切れ。

【品詞分解／現代語訳】 教717 123ページ　教719 111ページ

五十首歌	奉り	し	に、	雲	に	寄する	恋
	四・用	助動・過・体	格助		格助	下二・体	

藤原俊成女《としなりのむすめ》

五十首歌を奉ったときに、雲に寄せる恋（という題をよんだ歌）

下燃え	に	思ひ消え	な	ん	煙	だに	跡なき	雲	の	果て	ぞ	悲しき
	格助	下二・用	助動・強・未	助動・推・体		副助	ク・体		格助		係助（係）	シク・体（結）

（巻十二　恋歌二）

人知れず思いこがれてきっと死んでしまうだろう、（その私を火葬にした）煙だけでもせめて（あの人の目にとまればと思うのだが）跡もなく雲の果てに消えてしまう、恋の終わりの悲しいことよ。

語句の解説　教717 123ページ　教719 111ページ

2 下燃《したも》え　人知れず思いこがれること。本来は、燃え上がらずに物の下でくすぶることだが、忍ぶ恋のたとえとして用いられる。

2 思《おも》ひ《イ》消《き》えなん　思いこがれて死んでしまうだろう。動詞「思ひ消ゆ」は、「思いこがれて死ぬ」の意。「な」は強意の助動詞「ぬ」の未然形。「ん」は、推量の助動詞「ん」の連体形。

2 煙《けぶり》だに　（その私を火葬にした）煙だけでもせめて。「煙」は、火葬の煙。思いこがれて死んだ自分が火葬にされるという意味。「だに」は副助詞で「せめて…だけでも」の意。

鑑賞

後鳥羽院の指示で巻十二の巻頭歌になったとする文献もあり、当時から評価が高かった歌。「下燃え」という言葉から「火」を連想させ、「思ひ消えなん」の「思ひ」の「ひ」に「火」を掛け、「消え」も「煙」も「火」の縁語である。火葬の煙も雲の果てに消えていき、秘めた恋は最後まで報われることはないのである。句切れなし。

【品詞分解／現代語訳】教717 123ページ　教719 111ページ

題	知ら	ず																	
	四・未	助動・打・終																	
吉野山	やがて	出で	じ	と	思ふ	身	を	花	散り	な	ば	と	人	や	待つ	らん			
	副	下二・未	助動・打意・終	格助	四・体		格助		四・用	助動・強・未	接助	格助		係助（係）	四・終	助動・現推・体（結）			

西行法師《さいぎやうほふし》

（巻十七　雑歌中）

吉野山に修行に入り、そのまま出るまいと決心している私のことを、桜の花が散ってしまったならば（帰ってくるだろう）と（親しい）人が待っているだろうか。

語句の解説

教717 123ページ　教719 111ページ

4 やがて出《い》でじ　そのまま出るまい。

「やがて」は副詞。①「そのまま」、②「すぐに」などの意味があるが、ここでは①。

4 花散《はなち》りなば　花が散ってしまったならば。

「な」は強意の助動詞「ぬ」の未然形。「ば」は未然形について、順接の仮定条件を表す。

4 人《ひと》や待《ま》つらん　（親しい）人が待っているだろうか。

「や」は疑問の係助詞。「らん」は現在推量の助動詞「らん」の連体形。「や」→「らん」で係り結び。

鑑賞　西行には桜の花をうたった歌が多いが、この歌もその一つ。桜の花が散れば、帰ってくるだろうと親しい人は思っているだろうが、自身は吉野山に修行に入った身であって、帰るつもりはない。けれども、出家の身ながら、自分を思ってくれる人のことを思わずにはいられない。そうした心の動揺をうたっている。句切れなし。

学習の手引き

一　修辞技法の用いられている歌について、技法をそれぞれ説明してみよう。

考え方　●「春の夜の」…体言止め、縁語。●「秋更けぬ」…本歌取り、倒置法、体言止め。●「明けばまた」…倒置法、体言止め。●「玉の緒よ」…縁語。●「下燃えに」…縁語、掛詞。それぞれの具体的な説明は、「語句の解説」「鑑賞」を参照。

二　主題・主情にどのようなイメージを付与して一つの世界を作り上げているのかを考えながら、それぞれの歌を鑑賞しよう。

考え方　●「春の夜の」…春の夜の夢のはかなさに、『源氏物語』の世界を重ねて表現している。●「秋更けぬ」…本歌のゆく秋を惜しむ心情に、秋の月の光の冷たいイメージを重ねている。●「明けばまた」…旅の漂泊の思いに、山並みの風景の美しさを重ねている。●「玉の緒よ」…耐えがたい心情を、命を連想させる「玉の緒」や繊細な縁語を並べて表現している。●「下燃えに」…激しさと空しさの同居する心情を、「火」に縁のある言葉を多く用いて表現している。●「吉野山」…隠遁を決意する心情に、わが「身」を待つ「人」の思いを重ねて心の動揺を歌っている。

春夏秋冬

貞門・談林

【品詞分解／現代語訳】 教717 124ページ 教719 112ページ

松永貞徳《まつながていとく》

雪月花　一度に（副）　見する（下二・体）　卯木　かな（終助）

（雪のように白い花で名前が卯木〈卯月〉なので）雪・月・花を一度に見せる卯木だなあ。

語句の解説

教717 124ページ 教719 112ページ

3 雪月花《せつげつか》　雪と月と花。自然美の総称。

3 見《み》する　見せる。下二段活用の動詞「見す」の連体形。

3 かな　…だなあ。…であることよ。詠嘆の意味の終助詞。

鑑賞

「卯木《うつぎ》」を「卯月《うづき》」に掛けて、「月」を見せるとし、白い花を雪に見立てて、夏なのに「雪」を見せるとする。つまり、卯木を見るだけで、雪月花をすべて見ることができる、という。言葉遊びの趣である。卯木の花（卯の花）は、古来、和歌によまれてきた風物。「かな」は切れ字。季語は「卯木」で季節は夏。

【品詞分解／現代語訳】 教717 124ページ 教719 112ページ

北村季吟《きたむらきぎん》

年　の（格助）　内　へ（格助）　ふみこむ（四・体）　春　の（格助）　日足　かな（終助）

（年内に立春を迎えて）年の内に足を踏み入れる春の日差しであることだ。

語句の解説

教717 124ページ 教719 112ページ

5 ふみこむ　後に出てくる「日足」の「足」の縁語。

5 日足《ひあし》　日差し。暖かな日が差し込んできている情景。

鑑賞

『古今《こきん》集』の歌「年の内に春は来にけりひととせを去年《こぞ》とやいはむ今年とやいはむ」（暦の上ではまだ年の内なのに、立春の日が来てしまった。今日までの一年間を去年というべきか、今年というべきか。）をふまえている。陰暦の閏年《うるうどし》には、二度繰り返される月があったため、年内に立春がくることがあった。『古今集』の歌は、年内立春の事実をうたうのみだが、この句は日差しの暖かさを印象的に、のどかな春の光景として描いている。「かな」は切れ字。季語は「年の内」で季節は冬。

【品詞分解/現代語訳】 教717 124ページ 教719 112ページ

西山宗因《にしやまそういん》

海 は(係助) 少し(副) 遠き(ク・体) も(接助) 花 の(格助) 木の間 かな(終助)

(『源氏物語』にもあるように)海は少し遠いのだが、(満開の)桜の木立ちの間から(須磨の)海が見えることだよ。

語句の解説 教717 124ページ 教719 112ページ

7 海《うみ》は少《すこ》し遠《とお》きも　海は少し遠いのだが。

『源氏物語《げんじものがたり》』からの連想の句。「も」は逆接の確定条件を表す接続助詞。

7 花《はな》の木《こ》の間《ま》　桜の木立ちの間。

ここでの花は桜。「木の間」は一語の名詞。

鑑賞

典拠となっている『源氏物語』の須磨《すま》の場面「須磨には、いとど心づくしの秋風に、海は少し遠けれど、……」は、秋の情景だが、この句では春の情景をよんでいる。作者や当時の読者たちにとって、「海は少し遠きも」で『源氏物語』を連想することができた。王朝風の雅《みやび》やかな世界とともに満開の桜の美しさを想像することができる句である。西山宗因は、このような古典の語句を自在に操ることを得意とした。「かな」は切れ字。季語は「花」で季節は春。

【品詞分解/現代語訳】 教717 124ページ 教719 112ページ

井原西鶴《ゐはらさいかく》

浮き世 の(格助) 月 見過ぐし(四・用) に(助動・完・用) けり(助動・詠・終) 末 二年

(人生五十年というが、五十二歳の私は)この世の月を余計に見てしまったよ。この最晩年の二年間に。

語句の解説 教717 124ページ 教719 112ページ

9 見過《みす》ぐしにけり　余計に見てしまったよ。

「見過ぐす」は、四段活用の動詞で、本来は「見ながらそのままに過ごす」意味。ここでは、「見過ぎてしまった、余計に見てしまった」の意。「けり」は詠嘆の助動詞の終止形。

9 末《すえ》二年《にねん》　最晩年の二年間。

当時は人生五十年といわれており、西鶴は五十二歳まで生きているので、人よりも二年多いと考えた。

鑑賞

前書に辞世とある。柿本人麻呂《かきのもとのひとまろ》の辞世の歌をふまえたものといわれる。「人生五十年」のことわざもあり、西鶴は、人よりも二年多く生きることができたお陰で、浮世の月を余計に楽しむことができた、という。「浮き世」は、「憂き世」とも書くが、「憂き世」だとつらく悲しいことに満ちた世の中、「浮き世」と書くと、享楽的な世の中を思わせる。西鶴には「浮き世」であったということか。「けり」は切れ字。季語は「月」。季節は秋である。

蕉門

【品詞分解／現代語訳】 教717 125ページ 教719 113ページ

奈良 七重 七堂伽藍 八重桜　松尾芭蕉《まつをばせう》

奈良は七代の都であり、七堂伽藍(を備えた立派な寺)も多く、八重桜も(盛りを迎えて)咲いている。

語句の解説 教717 125ページ 教719 113ページ

3 奈良七重《ならななへ》　奈良は七代の都。「七重」は、「七代の都」の意。

3 七堂伽藍《しちだうがらん》　七堂を備えた立派な寺院。

「七堂」は、金堂・講堂・塔・鐘楼・経蔵・僧坊・食堂のこと。

3 八重桜《やへざくら》　伊勢大輔《いせのたいふ》の歌をふまえる。

鑑賞

「奈良」と「七重」は、どちらも「な」で始まる。これを頭韻を踏むという。「七重」と「七堂」では、「七」を反復し、「七重」は、「八重桜」の縁語。「七重」「七堂」「八重」は漸層法といい、徐々に意味を強めながら語を重ねていく修辞。すべての句が名詞のみで成り立っている。このように、数々の表現技法を駆使している。さらに、「八重桜」については、伊勢大輔の「古《いにしへ》の奈良の都の八重桜今日九重《ここのへ》に匂ひぬるかな」(『詞花集《しか》』『小倉《おぐら》百人一首』)をふまえる。季語は「八重桜」で、季節は春。

【品詞分解／現代語訳】 教717 125ページ 教719 113ページ

感	格助	四・已	接助	四・終	間助		格助
応々	と	言へ	ど	たたく	や	雪	の 門

向井去来《むかゐきよらい》

(雪の日に訪ねてきた人に)「おうおう。」と答え、門を開けにいこうとするが、(それでもまだ外から)たたく音がするなあ。雪の中の門を。

語句の解説 教717 125ページ 教719 113ページ

5 応々《おうおう》　「応々」は感動詞。応答の声。外から門をたたく音がするので答えたのである。

5 言へ《いへ》どたたくや　言うのに、たたいているなあ。

門をたたく音に答えているのに、まだたたいているんだなあ、という意味。「ど」は逆接の確定条件の接続助詞。「や」は詠嘆を表す間投助詞。

鑑賞

雪の中、訪ねてきた人が、門をたたく。作者は、「応々」と答えて門を開けに行こうとしているが、来訪者は、門をたたくのをやめない。作者が答えた声が聞こえなかったのか、それとも、外があまりに寒く耐えがたいので、早く開けてくれという気持ちでたたくのか。それとも、何か緊迫した事態が起きているのか……。いろいろな情景が思い浮かぶ句である。門が閉ざされているのを考えても、雪の夜の情景をうたった句であろう。「たたくや」の「や」は切れ字。季語は「雪」、季節は冬。

【品詞分解／現代語訳】 教717 125ページ 教719 113ページ

服部嵐雪《はっとりらんせつ》

梅 一輪 一輪 ほど（副助） の（格助） あたたかさ

寒梅が一輪咲いた。その一輪の花くらいの暖かさ（が感じられる）。

語句の解説 教717 125ページ 教719 113ページ

7梅一輪《うめいちりん》 （寒）梅が一輪（咲いた）。

梅が一輪咲いた様子に、春が近づいたことを予感する。

7一輪《いちりん》ほどの 一輪の花くらいの。

「ほど」は程度を表す副助詞。一輪一輪と続けて、しだいに暖かさが増しているという解釈もできる。

鑑賞

季節を冬ととらえるか、春ととらえるかで解釈が変わる。冬であれば、梅の花たった一輪くらいの暖かさが感じられる（もうすぐ春だなあ）という内容になる。春ととらえると、梅の花が一輪また一輪と咲くうちに、少しずつ暖かくなっていく（春がこうして実感できるなあ）という内容になる。どちらにしても、梅の花一輪が咲くことで暖かさを実感している句。「梅」は春の季語。ただし、ここでは「梅（寒梅）」で冬とする。

【品詞分解／現代語訳】 教717 125ページ 教719 113ページ

森川許六《もりかわきょりく》

卯の花 に（格助） 蘆毛 の（格助） 馬 の（格助） 夜明け かな（終助）

卯の花が咲き、蘆毛の馬に乗って（故郷へ旅立つ）夜明けだなあ。

語句の解説 教717 125ページ 教719 113ページ

9卯《う》の花《はな》 うつぎの白い花。

「蘆毛《あしげ》の馬」と合わせて白い色の印象を残す。

9夜明《よあ》けかな 夜明けだなあ。

「かな」は詠嘆の終助詞。早朝のすがすがしい気分を表す。

鑑賞

芭蕉に俳諧の指導を受けるために江戸に来ていた作者は、故郷近江《おうみ》へ帰る旅に出る。そのときの歌。「卯の花」にしても、「蘆毛の馬」にしても、これから出発する颯爽《さっそう》とした気分を表す効果を上げている。「かな」は切れ字。季語は「卯の花」で、季節は夏。

【品詞分解／現代語訳】 教717 125ページ 教719 113ページ

内藤丈草《ないとうぢやうさう》

大原 や（間助） 蝶 の（格助） 出で舞ふ（四・体） 朧月

大原よ（古典の世界が思われる）、蝶が出てきて舞い飛ぶ朧月の夜。

語句の解説

教717 125ページ　教719 113ページ

11 **大原《おおはら》や**　京都の「大原」は『平家《へいけ》物語』や『源氏物語』など、古典文学の世界を想起させる地名。「や」は詠嘆の意味の間投助詞。

11 **蝶《ちょう》の出《い》で舞《ま》ふ**　蝶が出てきて舞い飛ぶ。後に「朧月《おぼろづき》」とあるので、夜の句だが、蝶は夜には飛ばない。実景ではない、もしくは蝶ではないものを見たのか。「出《い》で」は、「出《で》て」とも読める。

鑑賞

大原という地名から連想するのは、古典文学の世界。「大原」が洛北《らくほく》であれば、『平家物語』の「大原御幸《おおはらごこう》」を想起し、洛西であれば、『源氏物語』の「行幸《みゆき》」の場面を思い浮かべる。作者が大原の地に至って、なんらかの古典文学の場面を思い起こし、それを夜飛ぶ蝶や朧月にからめてよんだ句。蝶は夜には飛ばないが、蝶でなくても、また実景でなくても、その幻想的な雰囲気は一向に損なわれない。「や」は切れ字。季語は「蝶」「朧月」で、季節は春。

【品詞分解／現代語訳】　教717 126ページ　教719 114ページ

野沢凡兆《のざはぼんてう》

上 行く（四・終） と（接助） 下 来る（カ変・体） 雲 や（間助） 秋 の（格助） 天

上の雲が行くと、下の雲がやって来るよ、晴れた秋の空は。

語句の解説

教717 126ページ　教719 114ページ

2 **上行《うえい》くと下来《したく》る雲《くも》や**　上の雲は向こうへ行き、下の雲はこちらに来るというように。空の上空では、空気の流れ方が違っていて、雲の流れが違って見えたのか。「や」は詠嘆の意味の間投助詞。

鑑賞

秋の空を見つめる作者の観察眼の鋭さが表れた句。空の上層部と下層部では、風の強さや向きが変わることがある。それを、雲の動きの「行く」と「来る」で表現したと思われる。句の出典の『猿蓑《さるみの》』は、蕉門の最高峰の句集とされるが、作者の凡兆はその編者の一人である。「や」は切れ字。季語は「秋の天《そら》」で、季節は秋。

芭蕉以降

【品詞分解／現代語訳】　教717 126ページ　教719 114ページ

千代女《ちよぢよ》

夕顔 や（間助） 女子 の（格助） 肌 の（格助） 見ゆる（下二・体） 時

(垣根に)夕顔の花が咲いているなあ。(涼んでいる)女性の肌が(白く)見える夕べ。

語句の解説

教717 126ページ　教719 114ページ

5 **夕顔《ゆうがお》や**　夕顔の白い花が咲いている様子を詠嘆的にいったもの。「や」は詠嘆の意味の間投助詞。「夕顔」は、垣根などに栽培されたもの。夏の夕方に花を咲かせる。

5 女子《おなご》 成人の女性。

5 肌《はだ》の見《み》ゆる 肌が見える。

暑い季節に肌脱ぎにしている姿か。行水の場面か。

鑑賞

夕顔の花の白さと、女性の肌の白さは、なまめかしい印象を残す。夕顔を垣根に咲かせる風景は、庶民的な情景を思わせる。暑い季節に涼んでいる女性が薄暗い夕闇の中に白くぼんやりと浮かびあがる姿を印象的によんでいる。「夕顔や」の「や」は切れ字。季語は「夕顔」で、季節は夏。

【品詞分解／現代語訳】 教717 126ページ 教719 114ページ

炭《たん》 太祇《たいぎ》

初恋 や（間助） 灯籠 に（格助） 寄する（下二・体） 顔 と（格助） 顔

初恋なのだなあ。灯籠のもとで顔と顔を近づけている(若い二人)。

語句の解説 教717 126ページ 教719 114ページ

7 初恋《はつこい》や 初恋なのだなあ。

「や」は、詠嘆の意味の間投助詞。

7 灯籠《とうろ》 木枠に紙を張ったものや、寺院などにある石でできたものなどがある。ここでは盆灯籠のこと。

7 顔《かお》と顔《かお》 二人が顔を近づけている様子を表す。

鑑賞

「初恋や」の部分が、最も印象的である。作者のやさしいまなざしが感じられる。灯籠の淡い明かりに映し出される若い男女の初々しい語らいをそっと見つめている。清涼感の漂う句である。「初恋や」の「や」は切れ字。季語は「灯籠」で、季節は秋。

【品詞分解／現代語訳】 教717 126ページ 教719 114ページ

与謝蕪村《よさぶそん》

愁ひ（上二・用） つつ（接助） 岡 に（格助） のぼれ（四・已） ば（接助） 花いばら

感傷的な気持ちになりながら岡に登ってみると、花いばらが咲いている（いっそう感傷的になってしまう）。

語句の解説 教717 126ページ 教719 114ページ

9 愁《うれ》ひつつ 感傷的な気持ちになりながら。

「つつ」は継続の意味の接続助詞。

9 岡《おか》にのぼれば 岡に登ってみると。

「ば」は順接の確定条件を表す接続助詞。

9 花《はな》いばら 花いばらが咲いている。

いっそうの感傷を誘う情景である。

鑑賞

『唐詩選』の李白《りはく》の詩「登㆓金陵鳳凰台㆒」を典拠とする。これといった理由もない感傷的な気分で、岡に登ってみると、人気のない場所に花いばらがひっそりと咲いているのを見つける。その花の様子にいっそう感傷的な気分になってしまう。蕪村には、ほかにも「花いばら」をよんだ句「花いばら故郷の路に似たるかな」がある。蕪村にとって、「花いばら」の咲くさまは、少年期の郷愁を誘う情景であるようだ。季語は「花いばら」で、季節は夏。

【品詞分解／現代語訳】 教717 126ページ　教719 114ページ

上田秋成《うへだあきなり》

月　や〔係助〕　霰　そ〔(代)〕　の〔格助〕　夜　の〔格助〕　更け〔下二・用〕　て〔接助〕　川千鳥

月が照ったり、霰が降ったりした夜も更けてしまい、今は川千鳥(の鳴く声が聞こえる)だけである。

語句の解説 教717 126ページ　教719 114ページ

11 **月《つき》や霰《あられ》**　月が照ったり、霰が降ったり。

「や」は疑問を表す係助詞。月が照ったかと思えば、霰が降ったりするような変わりやすい冬の天気を表す。

11 **川千鳥《かわちどり》**　川にすむ千鳥。ここでは「(今は)千鳥の声が聞こえるだけ」という意味。

鑑賞

在原業平《ありわらのなりひら》の「月やあらぬ春や昔の春ならぬわが身一つはもとの身にして」の歌の初句「月やあらぬ」をもじって「月や霰」とした。「夜の更けて」のところでは、時間の経過をたくみに表現しており、千鳥の声を聞く人物の気持ちを、在原業平が歌を歌ったときの気分と同じようだと解釈することもできる。作者の上田秋成は、読本《よみほん》作者、国学者、茶人、歌人、俳人など、多くの顔を持つ。『雨月《うげつ》物語』の作者として特に有名。季語は「霰」「川千鳥」で、季節は冬。

【品詞分解／現代語訳】 教717 127ページ　教719 115ページ

高井几董《たかゐきとう》

青海苔　や〔間助〕　石　の〔格助〕　窪み　の〔格助〕　忘れ潮

青海苔よ。磯の石の窪みに残った忘れ潮(で採れたもの)。

語句の解説 教717 127ページ　教719 115ページ

2 **青海苔《あおのり》や**　青海苔よ。

「や」は詠嘆の間投助詞。この青海苔は、食卓に出されたもの。

2 **石《いし》の窪《くぼ》みの忘《わす》れ潮《しお》**　磯《いそ》にある石の窪みに残った海水。

磯の岩にある窪みに水がたまり、潮が引いたあとも水がそのまま残っている様子。

鑑賞

食卓に出された青海苔を見て、磯の様子を思い浮かべている。ありふれた物を見て情趣を見いだす、作者の感性の鋭さが表れている。「忘れ潮」という語によって句に独特の趣きを加えている。「青海苔や」の「や」は切れ字。季語は「青海苔」で、季節は春。

【品詞分解／現代語訳】 教717 127ページ 教719 115ページ

小林《こばやし》一茶《いっさ》

仰のけ	に	落ち	て	鳴き	けり	秋	の	せみ
	格助	上二・用	接助	四・用	助動・詠・終		格助	

（木から）落ちて仰向けになって鳴いているなあ。秋のせみは。

語句の解説 教717 127ページ 教719 115ページ

4 **仰《あお》のけに** 仰向けに。木から落ちて地面に仰向けになっているせみの様子。

4 **鳴《な》きけり** 鳴いているなあ。「けり」は詠嘆の助動詞。

4 **秋《あき》のせみ** 秋に鳴くせみ。夏のせみのように意気盛んではない。

鑑賞

夏に元気に鳴いていたせみも、秋になると元気がなくなり、木から落ちて地面で仰向けになって、それでも鳴いている。今まさに命を終えようとするせみに対する共感をうたった句。写実的な態度を貫いていることも特徴の一つ。「鳴きけり」の「けり」は切れ字。季語は「秋のせみ」で、季節は秋。

学習の手引き

一 言葉の響きやリズムを味わいながら、それぞれの句を音読しよう。

解答例 省略。

二 それぞれの句から季語を抜き出し、どの季節のものか調べよう。

解答例 各句の「鑑賞」参照。

三 季語のイメージを確認しながら、それぞれの句がどのような情景や心情をよんでいるか、解釈しよう。

解答例 ●「雪月花」…卯木の花が咲いている夏の情景。卯木の花が雪のように白いことから、雪月花をすべて同時に見られるということをおもしろがる心情。

●「年の内へ」…日差しが部屋の奥まで差し込む情景。暦の関係で年内に立春になったことを「ふみこむ」と表現し、日差しを「日足」として関連づけている。

●「海は少し」…満開の桜の木立の間に春の海が見える情景。『源氏物語』をふまえて古典文学への思いをよんでいる。

●「浮き世の月」…人生五十年とすると、自分は余計に二年生きることになり、その分さまざまなものを見てきたのだ、という感慨をうたっている。

●「奈良七重」…古都奈良で、八重桜が咲き誇る情景。技巧を駆使しながら、春の奈良を賛美する。

●「応々と」…雪の中で訪問者が門をたたく情景。主人が応答しているにもかかわらず、門をたたき続ける音が響く情景。

●「梅一輪」…寒い冬の終わりに、梅が一輪咲いている情景。春の訪れが近いと感じる気持ち。

●「卯の花に」…旅に出ようとしている夏の朝の情景。卯の花も蘆毛の馬も白っぽくさわやかな印象を残す。

●「大原や」…春の夜に大原で蝶が舞う情景。古典の世界への憧れを表す。
●「上行くと」…高く晴れた秋の空に白い雲が流れていくさわやかな情景。
●「夕顔や」…夕暮れの薄闇の中で、ぼんやりと浮かびあがる夕顔の花と夕涼みの女性の肌の白さ。
●「初恋や」…盆灯籠の明かりに顔を近づけ合って語らう若い二人の情景。それをほほえましく見守る。
●「愁ひつつ」…なんとなく感傷的な気分で岡に登ってみると、わびしく咲く花いばらを見つけ、いっそう感傷的になる心情。
●「月や霰」…月が照ったり、霰が降ったりした夜が更けて、今は川千鳥が鳴いているだけという冬の情景。
●「青海苔や」…食卓に出された青海苔から想像する、磯の岩の窪みに残された潮の情景。
●「仰のけに」…秋のせみが仰向けになって力なく鳴く情景。

四 **好きな句を選び、鑑賞文を書いてみよう。**

解答例 省略。

言語活動 切れ字を使って俳句を作る

教717 P.128 教719 P.116

活動の手引き

一 「初恋や」を上五に置いて、俳句を作ってみよう。

考え方 教科書の「留意点」を参考にして、俳句を作ってみよう。